KLEINE AUSZEITEN
IN

-DEUTSCHLAND-

KLEINE AUSZEITEN
IN

-DEUTSCHLAND-

WOCHENEND & WOHNMOBIL

CAMPING- & STELLPLÄTZE · HIGHLIGHTS · AKTIVITÄTEN

BRUCKMANN

INHALT

Camper-Idylle in der Lübecker Bucht

Oberbayerisches Fleckvieh

RAUS AUS DEM ALLTAG

Kleine Auszeiten in ganz Deutschland

Idylle pur – im Vordergrund der Bodensee, dahinter das Alpenpanorama

Einfach mal abschalten, etwas Neues entdecken oder aktiv Natur und Landschaft genießen – mit dem Wohnmobil ist es ein Leichtes, für ein paar Tage dem Alltagstrott zu entfliehen. In ganz Deutschland gibt es traumhafte Ziele für den perfekten Kurztrip zum Erholen und Genießen.

Abwechslungsreicher könnten die Möglichkeiten für eine kleine Auszeit kaum sein. Von der rauen Nordseeküste über die einzigartige Mecklenburgische Seenplatte und die waldreichen Mittelgebirge bis zur beeindruckenden Kulisse der Alpen gibt es die unterschiedlichsten Kulturlandschaften zu entdecken. Dass die Qual der Wahl hier schwer fällt, liegt auf der Hand. Deshalb haben wir Ihnen einige der schönsten Reiseziele in Deutschland zusammengestellt, die sich für ein (verlängertes) Wochenende oder einen kleinen Kurzurlaub anbieten.

DAS PERFEKTE WOCHENENDE FÜR ALLE

Dabei sparen wir natürlich nicht an Tipps und Infos zur Reiseplanung. Neben Wissenswertem zu allen Sehenswürdigkeiten und Beschreibungen von Wander- und Fahrradrouten stellen wir auch die besten Wohnmobilstellplätze und Campingplätze für die jeweilige Gegend vor. Jedes Ziel in diesem Buch bietet sowohl dem Erholungsuchenden als auch dem Aktivurlauber zahlreiche Möglichkeiten. Sollten Sie nach zwei, drei Tagen feststellen, dass ein Wochenende wieder einmal viel zu schnell vergangen ist, dann kommen Sie einfach wieder oder bleiben vielleicht auch etwas länger.

Wohnmobilstellplätze gibt es in allen Teilen Deutschlands. Allerdings variieren sowohl Anzahl als auch Ausstattung von Gegend zu Gegend doch erheblich. Während man an der Mecklenburgischen Seenplatte eine Fülle an komfortabel ausgestatteten Campingplätzen vorfindet, tut sich der Wohnmobilist beispielsweise im Rhein-Main-Gebiet schon um einiges schwerer, einen schönen Stellplatz zu finden. Unsere Tipps helfen Ihnen überall weiter. Ganz gleich, ob Sie ein schönes Sommerwochenende am Meer oder an einem der zahlreichen schönen Seen genießen, eine der wunderschönen Naturlandschaften zu Fuß oder mit dem Fahrrad erkunden oder eine der bezaubernden kleinen Städte erkunden – wir wünschen Ihnen viel Spaß und ein wunderbares Wochenende mit Ihrem Wohnmobil!

LEUCHTTURM IN GELB-ROT

Tolle Sehenswürdigkeiten in und um Greetsiel

Bei Deichwanderungen läuft man oft durch Schafherden hindurch.

1

Ein klassisches Foto von Ostfriesland zeigt entweder Schafe, Deich, Meer, Windmühlen oder Leuchttürme. Das beschauliche Greetsiel im Westen der Region bietet von allem etwas. Besonders die beiden Zwillingswindmühlen, die als das Wahrzeichen der Ortschaft gelten, dürfen bei einem Besuch in Greetsiel nicht ausgelassen werden.

Allerdings würde das auch schwerfallen. Denn die erste der beiden Mühlen befindet sich gleich gegenüber der Ver- und Entsorgungsstation des Wohnmobilstellplatzes. Wer diesen also nach seiner Ankunft zu Fuß verlässt und sich auf den Weg in das schöne Ortszentrum machen möchte, der wird automatisch beide Windmühlen passieren – natürlich auf der **Mühlenstraße**.

BESUCH BEI DEN ZWILLINGSMÜHLEN

Die rote von ihnen wurde zu Beginn des 18. Jahrhunderts erbaut und ersetzte eine fast 200 Jahre alte **Holländerwindmühle**. Und selbst diese war nicht die erste Mühle an diesem Ort. Schon zuvor gab es eine Mühle, die durch einen Brand im Jahr 1736 zerstört wurde. Heute kann die rote Mühle besichtigt werden und beherbergt einen kleinen **Mühlenladen** und ein Café, das von der Eigentümerfamilie betrieben wird. Nur eine Minute Fußweg ist es, bis man kurz darauf vor der zweiten Mühle steht. In grünen Tönen wurde sie erst Mitte des 19. Jahrhunderts in ihrer heutigen Form als Holländerwindmühle errichtet. Zuvor stand dort eine **Bockwindmühle** aus dem Jahr 1613, die jedoch nach fast 50 Jahren einen schweren Wintersturm nicht überstand. Im Jahr 2013 erging es der grünen Mühle kaum besser, als der Orkan Christian Ende Oktober schwere Schäden in Nordeuropa anrichtete. Dabei wurden auch die Flügel abgerissen, die aber mittlerweile durch zahlreiche Spenden wieder repariert werden konnten. Beide Windmühlen erheben sich direkt am Wasserlauf **Altes Greetsieler Sieltief** und zeichnen ein wunderbar harmonisches Bild, womit sie zurecht als das Wahrzeichen von Greetsiel bezeichnet werden. Einen besonders guten Blick auf die beiden Windmühlen erhascht man von der Altstadt von Greetsiel aus.

◀ Stimmungsvoller geht es kaum: Windmühlen, ... ▲ ... die Börse, ...
▼ ... und der Pilsumer Leuchtturm zeichnen ein wunderbares Bild von Greetsiel.

GEMÜTLICHER SPAZIERGANG DURCH DEN ORT

Greetsiel liegt nicht direkt an der Nordsee, sondern rund zwei Kilometer landeinwärts. Doch Wasser dominiert trotzdem das Stadtbild. An einer kleinen Brücke, die gleichzeitig den Zugang zum Ortskern markiert, endet das Alte Greetsieler Sieltief. Nach links blickt man auf das Neue Greetsieler Sieltief während zur Rechten der Wasserlauf **Binnenmuhde** leise plätschert. Nicht zu vergessen wären da natürlich noch der Sielhafen und das **Leyhörner Sieltief**, doch dazu später mehr. Zunächst geht es in das malerische Städtchen hinein. Eiscafés, Fischbuden, Souvenirläden und sogar Juweliere und Boutiquen zieren das Ortsbild rechts und links der Fußgängerzone. Viele historische Bauten, zumeist aus dem 18. und 19. Jahrhundert, werden heute als Wohnhäuser genutzt oder dienen zur Einkehr. Ein schönes Beispiel ist das Gasthaus **Greetsieler Börse**. Es ist zwar noch nicht ganz so alt, doch wurde es zu Beginn des letzten Jahrhunderts auf den Grundmauern des früheren Richthauses erschaffen. Es war eines der vier Amtshäuser der Grafen und Fürsten von Cirksena, die den Ort einst gründeten. Ihnen gehörte auch die Burg Greetsiel, auf der Edzard I. im Jahr 1462 geboren wurde. Unter ihm konnte die Adelsfamilie der Cirksena ihren größten Machtbereich ausbauen. Mitte des 18. Jahrhunderts wurde die Burg jedoch von den Preußen abgetragen.

1

GLOCKENTURM MIT BÜCHERSCHRANK

Gegenüber der Greetsieler Börse, man überquert mal wieder auf einer Brücke ein Sieltief, erhebt sich die **Kirche** des Ortes. Das gotische Bauwerk stammt aus der gleichen Epoche wie einst die Burg und wurde um die Wende zum 15. Jahrhundert errichtet. Der aus Backstein bestehende Glockenturm steht etwas abseits der Kirche und birgt eine kleine Vertrauensbücherei. Die beiden schweren Holztore werden von Montag bis Samstag von 11 bis 17 Uhr geöffnet, um direkt dahinter ein Bücherregal freizugeben. Gegen eine kleine Spende, die zum Erhalt der Kirche dient, darf man hier Bücher leihen und tauschen.

Nur wenige Schritte sind es von hier aus zum **Sielhafen**, in dem die Fischkutter in mehreren Reihen am Kai liegen. Der Hafen wirkt urig mit den gemütlichen Häusern an der Promenade und ehe man sich versieht informiert man sich vor Ort, wann man mit den Krabbenkuttern raus auf die hohe See fahren kann. Noch mehr Informationen über den Ort und die Region erhält man in der Touristen Information. Zu ihr gelangt man durch die nächste **Fußgängerzone**, die als Kalvarienweg am Sielhafen abzweigt. Am Ende dieser Straße befindet sich jedoch nicht nur die örtliche Touristen Information, sondern seit dem Frühjahr 2020 auch die komplett neu gestaltete Ausstellung im **Nationalparkhaus**. Anschaulich wird das ganzjährige Leben an der Küste und im Nationalpark vorgestellt. Ein Muss, wenn man an der Küste ist.

◀ Blick über das Leyhörner Sieltief ▶ Nordseekrabbe als Skulptur in Greetsiel

▲ Vogelbeobachtung am Rande von Greetsiel ▼ Backsteinbauten im Ort

FERNGLAS NICHT VERGESSEN

Apropos Küste. Greetsiel liegt ja, wie eingangs beschrieben, nicht direkt am Wasser. Zwischen dem Ortskern und dem offenen Meer erstreckt sich das **Naturschutzgebiet Leyhörn**. Das ist wiederum durch das bereits erwähnte **Leyhörner Sieltief** von Greetsiel abgetrennt. Wer gut zu Fuß ist, stellt sich nun auf eine etwas längere Wanderung entlang des Sieltiefs ein. Ansonsten kann man aber auch das nächste Ziel bequem mit dem Fahrrad erreichen. Unterwegs passiert man ein kleines **Vogelschutzgebiet**. Dieses lässt sich wunderbar von einem der beiden Vogelbeobachtungshäusern aus in Augenschein nehmen. Zahlreiche Schwalben, Möwen, Gänse, Löffler und viele weitere Vögel rasten oder brüten hier.

1

BERÜHMTES WAHRZEICHEN VON OSTFRIESLAND

Dahinter erblickt man eines der Wahrzeichen Ostfrieslands, den gelbroten **Pilsumer Leuchtturm.** Der Leuchtturm entstand Ende des 19. Jahrhunderts als eines von fünf Leitfeuern zwischen Emden und der Nordsee. Doch schon 1919 wurde der Turm dauerhaft abgeschaltet, da die Fahrrinne sich mittlerweile verlagert hatte. Dies hatte zur Folge, dass der Turm aufgrund des schlechten Zustands zu Beginn der 1970er-Jahre ursprünglich abgerissen werden sollte. Doch das konnte verhindert werden und nach einer umfangreichen Restaurierung erhielt er sein heutiges Aussehen inklusive der eher ungewöhnlichen Farbgebung. Otto Waalkes machte den Leuchtturm mit seinem Kinofilm bundesweit bekannt, weshalb der Turm heute ein beliebtes Ausflugsziel ist. Mittlerweile kann man sich in dem nur 12 Meter hohen Turm trauen lassen und seine Liebe mit einem der mittlerweile üblich gewordenen Liebesschlösser vor dem Turm beweisen.

AM PARKPLATZ vor dem Pilsumer Leuchtturm steht in der Hochsaison eine Fischbude. Hier sind die leckeren Kibbelinge sehr zu empfehlen.

TOLLE AUSBLICKE VOM CAMPENER LEUCHTTURM

Wer sich entschlossen hatten, den Pilsumer Leuchtturm mit dem Fahrrad zu besuchen, der sollte noch rund eine halbe Stunde am Deich weiterfahren. Schon von Weitem sieht man den noch in Betrieb befindlichen **Leuchtturm Campen**. Optisch erinnert er wenig an einen klassischen Leuchtturm, sondern mehr an einen der Wassertürme, wie man sie aus der amerikanischen Prärie kennt. Mit seinen 65 Metern ist er das höchste Leuchtfeuer Deutschlands und kann in einer Entfernung von über 50 Kilometern noch gesehen werden. Die Bewegung auf dem Rad kann man schließlich noch mit einem Gang auf den Turm krönen. Über 300 Stufen sind es, die über eine Wendeltreppe nach oben führen. Belohnt wird man dafür mit einer Aussicht über die Mündung der Ems bis zum nördlichsten Punkt Noordkaap im Nachbarland Niederlande und über das weite Wattenmeer zu den Ostfriesischen Inseln Borkum, Memmert und Juist.

AUF EINEN BLICK

Info

STADT/REGION: Greetsiel (Ortsteil von Krummhörn)/ Landkreis Aurich
BESTE REISEZEIT: Frühjahr bis Herbst
OPTIMALE REISEDAUER: 1–2 Tage
TOURISTINFO: Touristik-GmbH Krummhörn-Greetsiel, Zur Hauener Hooge 15, 26736 Krummhörn-Greetsiel, Tel. 04926/9 18 80, moin@greetsiel.de, www.greetsiel.de

SEHENSWÜRDIGKEITEN

ROTE MÜHLE: Mühlenstraße 2, 26736 Krummhörn, Tel. 04926/92 65 30, www.muehle-schoof.de
GREETSIELER KIRCHE: Hohe Straße 2, 26736 Krummhörn
SCHWIMMBAD UND SAUNA OASE: Zur Hauener Hooge 11, 26736 Krummhörn, Tel. 04926/91 88 32, www.greetsiel.de
NATURSCHUTZGEBIET LEYHÖRN: Fledderweg, 26506 Norden
PILSUMER LEUCHTTURM: Zum Alten Leuchtturm, 26736 Krummhörn
LEUCHTTURM CAMPEN: Leuchtturmstraße, 26736 Krummhörn

Der Pilsumer Leuchtturm ist ein beliebtes Ausflugsziel.

Ideal gelegener Ausgangspunkt für Greetsiel ist der Wohnmobilstellplatz.

STELLPLATZ AN DEN ZWILLINGSMÜHLEN

ADRESSE: Greetsiel, Mühlenstraße, 26736 Greetsiel, www.greetsiel.de

ANFAHRT: Zwischen Emden und Aurich die Bundesstraße 210 verlassen und über Eilsum nach Greetsiel fahren. Gleich hinter der Ampelkreuzung rechts über den Parkplatz.

GPS: N 53°29‘52“60, E 7°06‘14“00

Über 50 Stellflächen auf Schotterrasen am Ortsrand, aber auch direkt an einer Landstraße. Das Zentrum ist in wenigen Gehminuten erreichbar, die Zwillingsmühlen von Greetsiel befinden sich praktisch gleich gegenüber der Zufahrt. Strom und Entsorgungsstation vorhanden, letztere ist nicht direkt auf dem Platz, sondern befindet sich auf dem öffentlichen Parkplatz davor.

CAMPING AM DEICH

ADRESSE: Camping am Deich, Erbsenbindereistraße 3, 26736 Upleward/Krummhörn, Tel. 04923/5 25, www.camping-am-deich.de

ANFAHRT: Von Emden über Hinde und Krummhörn bis Upleward fahren, weiter der Beschilderung folgen.

GPS: N 53°25‘14“50, E 7°00‘52“90

Westlich von Krummhörn gelegener Campingplatz, gleich hinter dem Deich. Der Pilsumer Leuchtturm ist rund 9 km entfernt und über den Radweg am Deich erreichbar. Auch der Ortskern von Greetsiel lässt sich kurz darauf wunderbar mit dem Rad erreichen. Der Leuchtturm liegt nur eineinhalb Kilometer weiter südlich und kann gut zu Fuß erreicht werden. Geöffnet von April bis Anfang November.

KLEINE EILANDE IM TOSENDEN MEER

Die Halligen und Nordfriesischen Inseln

Auch mit dem Wohnmobil sind viele Häfen gut zu erreichen.

Wie hingesprenkelt liegen die Nordfriesischen Inseln vor der schleswig-holsteinischen Küste. Von Nord nach Süd handelt es sich um Sylt, Föhr, Amrum und Pellworm. Darüber hinaus gibt es noch mehrere Halligen, die sich zwischen den einzelnen Inseln erstrecken. Sowohl Inseln als auch Halligen sind allesamt einen Besuch wert.

Für einen Kurztrip sind die Inseln schon beinahe zu groß und die Halligen zu zahlreich, daher ist der Ausflug in diesem Reiseführer exemplarisch zu verstehen. Die wohl ruhigste Übernachtung hat man auf dem kleinen Stellplatz vor der Hamburger Hallig.

ENTSPANNUNG AN DER HAMBURGER HALLIG

Als **Hallig** bezeichnet man kleine Inseln in der Marschlandschaft vor der schleswig-holsteinischen und eine letzte Hallig vor der dänischen Küste, die bei Sturmfluten fast zur Gänze überflutet werden. Von den zehn Halligen auf deutscher Seite sind sieben bewohnt. Dabei befinden sich die Häuser auf sogenannten Warften, kleinen aufgeschütteten Hügeln, die auch bei Sturmflut noch aus dem Wasser schauen und so einen Schutz für die Bewohner bieten. Für die Pflanzenwelt bedeutet das, dass hier nur Salzpflanzen gedeihen können. Durch solche **Salzwiesen** gelangt man heute spielend leicht zur Hamburger Hallig.

MIETFAHRRÄDER STEHEN BEREIT

Die Hallig ist nämlich durch einen vier Kilometer langen **Damm** mit dem Festland verbunden und kann entweder zu Fuß oder in der Zeit von April bis Oktober mit dem Pkw erreicht werden. Auch kleine Wohnmobile mit einem Gewicht von weniger als dreieinhalb Tonnen können bis Hallig fahren. Viel schöner ist es allerdings, das Wohnmobil auf dem Stellplatz stehenzulassen und sich entweder zu Fuß, mit dem eigenen Rad oder eben mit einem der Mietfahrräder durch die ruhige Landschaft der Salzwiesen zu bewegen. Man muss lediglich direkt am **Amsinck-Haus** den Deich überqueren und schon geht es los. Das Amsinck-Haus gleich neben dem Wohnmobilstellplatz ist übrigens ein Informations- und auch Servicegebäude, das mit einer kleinen Ausstellung über die Gemeinden und Köge in der Region informiert.

▲ Das Nabu-Haus informiert über die Salzwiesen. ◀ Am Horizont sieht man die Warften der Halligen. ▶ Weiter Blick über das Wattenmeer

Tipp

Außerhalb der Öffnungszeiten zwischen 10 und 18 Uhr dürfen die Mietfahrräder sogar auf Vertrauensbasis im Rahmen der Selbstbedienung ausgeliehen werden. Allerdings sind diese nicht für Radtouren durch die Koog-Landschaft gedacht, sondern sollen lediglich eine Alternative bieten, die Hamburger Hallig zu erreichen.

DURCH DIE SALZWIESEN ZUR HALLIG

Auf dem Weg zwischen Deich und Hallig kommt man automatisch am sogenannten **Schafberg** vorbei. Auch hierbei handelt es sich um eine Warft. Auf ihr steht das **Haus des Naturschutzbundes NABU**, in dem der dortige Naturschutzwart Auskünfte über die Landschaft gibt. Wer sich für den Fußweg zur Hamburger Hallig entscheidet, sollte gleich hinter dem NABU-Haus den Hauptweg verlassen und dem parallel verlaufenden

Pfad folgen. Auf einigen hundert Metern informiert der Naturlehrpfad über die Salzwiesen und ihre Bewohner. Drei Kilometer hinter dem Deich und eineinhalb Kilometer nach dem Schafberg beschreibt der Weg zur Hamburger Hallig eine Rechtskurve und man hat schließlich den kleinen Parkplatz und die Warft der Hallig erreicht. Die Geschichte der Hamburger Hallig reicht bis in das frühe 17. Jahrhundert zurück, als zwei Hamburger Brüder und Kaufleute auf der alten Insel Strand den nach ihnen benannten Amsinck-Koog eindeichten. Das Haus, das sie auf einer Warft errichten ließen, trug fortan den Namen Hamburger Haus, was auf ihre Herkunft zurückzuführen ist. Allerdings war ihnen kein Glück beschert. Schon wenige Jahre später kam die verheerende Flut, die die Insel Strand zerstörte und nur zwei Jahre später starb der erste der beiden Kaufleute. Sein Bruder lebte zwar noch zwei Jahrzehnte auf der Hallig, verstarb jedoch völlig vereinsamt. Ein weiteres trauriges Schicksal ereilte drei Jahrhunderte später einen Pächter der Hallig. Dieser wollte gerade seine Schafe am Schafberg retten, als er selber ertrank.
Mittlerweile hat sich die Hamburger Hallig zu einem beliebten Ausflugsziel entwickelt und bietet nicht nur tolle Ausblicke auf die Salzwiesen, frische Meeresluft, zahlreiche Begegnungen mit Schafen und der Vogelwelt, sondern auch eine Einkehrmöglichkeit auf der Warft, in der gutbürgerliche Küche mit regionalen Speisen angeboten werden.

WEITERE HALLIGEN PRÄGEN DIE SKYLINE DER KÜSTE

Wie eingangs beschrieben, existieren vor der nordfriesischen Küste weitere Halligen und zwar solche, die nicht mit dem Fahrrad oder mit dem Wohnmobil erreichbar sind. Dazu gehört zum Beispiel die Hallig Gröde, die sich als die kleinste Gemeinde Deutschlands bezeichnen darf. Sie beherbergt zwei Warften, die oftmals im Jahr bei entsprechendem Wasserstand das einzige sind, was von der Hallig zu sehen ist. Östlich von ihr befindet sich noch die wesentlich kleinere Hallig Habel, die zum Gemeindegebiet von Gröde gehört und gerade einmal 650 x 100 Meter misst. Sie ist damit die kleinste aller Halligen und nicht bewohnt. Lediglich im Sommer ist die dortige Vogelschutzstation besetzt, ein Betreten der Hallig Habel ist ansonsten nicht erlaubt.

2

WATTWANDERUNG ZU DEN HALLIGEN

Die größte Hallig ist **Langeneß**. Als Tagesausflügler und Passagier der dorthin pendelnden Fähre hat man rund drei Stunden Zeit, die fast neun Kilometer lange Hallig kennenzulernen. Auch hierfür empfiehlt sich die Anmietung eines Fahrrads, wobei es nur eine Straße gibt, die quer über das Eiland verläuft und von der aus Stichstraßen zu den Warften abzweigen. Am Ende der Straße trifft man auf eine Lorenbahn, die in den 1920er-Jahren erbaut wurde und seither das Festland mit der Hallig verbindet. Dabei durchquert sie nicht nur das Wattenmeer, sondern berührt auch die Nachbarhallig **Oland**. Nach einer Strecke von rund neun Kilometern endet die Trasse der Lorenbahn in Dagebüll.

SOWOHL OLAND als auch Langeneß können im Rahmen einer Wattwanderung zu Fuß erreicht werden. Geführte Touren gibt es beispielsweise hier: www.wattlaufen.com/wattwanderung-zur-hallig-oland.

Darüber hinaus fährt das kleine, im Jahr 1966 gebaute Passagierschiff Rungholt von Schlüttsiel nach Oland, während die Hallig Langeneß auch von Amrum aus erreicht werden kann. Es gibt also zahlreiche (Kombi-) Möglichkeiten, die größte Hallig zu bereisen.

MIT DEM WOHNMOBIL AUF DIE INSEL

Statt der Halligen kann man alternativ natürlich auch die Nordfriesischen Inseln aufsuchen. **Föhr** ist mit ihrem Wohnmobilstellplatz geradezu prädestiniert für einen kurzen Inseltrip mit dem Reisemobil. Ihre östlichste Spitze, das sogenannte **Näshörn**, befindet sich in gerade einmal sechs Kilometern Entfernung zum **Dagebüller Hafen**. Die Fährschiffe legen jedoch etwas weiter südlich im Hafen der Inselhauptstadt Wyk an. Trotz der hohen Zahl an Besuchern und Urlaubern sowie fast 10 000 Einwohnern konnte sich Föhr eine idyllische Atmosphäre bewahren. Das größte Treiben findet im Südosten, im Hauptort **Wyk**, statt. Die Stadt bietet alles, was sich der Urlauber wünscht: Lange Badestrände, zahlreiche gastronomische Betriebe, Einkaufsmöglichkeiten und größere Einrichtungen wie ein Krankenhaus, ein Schwimmbad und ein kleiner Flugplatz lassen

▲ Auf einer geführten Wattwanderung gibt es viel zu entdecken.

▼ Per Fähre auf die Insel Föhr

es an nichts mangeln. Sehr schön ist beispielsweise die Aussicht von der Strandpromenade, von der aus man am Horizont die einzelnen Warften der oben beschriebenen Halligen sehen kann.

WINDMÜHLEN AUF FÖHR

Außerhalb von **Wyk** gibt es ein gutes Dutzend weiterer Dörfer, die sich aber allesamt im südlichen Teil der Insel befinden. Der Nordteil ist ausschließlich von Landwirtschaft und einzelnen Höfen geprägt. Auch Badestrände sind dort nicht vorhanden. Ähnliches gibt es auch über die stattlichen **Windmühlen** zu sagen. Gleich fünf von ihnen erheben sich auf der Insel, die nördlichste steht in Oldsum. Zwei Windmühlen befinden sich im Stadtgebiet von Wyk. 1879 wurde die Venti Amica genannte und in Privatbesitz befindliche Mühle in der heutigen Mühlenstraße gebaut. Nur 300 Meter weiter befindet sich die deutlich kleinere Bockwindmühle aus dem 15. Jahrhundert. Sie stand einst auf der Hallig Langeneß und wurde schließlich hier auf das Grundstück des Dr. Carl Haeberlin Friesenmuseums versetzt. Das über 100 Jahre alte Naturkundemuseum betritt man durch ein Tor, das von zwei sechs Meter großen Kieferknochen eines Blauwals gebildet wird. Sowohl der Walfang als auch Archäologie und Volkskunde sind die Schwerpunkte des Museums.

AUF EINEN BLICK

Info

STADT/REGION: Reußenköge, Hamburger Hallig/Nordfriesland
BESTE REISEZEIT: Frühjahr bis Herbst
OPTIMALE REISEDAUER: 3–4 Tage
TOURISTINFO: Tourismus Föhr, Stockmannsweg 1, 25938 Wyk auf Föhr, Tel. 04681/3 00, urlaub@foehr.de, www.foehr.de

SEHENSWÜRDIGKEITEN

AMSINCK-HAUS: Sönke-Nissen-Koog 36A, 25821 Reußenköge, Tel. 04671/92 71 54, www.amsinck-haus.de
DR. CARL-HÄBERLIN-FRIESEN-MUSEUM: Rebbelstieg 34, 25938 Wyk auf Föhr, Tel. 04681/25 71, www.friesen-museum.de
MUSEUM KUNST DER WESTKÜSTE: Hauptstraße 1, 25938 Alkersum/Föhr, Tel. 04681/74 74 00, www.mkdw.de
WINDMÜHLE VENTI AMICA: Mühlenstraße 33, 25938 Wyk auf Föhr
WRIXUMER MÜHLE: Hardesweg 54, 25938 Wrixum, www.wrixum.de, www.damit-sie-wieder-dreht.de
BORGSUMER WINDMÜHLE: Malnstich 1000, 25938 Borgsum
FAHRRADVERLEIH AM AMSINCK-HAUS: Sönke-Nissen-Koog 36A, 25821 Reußenköge, Tel. 04671/92 71 54, www.amsinck-haus.de

WOHNMOBILSTELLPLATZ REUSSENKÖGE

ADRESSE: Sönke-Nissen-Koog 36A, 25821 Reußenköge, Tel. 04671/92 71 54, www.amsinck-haus.de/service/#womo
ANFAHRT: Auf der Bundesstraße 5 bis Bredstedt und von dort der Beschilderung folgen bis zum Amsinck-Haus.
GPS: N 54°36‘54“20, E 8°52‘20“50
Einfacher Wohnmobilstellplatz direkt am Deich mit Zugang zum Damm zur Hamburger Hallig. Bezahlt wird auf Vertrauensbasis und mittels Briefumschlag, wenn das Amsinck-Haus geschlossen ist. Ansonsten erfolgt die Bezahlung im Amsinck-Haus. Während der Öffnungszeiten kann man Dusche, Toilette und Waschmaschine nutzen und sein Abwasser entsorgen. Außerdem werden von hier aus auch Führungen durch die Salzwiesen und zur Hamburger Hallig organisiert.

◀ Amsinck-Haus in Reußenköge ▶ Wohnmobilstellplatz Hamburger Hallig

WOHNMOBILSTELLPLATZ FÖHR

ADRESSE: Strunwai 16, 25938 Utersum, Tel. 04683/9637988, www.wohnmobile-foehr.de

ANFAHRT: Mit der Fähre nach Wyk auf Föhr und von dort an das andere, westliche Ende der Insel.

GPS: N 54°42‘57“20, E 8°24‘05“30

Nur 300 Meter vom Strand und einer kleinen Megalithanlage entfernt, ganz im Westen der Insel. Sanitäranlagen, Strom und WLAN vorhanden. Geöffnet von Mitte März bis Mitte November. Aufgrund der Insellage ist eine vorherige Reservierung sinnvoll. Die Betreiberfamilie ist sehr bemüht, jeden Gast persönlich zu empfangen und gibt auch gerne eine technische Einweisung in das automatisierte Bezahlsystem mit Karte. Die gepflegten Sanitäranlagen sind stets sehr sauber.

CAMPINGPLATZ NEUWARFT

ADRESSE: Nordseestraße 20, 25899 Dagebüll, Tel. 04667/9 51 40, www.nordfriesland-camping.de

ANFAHRT: Die Bundesstraße 5 bei Niebüll verlassen und über Galmsbüll bis Dagebüll. Im Ort links halten.

GPS: N 54°43‘44“20, E 8°41‘58“0

Ein kleiner, naturbelassener Campingplatz mitten in Dagebüll. Praktischerweise kann man in wenigen Minuten zu Fuß zum Fähranleger gehen, von wo aus die Fähren nach Föhr und auf die Hallig Hooge ablegen. Der kleinere Fährhafen Schlüttsiel mit den Schiffen zur Hallig Langeneß und nach Amrum ist mit dem Fahrrad in weniger als einer halben Stunde erreicht. In unmittelbarer Nachbarschaft zum Campingplatz gibt es mehrere Einkehrmöglichkeiten.

MITTELALTERFLAIR UND TELENOVELA-KULISSE

Hansestadt Lüneburg

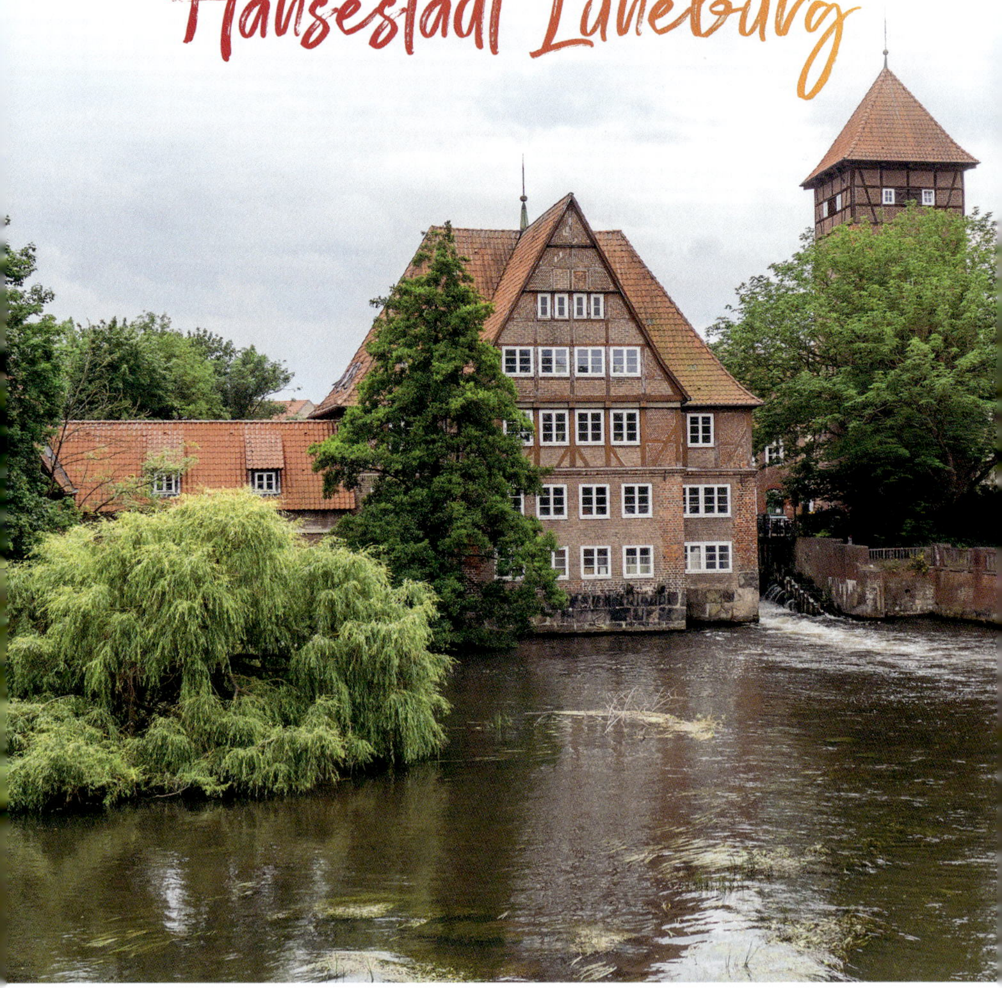

Die Lüneburger Ratsmühle an der Ilmenau

3

Lüneburg, etwa eine Autostunde südlich von Hamburg gelegen, blickt auf eine über 1000-jährige Geschichte zurück. Die heutige Kreisstadt war im Mittelalter ein bedeutendes Handelszentrum im Norden und Mitglied der Hanse. Die Altstadt blieb von Krieg und anderen Katastrophen weitgehend verschont und empfängt Besucher mit einem imposanten historischen Rathaus und zahlreichen weiteren bemerkenswerten Gebäuden der norddeutschen Backsteinarchitektur, die den Wohlstand der ehemaligen Patrizierfamilien und Kaufleute sichtbar machen.

Mit ihren verwinkelten Gassen, dem Kopfsteinpflaster und der historischen Bausubstanz versprüht Lüneburgs malerische Altstadt viel mittelalterlichen Charme. Da verwundert es kaum, dass sie seit über 15 Jahren als romantische Kulisse für die Telenovela **Rote Rosen** dient, die von Montag bis Freitag am frühen Nachmittag über die Bildschirme der Republik flimmert. Die Touristinfo hat gleich mehrere Angebote wie Stadtführungen oder Kutschfahrten zusammengestellt, mit denen Fans Lüneburg auf den Spuren ihrer Serienstars entdecken können.

MITTELALTER PUR

Den einstigen Wohlstand verdankte Lüneburg den ergiebigen Salzquellen und über Jahrhunderte bestimmte das weiße Gold die Geschichte der Stadt. Die Saline gilt als einer der ältesten Industriebetriebe in Europa und war bis zum Ende des 16. Jahrhunderts der größte Produzent von Salz in Nordeuropa. Es wurde über Lübeck im ganzen Ostseeraum gehandelt, da es zur Konservierung von Lebensmitteln, allen voran dem Hering, sehr begehrt war.
Umgeschlagen wurden Salz und andere Waren im Mittelalter auf dem lang gestreckten Platz **Am Sande** am südöstlichen Stadtrand zu Füßen der fünfschiffigen **St.-Johannis-Kirche** aus dem 13. und 14. Jahrhundert. Charakteristisch für die älteste Kirche der Stadt ist der über 100 Meter hohe Turm, der leicht schief steht. Gesäumt wird der rund 225 Meter lange und zwischen 30 und 40 Meter breite Platz von einem Potpourri prächtig anzuschauender Bürgerhäuser aus mehreren Jahrhunderten von der Gotik über die Renaissance bis zum Barock.

3

DIE KEHRSEITE DES SALZABBAUS

Am westlichen Ende wird der über 200 Meter lange Platz vom einstigen Brauhaus begrenzt, das durch seinen Giebel aus schwarz-weiß glasiertem Backstein ins Auge fällt. Heute ist es Sitz der Industrie- und Handelskammer und folgt man der Heiligengeiststraße in südwestliche Richtung daran vorbei, so gelangt man bald zum **Deutschen Salzmuseum** auf dem Gelände der ehemaligen Saline, die 1980 endgültig ihre Pforten schloss. Das Museum widmet sich ganz der Geschichte der Salzgewinnung und dem Handel damit, aber auch aktuelle Themen – wie z. B. die Rolle, die Salz in der heutigen Ernährung spielt oder die globale Gewinnung von Salz – kommen nicht zu kurz. Dabei geht es alles andere als langweilig zu und zahlreiche interaktive Stationen laden die Museumsgäste dazu ein, viele spannende und zum Teil auch kuriose Fakten über das scheinbar alltägliche Gewürz zu erfahren.
Der Salzstock erstreckt sich unterhalb des Stadtgebiets und reicht bis kurz unter die Erdoberfläche. Im sogenannten **Senkungsgebiet** rund um die **St.-Michaelis-Kirche** wird die Kehrseite des Salzabbaus sichtbar. Durch das Abpumpen der salzhaltigen Sohle entstanden Hohlräume, die dazu führten, dass sich dieser Teil der Altstadt heute um bis zu 13 Zentimeter pro Jahr absenkt. Besonders deutlich zutage tritt dieses geologische Phänomen an der Kreuzung von Waagestraße und Neue Sülze, wo die Abbruchkante des Senkungsgebiets verläuft. Das gesamte Gelände fällt deutlich sichtbar ab und die historischen Häuser stehen schief und haben Risse.
Wendet man sich von der St.-Michaelis-Kirche in östliche Richtung, so kommt man zum beeindruckenden **Rathaus**, das den Mittelpunkt der Altstadt markiert. Seine Anfänge datieren in das 13. Jahrhundert zurück, die prächtige Barockfassade wurde im 18. Jahrhundert fertiggestellt. Die 41 Glocken aus Meißner Porzellan ganz oben in der Turmspitze erklingen während der Sommersaison täglich um 8, 12 und 18 Uhr. Ein Besuchermagnet ist auch der große Wochenmarkt auf dem gepflasterten Rathausplatz jeweils am Mittwoch und Samstag. Die Innenräume können im Rahmen von regelmäßig angebotenen Führungen besichtigt werden und machen mit ihrer kostbaren Ausstattung aus unterschiedlichen Stilepochen die stolze Vergangenheit der Stadt sichtbar.

▲ Stintmarkt ◀ Lüneburg: zweithöchste Kneipendichte Europas nach Madrid
▶ Prächtige Backsteingiebel künden vom Reichtum der Kaufleute.

AM ILMENAUHAFEN

Zwischen Rathaus und Ilmenau erstreckt sich das malerische Wasserviertel mit vielen engen Gassen. Besonders malerisch präsentiert sich der **Stintmarkt**. Wo einst der Fisch gehandelt wurde, herrscht heute vor allem touristische Betriebsamkeit und entlang der Ufermauer reihen sich zahlreiche Restaurants und Cafés aneinander. Auf der gegenüberliegenden Uferseite erinnert der **Alte Kran** an die Zeit der Hanse, als hier die Handelsschiffe be- und entladen wurden.

Tipp

Die schönste Aussicht auf Lüneburg aus der Vogelperspektive ergibt sich vom **Wasserturm** am Rand der Altstadt. Von der 6. Etage, die man bequem per Fahrstuhl erreicht, sind nur noch ein paar Wendeltreppen zur Aussichtsplattform zu bewältigen. Das Panorama aus 56 Meter Höhe ist beeindruckend und bei klarer Sicht reicht der Blick bis nach Hamburg.

Der Alte Kran im Wasserviertel gilt als eines der Wahrzeichen Lüneburgs.

AUSFLÜGE IN DIE UMGEBUNG VON LÜNEBURG

Etwa 2 Kilometer oder rund 30 Gehminuten nördlich der Altstadt liegt das **Kloster Lüne** als Oase der Ruhe inmitten weitläufiger Gartenanlagen. Es wurde in der zweiten Hälfte des 12. Jahrhunderts als Benediktinerinnenkloster gegründet und von April bis Oktober können die historische Anlage und das klösterliche Textilmuseum im Rahmen einer Führung besichtigt werden. Nach dem Rundgang lädt das Kloster-Café zu leckerem Kuchen im Obstgarten.

Ein Muss für alle Technikfreaks ist das **Schiffshebewerk Scharnebeck** am Elbe-Seitenkanal etwa 10 Kilometer nordöstlich von Lüneburg. Wie in einem Fahrstuhl überwinden die Schiffe hier einen Höhenunterschied von 38 Metern in wassergefüllten Trögen mit riesigen Ausmaßen von 100 Meter Länge, 12 Meter Breite und 3,50 Meter Tiefe.

Von der ganzjährig rund um die Uhr geöffneten Besucherplattformen kann man das Ein- und Auslaufen der Schiffe gut verfolgen. Hintergrundinformationen zur Funktionsweise und technische Details erfährt man im Informationszentrum und auch Besichtigungsfahrten werden angeboten. Die Fahrten mit der Barkasse dauern etwa eine Stunde und starten am Anleger am Unterhafen.

DA DIE ILMENAU ERST AB LÜNEBURG schiffbar ist, haben Paddler deren Oberlauf ganz für sich. Der Kanueinstieg an der Straßenbrücke neben dem Stellplatz in Bienenbüttel eignet sich hervorragend für eine **Kanutour auf der Ilmenau**. Bis nach Lüneburg ist es eine ausgewachsene Kanutour von 23 Kilometer Länge. Anschließend kommt man vom Bahnhof in Lüneburg unkompliziert im Stundentakt mit dem Metronom zurück.

AUF EINEN BLICK

Info

STADT/REGION: Lüneburg
BESTE REISEZEIT: Ganzjährig
OPTIMALE REISEDAUER: 2–3 Tage
TOURISTINFO: Touristinformation Lüneburg, Rathaus/Am Markt, 21335 Lüneburg, Tel. 04131/207 66 20, touristik@lueneburg.info, www.lueneburg.info

SEHENSWÜRDIGKEITEN

WASSERTURM: Am Wasserturm 1, 21335 Lüneburg, Tel. 04131/789 59 20, info@wasserturm.net, www.wasserturm.net, Mo-So 10-18 Uhr
DEUTSCHES SALZMUSEUM: Sülfmeisterstraße 1, 21335 Lüneburg, Tel. 04131/720 65 13, info@salzmuseum.de, www.salzmuseum.de
MUSEUM LÜNEBURG: Willy-Brandt-Straße 1, 21335 Lüneburg, Tel. 04131/720 65 80, buchungen@museumlueneburg.de, www.museumlueneburg.de

Ilmenau: Kleinod für Paddler

AUF EINEN BLICK

KLOSTER LÜNE MIT TEXTILMUSEUM: Am Domänenhof, 21337 Lüneburg, Tel. 04131/523 18, info@kloster-luene.de, www.kloster-luene.de
SALÜ SALZTHERME LÜNEBURG: Uelzener Straße 1–5, 21335 Lüneburg, Tel. 04131/723 0, hallo@salue.info, www.salue.info
SCHIFFSHEBEWERK SCHARNEBECK: Adendorfer Str. 44, 21379 Scharnebeck, Tel. 0151/22663303, info@schiffshebewerk-scharnebeck.de, www.schiffshebewerk-scharnebeck.de
REEDEREI HELLE (Besichtigungsfahrten durchs Hebewerk): Elbstraße 117, 21481 Lauenburg/Elbe, Tel. 04153/59 28 48
KANUAKTIV (Kanuvermietung auf der Ilmenau): Kirchplatz 4, 29553 Bienenbüttel, Tel. 05823/95 53 39 oder 0179/217 89 99, info@kanuaktiv.de, www.kanuaktiv.de

STELLPLATZ SÜLZWIESEN

ADRESSE: Am Bargenturm, 21335 Lüneburg, Tel. 04131/309 80 99, info@lueneparken.de, www.lueneburg.info, lueneparken.de
ANFAHRT: Aus Hamburg auf A7 und A39 bis zur Ausfahrt Bardowick, dann weiter auf der Hamburger Straße in Richtung Zentrum. Bei Anreise aus dem Süden auf der A7 bis zur Ausfahrt 44-Soltau-Ost und auf der B209 in Richtung Stadtzentrum, in der City dann der Ausschilderung zum Stellplatz folgen.
GPS: N 53°14‘44“ E 10°23‘46“
Der zentral gelegene Stellplatz Sülzwiesen bietet 69 parzellierte, auch für große Wohnmobile geeignete Stellflächen auf Rasengittersteinen. Gehzeit zur Altstadt ca. 5 Minuten. Es gelten Staffelpreise: 1/3/7 Tage kosten 18 Euro/52 Euro/119 Euro. Strom ist stets inklusive. Die Zahlung erfolgt am Automaten (Girocard-Zahlung möglich). Die Ver-/Entsorgungsstation (ST-SAN, 2 Euro/10 Minuten) ist in etwa 200 Meter Entfernung bei dem öffentlichen WC neben dem Pkw-Parkplatz zu finden. Die Entsorgung kostet 2 Euro, Frischwasser kostet 1 Euro/10 Minuten. Der Platz ist ganzjährig geöffnet und erfreut sich großer Beliebtheit, sodass er trotz seiner Größe öfter komplett belegt ist. Reservierungen sind nicht möglich.

◀ Zentrumsnahe »Sülzwiesen« in Lüneburg ▶ Schiffshebewerk in Scharnebeck

WOHNMOBILSTELLPLATZ AM SCHIFFSHEBEWERK SCHARNEBECK

ADRESSE: Adendorfer Straße 40, 21379 Scharnebeck,
Tel. 04136/ 7178, www.scharnebeck.de

ANFAHRT: Die Gemeinde Scharnebeck liegt nordöstlich von Lüneburg. Auf der Ortsumgehung von Lüneburg (B4) nimmt man die Abfahrt Ebensberg/Scharnebeck, im Ort ist der Weg zum Schiffshebewerk/Stellplatz ausgeschildert.

GPS: N 53°17‘34“ E 10°29’37“

Der Stellplatz ist ein abgetrennter Teil des Touristenparkplatzes am Schiffshebewerk und bietet Platz für etwa 15 Mobile. Er begeistert durch die Lage am Elbe-Seitenkanal und den Ausblick auf das Schiffshebewerk. Die Bezahlung der Parkgebühr in Höhe von 10 Euro für 24 Stunden erfolgt am Münzautomaten (keine Kartenzahlung möglich). Die Entsorgung ist für Übernachtungsgäste kostenfrei, Frischwasser kostet 1 Euro für 100 Liter, Strom 1 Euro/8 Stunden. Das Freizeitangebot ist durch die direkte Nähe zum technischen Denkmal sowie das angrenzende Informationszentrum geprägt. Die weitläufige Kanalpromenade und die umliegenden Waldgebiete laden zu ausgiebigen Wanderungen und Radtouren ein. Auch gastronomische Angebote und ein kleiner Kiosk sind fußläufig schnell erreichbar. Gegenüber sorgt der Kletterpark Scharnebeck für Nervenkitzel und Abenteuerlustige können in unterschiedlichen Parcours zwischen den Baumwipfeln ihr Geschick beweisen. Für Ausflüge in die Salzstadt Lüneburg bietet sich neben dem Radweg auch die Busanbindung ab dem Ortszentrum (ca. 20 Minuten Fahrtzeit).

VIELFALT IN DER LÜBECKER BUCHT

Travemünde

Am Kirchplatz von Travemünde

4

Es muss nicht immer Lübeck sein, das wird man nach einem Besuch von Travemünde feststellen. Die Lübecker Bucht mit ihrer vielfältigen Natur läuft am Ende wie ein Trichter spitz zu und endet in Travemünde vor der Hauptstadt des Marzipans.

Nicht, das wir Ihnen den Besuch der Stadt ausreden möchte, aber für ein verlängertes Wochenende bietet das Areal so viel Abwechslung, dass es schade wäre, sich auf einen Stadtbesuch zu beschränken. Darum konzentrieren wir uns mehr auf das vorgelagerte Travemünde mit seinem Wohnmobilstellplatz. Travemünde ist ein Stadtteil der Hansestadt Lübeck, der direkt an der Mündung der Trave in der Lübecker Bucht liegt. Die Landzunge Priwall trennt den Zugang zur offenen See und schützt den dahinter liegenden Hafen. Alle Schiffe, auch die Fährschiffe, die uns Wohnmobilisten nach Skandinavien bringen, müssen durch diese Enge, um in die Lübecker Bucht und auf die offene Ostsee zu gelangen.

UMFANGREICHES ANGEBOT

Die Travemünder Wohnmobilstellplatz-Landschaft hat sich mit der Schließung des einfachen Platzes am Hafen völlig neu aufgestellt. Es gibt nördlich vom Ortskern den altbekannten Stellplatz am Kowitzberg, unweit davon den privaten Platz am Bauernhof der Familie Evers und den neuen städtischen Platz an der Travemünder Landstraße. Auf der anderen Uferseite befindet sich dann noch der Stellplatz am Priwall, eigentlich die schlechteste Wahl, da man immer das Wasser queren muss. Vom Stellplatz an der Travemünder Landstraße geht es bequem am Fischereihafen vorbei Richtung Altstadt mit ihren alten Fischerhäusern oder zum Einkauf.

AM YACHTHAFEN gibt es den besten Backfisch. Das als Imbiss bestellte Backfischbrötchen wird frisch zubereitet. Das dauert zwar mehr als zehn Minuten, entpuppt sich dafür aber schon fast als komplette Hauptmahlzeit!

REISE IN DIE VERGANGENHEIT

Am zentralen Platz vor der Kirche St. Georg präsentiert sich ein schmuckes Häuserensemble, das uns ein wenig in vergangene Zeiten zurückversetzt.

4

Aus etwas Entfernung erkennt man das kleine **Schifffahrtsmuseum**, welches zu einem informativen Rundgang durch die Geschichte der Seefahrt und Fischerei einlädt. Viele Exponate wurden hier gesammelt oder von den Seebären längst vergangener Tage gestiftet. Die original Fischer- und Kapitänshäuser vermitteln einen lebhaften Eindruck von der Zeit, als fast alle Einwohner noch von dem Meer lebten. Das schönste aller Gebäude ist die restaurierte »Alte Vogtei« in der Vorderreihe 7 an der Promenade. Hier residierte bis Anfang des 19. Jahrhunderts der Vogt, Hafenkommandant und Hüter des Leuchtfeuers in einer Person. Im historischen Ambiente sind heute ein Restaurant, ein Künstlercafé, ein Weinkabinett und die Galerie der Malerin Ninette Matthiesen untergebracht. Hinter der Vogtei sieht man schon Kirche die St. Lorenz und in der danebenliegenden Jahrmarktstraße findet man mit der Nummer 13 das älteste Fachwerkgebäude der Stadt. Seit dem 16. Jahrhundert gehen hier die Menschen vorbei, hinab in den Baggersand zum Fischereihafen. Auch heute kann man direkt von Bord frischen Fisch kaufen oder für den Hunger zwischendurch ein leckeres Fischbrötchen erstehen.

Bootshäuser am Yachthafen

▲ Das Hafenviertel im neuen Glanz ◀ Bummel durch den Hafen
▶ Hier gibt es den leckersten Backfisch.

EBENFALLS FUSSLÄUFIG an der Travemündung beim Passathafen, am Priwall mit seinen Hunderten von Segelyachten (nur während der Segelsaison), liegt die Viermastbark Passat als Museumsschiff und Wahrzeichen. Die Passat wurde 1911 als Getreide- und Salpeter-Transporter gebaut, 1959 von der Hansestadt Lübeck vor dem Abwracken gerettet und 1978 unter Denkmalschutz gestellt. Sie umsegelte 39-mal Kap Hoorn und umrundete zweimal die Welt. Als Besonderheit hat sie auch ein Standesamt. Die Masten sind 56 Meter hoch und in der Weihnachtszeit sind sie mit Lichterketten über den Mastenden geschmückt, die jeden Abend leuchten. Sie kann besichtigt werden, wobei auch 98 Kojen und eine Kapitänssuite zu einerÜbernachtung einladen. Die authentische Darstellung der verschiedenen Bereiche unter Deck gewährt einen interessanten Einblick in den Alltag der Seeleute, die oft Monate an Bord verbrachten. Liebevoll sind die Räume ausgestattet und doch täuscht die romantische Stimmung über die schwere Seemannsarbeit hinweg.

▲ Hafenausfahrt von Lübeck-Travemünde ◀ Perfekt restaurierte Kapitänshäuser aus dem 18. Jahrhundert ▶ Schöne Einblicke im Seefahrtsmuseum

Tipp

Natürlich kann man das Land und die Küste auch vom Wasser aus bestaunen, denn diese Sichtweise vermittelt ganz andere Eindrücke. Von den Wohnmobilstellplätzen sind es zum Anleger Timmendorfer Strand gerade mal zehn Kilometer mit dem Fahrrad auf dem Ostseeradweg, der einen immer an der Wasserlinie entlangführt. Gegen Mittag startet dann das Traditionsschiff »Hanseat II« der Reederei Belis zu einer Tour quer über die Lübecker Bucht zum Ostseebad Boltenhagen. Dort hat man zwei Stunden Aufenthalt, um die Promenade oder den Kurpark mit mehr als 4000 Pflanzenarten zu erkunden. Im angrenzenden Kurhaus gibt es dazu noch viele Fotografien aus der Geschichte der beginnenden Bäderkultur im 19. Jahrhundert zu sehen. Da die Ostsee in diesem Gebiet nur einen Tidenhub von etwa 30 Zentimeter hat, sind die Fahrpläne mit ihren Abfahrtszeiten immer verbindlich. Bei dem mehr als sechsstündigen Törn hat man viel Zeit zum Genießen von Seeluft, Wind und Wellen. In Verbindung mit der Anfahrt mit dem Rad erlebt man einen traumhaften maritimen Tag!

4

Wer etwas die Einsamkeit oder Ursprünglichkeit einer typischen Ostseelandschaft vermisst, sollte vielleicht ein wenig verlängern oder den Aufenthaltsort nochmal wechseln. Denn zur Weiterfahrt gibt es von der Travemünder zur Mecklenburger Seite eine Fährverbindung, mit der man einige Kilometer sparen kann. Hier war bis zur Wiedervereinigung der beiden deutschen Staaten der direkte Verlauf der Staatsgrenze, der bei einem ausgeschilderten Rundgang besichtigt werden kann. Die Fähre ist für Wohnmobile ohne Gewichtsbeschränkung geeignet und kann zur Fortsetzung der Fahrt in den »Klützer Winkel« genutzt werden. An Boltenhagen vorbei folgt man der Beschilderung zum Feriendorf **Wohlenberg**. Der kleine Stellplatz für sechs Wohnmobile liegt inmitten der schönen Feld- und Wiesenlandschaft nur wenige Meter vom Strand entfernt. Hier ist es nie überlaufen und Kinder können auch die Spielanlagen nutzen. Am Abend kann man es sich auf der alten Anlegestelle bequem machen und die stimmungsvolle Atmosphäre aufnehmen.

Eine Legende wartet auf Besuch – der Viermaster Passat.

AUF EINEN BLICK

Info

STADT/REGION: Travemünde, Schleswig-Holstein
BESTE REISEZEIT: April bis Ende Oktober
OPTIMALE REISEDAUER: 2–3 Tage
TOURISTINFO: Touristinformation Travemünde
Am Leuchtenfeld 10a, Bertlingstraße 21, 23570 Travemünde,
Tel. 0451/889 97 00, www.travemuende-tourismus.de
KARTE: Kümmerly + Frey 1:275 000, Karte 2 Deutsche Ostseeküste

SEHENSWÜRDIGKEITEN

VIERMASTBARK PASSAT: Priwallpromenade 3a, 23570 Lübeck
KURPARK BOLTENHAGEN: Mittelpromenade 16, 23946 Ostseebad Boltenhagen

WOHNMOBILSTELLPLATZ AM FISCHEREIHAFEN

ADRESSE: Travemünder Landstr. 304, 23570 Travemünde,
Tel. 04502/80 40, www.travemuende-tourismus.de
GPS: N 53°57‘16“, E 10°51‘18“
Neu angelegter Stellplatz für 50 Wohnmobile, € 12-18 je nach Saison, inkl. Kurtaxe für Erwachsene, Ver- und Entsorgung/Strom, Untergrund mit Asphalt/Rasengittersteinen, geeignet für große Wohnmobile, liegt in Gehweite zum Hafen und zur Altstadt

Strand und Seebrücke von Boltenhagen

▲ Badestrand Travemünde ▼ Wohnmobilstellplatz Travemünde

WOHNMOBILSTELLPLATZ CAMPING WALKYRIEN IN BLIESDORF

ADRESSE: Strandweg 26, 23730 Schashagen,
Tel. 04562/67 87, www.camping-walkyrien.de
GPS: N 54°7‘10“, E 10°55‘15“
Separater Wohnmobilpark mit Strom vor dem Campinggelände und einem herrlichen Panoramablick auf die Ostsee und den Wald. Sehr große Stellplätze auf Rasen. Die exklusiven Sanitäreinrichtungen des Geländes sowie SB-Shop, Gastronomie usw. können mitbenutzt werden.

IMMER EINE REISE WERT

Hansestadt Stralsund

Altstadtkanal von Stralsund

5

Nicht nur Paris ist eine Reise wert, nein, die deutsche Ostküste kann mit der Hansestadt Stralsund ein ebenbürtiges, wenn auch ganz anderes Reiseziel bieten. Nicht umsonst wurde Stralsund zusammen mit Wismar in die Welterbeliste der UNESCO aufgenommen.

Seine glanzvollste Zeit hatte **Stralsund** in der Hansezeit, als es nach Lübeck die mächtigste Hansestadt im Ostseeraum war. Heute ist sie mit 60 000 Einwohnern die größte Stadt Vorpommerns. Man kann die Erzählung über die Geschichte Stralsunds natürlich im frühen 13. Jahrhundert mit der Gründung auf einem Inselhügel beginnen und entsprechend fortsetzen. Eine der prägendsten Epochen war aber sicherlich der Dreißigjährige Krieg mit der Belagerung und Niederlage Wallensteins. Darum folgt hier ein kurzer Ausschnitt dieser geschichtsträchtigen Jahre, auf die der Stralsunder bis heute mit Stolz blickt.

DIE NIEDERLAGE EINES GROSSEN FELDHERRN

Im Jahre 1628 wurde die Hansestadt Stralsund in die Reichspolitik hineingezogen, als der Dreißigjährige Krieg gefährlich nahe an die Ostseeküste rückte. Der dänische König Christian IV. musste sich 1625, von den kaiserlichen Truppen geschlagen, aus Norddeutschland zurückziehen. Der Oberbefehlshaber der kaiserlichen Armee und Herzog von Friedland, Albrecht von Wallenstein, wurde 1627 zum Herzog von Mecklenburg ernannt. Er ließ ganz Mecklenburg besetzen und marschierte bald in Pommern ein. Die wichtigen Häfen sollten zu Stützpunkten des Kaisers an der Ostseeküste werden. Auch Stralsund sollte die Stärke der kaiserlichen Armee bald zu spüren bekommen. Deshalb ließ der Stralsunder Rat 1627 die Teiche tiefer graben und den Erdwall an der Stadtmauer verstärken. Mit der Franzburger Kapitulation vom 10. November 1627 hatte sich der Pommersche Herzog Bogislaw XIV. geschlagen gegeben und genehmigte dem kaiserlichen Oberst Hans Georg von Arnim, Regimenter in Pommern und auf Rügen zu stationieren. Rügen, Barth und Greifswald wurden bald ohne Widerstand der Bevölkerung eingenommen.
Anders sah es in Stralsund aus. Am 5. April 1628 hatten Stralsunder Seeleute und Fischer die kaiserliche Besetzung des Dänholms verhindert und die Soldaten zur Kapitulation gezwungen. Danach wurde die Stadt

5

belagert. Wallenstein persönlich leitete vom 26. Juni bis 15. Juli die Belagerungskämpfe. 150 000 Reichstaler sollte der Stralsunder Rat an Wallenstein zahlen, um sich davon freizukaufen, kaiserliche Truppen aufzunehmen. Doch nicht nur die Stralsunder Bürger, sondern auch der Rat wies widerstandswillige Leute auf. An der Spitze dieser Gruppe stand der Bürgermeister Lambert Steinwich. Er hatte geheime Verbindungen zu den nordeuropäischen Mächten aufnehmen lassen und bat diese um Unterstützung. Mit dänischer und schwedischer Waffenhilfe konnte die Stadt verteidigt werden und Wallenstein erlitt eine Niederlage. Am 23. Juni 1628 schloss der Stralsunder Rat einen Allianz-Vertrag mit dem Schwedenkönig Gustav Adolf, der nicht nur ein 20-jähriges Schutzbündnis brachte, sondern auch die Schweden als Besatzungsmacht. Im Juli eines jeden Jahres hallen an einem Wochenende Kanonenschüsse durch die Altstadt und Schwaden von Pulverdampf ziehen durch die Straßen. Dann feiert Stralsund mit den Wallensteintagen den erfolgreichen Widerstand gegen die Belagerung der kaiserlichen Truppen.

Die Altstadt Stralsunds von oben

◀ Ein Blick in die Seitenstraßen ist auch interessant. ▶
Verschiedene Ansichten vom Alten Markt

STRALSUND HEUTE

Das moderne und sanierte Stralsund präsentiert sich als quirlige Metropole des Ostseeraumes. Die Altstadtfläche ist sehr kompakt und kann bequem zu Fuß angeschaut werden. Als Standort für ihre Besichtigung empfehlen wir den Wohnmobilstellplatz am **Rügendamm**. In nur 15 Minuten erreicht man fußläufig die Altstadt sowie den Hafen. Familie Dahnke bietet hier alle Einrichtungen, die man von einem Stellplatz heute erwartet, und natürlich den beliebten Brötchen-Service. Zudem haben Sie hier die Möglichkeit einen Werkstatt-Service zu nutzen oder auch Zubehör zu erwerben und montieren zu lassen, während Sie unterwegs sind. Wer länger unterwegs ist, hat hier sogar die Gelegenheit einen »Waschtag« einzulegen.

Das Rathaus in Backstein-Architektur

Tipp

Sie wollen mehr erfahren über die Welterbe- und Hansestadt Stralsund? Und über die wunderbaren Inseln Rügen, Usedom oder die Halbinsel Fischland-Darß-Zingst, über Vorpommern mit seiner einzigartigen Boddenlandschaft, mit den Vögeln des Glücks – den Kranichen –, mit zahlreichen Gutshäusern und Schlössern? Seit 2007 gibt es den Stralsunder Gästeführerverein 07, dessen Mitglieder es sich zur Aufgabe gemacht haben, ihre Heimat auf eine besonders individuelle Art und Weise näherzubringen: Führungen im historischen Gewand, kulinarisch durch verschiedene Gasthäuser, durch den Hafen, mit dem Nachtwächter oder durch bedeutende Gebäude der Backsteingotik, mit Kindern durch das Ozeaneum, vieles ist möglich. Das Schöne ist: Hier steht nicht kommerzieller Gewinn im Vordergrund, sondern das Hobby Einzelner, die trotzdem eine Ausbildung zum Städteführer haben. Die Angebote beginnen bei 10 Euro pro Person. Buchen kann man unter www.die-gaestefuehrer.de/ort/Stralsund. Vielleicht finden Sie auf dem Wohnmobilstellplatz ja auch andere, die Sie für eine Teilnahme begeistern können! Kontakt: Christine Sieb, Küterdamm 2, 18437 Stralsund, Tel. 03831/30 38 85 , www.gaestefuehrer-stralsund.de.

5

AM ENDE DER ALTSTADT, an der Hafeninsel und der Fährbrücke, befindet sich Das Fischermann's. Das maritime Flair mit den alten Speichern und Kanälen, ein beeindruckender Panoramablick von der Sommerterrasse und dem Wintergarten auf den Sund sowie die Segler und Yachten suchen ihresgleichen. Wie der Name schon sagt: Frischer Fisch ist Trumpf und das rustikale Ambiente ist trotz der Größe der Location sehr gemütlich. Neben den Tagesangeboten gibt es eine ständige Auswahl an 20 Fischgerichten in Vor- und Hauptspeisen.

Kirche St. Jacobi mit Ozeaneum

AUF EINEN BLICK

Info

STADT/REGION: Stralsund, Mecklenburg-Vorpommern
BESTE REISEZEIT: April bis Ende Oktober
OPTIMALE REISEDAUER: 2–3 Tage
TOURISTINFO: Tourismuszentrale der Hansestadt Stralsund, Alter Markt 9, 18439 Stralsund, Tel. 03831/252-340, www.stralsundtourismus.de
KARTE: Kümmerly + Frey 1:275 000, Karte 2 Deutsche Ostseeküste

SEHENSWÜRDIGKEITEN

OZEANEUM STRALSUND: Hafenstraße 11, 18439 Stralsund, www.ozeaneum.de

WOHNMOBILSTELLPLATZ STRALSUND

ADRESSE: Boddenweg 3, 18439 Stralsund, Tel. 03831/309 20 23, www.wohnmobilstellplatz-stralsund.de
GPS: N 54°16‘33“, E 13°06‘33“
Gebührenpflichtiger Stellplatz für 35 Wohnmobile im südlichen Stadtteil zwischen Wohnbebauung und Gewerbegebiet in Boddennähe. Geschotterte Stellflächen, beschildert und beleuchtet, Grünflächen mit Sitzecke, Grill- und Feuerstelle, Supermarkt 300 m entfernt, ganzjährig nutzbar

◀ Blick ins Ozeaneum ▶ Die Rügenbrücke

Stellplatz an der Rügenbrücke

CARAVANSTELLPLATZ AN DER RÜGENBRÜCKE

ADRESSE: Werftstraße 9a, 18439 Stralsund, Tel. 03831/203 85 70, www.caravanstellplatz-ruegenbruecke.de

GPS: 54°30’22.21“, E 13°09’83.32“

Beim Caravan-Center Dahnke. Gebührenpflichtiger Stellplatz für 55 Wohnmobile mit Blick zur Rügenbrücke. Großzügig parzellierte Stellflächen auf Schotterrasen, komfortable Sanitäranlage mit Waschmaschine und Trockner, weitere 60 Stellplätze gegenüber, neben dem Betriebsgelände, zum Stadtzentrum 2 km, ganzjährig nutzbar.

DAS HERZSTÜCK DER MECKLENBURGISCHEN SE- ENPLATTE

Am Kummerower See

Landschaft zum Anhalten und Genießen am Kummerower See

6

Er hat nicht nur erstaunliche Maße – mit 33 Quadratkilometern ist der Kummerower See der viertgrößte See Mecklenburg-Vorpommerns und der achtgrößte Deutschlands – er hat auch einiges zu bieten: Wandern, Radfahren und Wassersport stehen an erster Stelle der Aktivitäten, aber auch Kultur- und Naturfreunde kommen auf ihre Kosten.

Der Kummerower See liegt im **Naturpark Mecklenburgische Schweiz und Kummerower See**. Ungewohnt hügelig geht es hier zu, dank der Erhebungen von bis zu 100 Metern genießt man auch mal erhöhte Ausblicke. Aber auch kulturreich geht es zu mit vielen Schlössern, Gutshäusern und Parkanlagen. Zwischen dem 17. und 19. Jahrhundert hat sich diese für Norddeutschland typische Gutsstruktur entwickelt. Außerdem ist das Gebiet bekannt als Rastgebiet für Zugvögel und es beherbergt die heimischen Adlerarten Schrei-, Fisch- und Seeadler.

RUND UM DEN KUMMEROWER SEE

Kanuten, Paddler, Surfer und Segler sowie Fans von Bootsausflügen finden ihr Eldorado auf und am Kummerower See. Die Blau-Weiße Flotte ist mit ihrer Barkasse »Forelle« von Dienstag bis Samstag auf dem See unterwegs, man kann unbegrenzt viele Aus- und Zustiege sowie Aufenthalte an Land planen. Am Nordzipfel des Sees findet man den Waterpoint Bootsverleih und die Kanustation Verchen.

Tipp

Wanderer und Radfahrer können sich bei der Großen Schlössertour austoben, die 65 Kilometer lang ist und an Schlössern und Gutshäusern vorbeiführt. Die Runde lässt sich auf die Kleine Schlössertour mit 20 Kilometern verkürzen. Die Schlösser, die dabei auf dem Programm stehen, findet man unter www.mecklenburgische-schweiz.com/erlebnisse-und-aktivitaeten/schloesser-tour.

Ein zentraler Ort an der östlichen Seeseite ist **Sommersdorf**, ein heimeliger Badeort mit öffentlichem Strand beim gleichnamigen Campingplatz (siehe »Auf einen Blick«) und eingebettet in eine kontrastreiche Landschaft aus

goldenen Kornfeldern und dem tiefblauen, großen See im Hintergrund. Einsame Alleen durchziehen diese Idylle.
Zentral im Ort liegt das schmucke **Gutshaus Sommersdorf**, das heute im Besitz der Gemeinde ist. In einem Nebengebäude der teilrestaurierten Gutsanlage hat die Freiwillige Feuerwehr von Sommersdorf ihren Sitz. Zur Zeit des Nationalsozialismus war eine Bauernhofschule darin untergebracht.
Im namensgebenden Ort des Sees, in **Kummerow**, ist das **Schloss Kummerow** im Stil des Spätbarocks die Hauptattraktion. Hier bestimmte das alte Adelsgeschlecht derer von Maltzahn die Geschicke der Menschen in Mecklenburg und Pommern – bis zur Weimarer Republik. Während der DDR-Zeit wurde es als Konsumverkaufsstelle, als Gaststätte und Grundschule genutzt.
Das Schloss beherbergt heute eine fotografische Sammlung, die besichtigt werden kann, außerdem finden jeden Samstag um 13.30 Uhr historische Führungen statt. Die halb zerfallenen und noch nicht restaurierten Wirtschaftsgebäude des ehemaligen Gutshofes im Kontrast zu dem hübsch wiederhergestellten Hauptgebäude machen im Moment noch einen besonderen Reiz aus, sie werden derzeit vom neuen Besitzer restauriert. Hinter dem Schloss bezaubert im Sommer ein riesiges Sonnenblumenfeld, dahinter befinden sich ein schöner Badestrand sowie ein »Friedhof der literarischen Gestalten«. Für den Besuch von Gutshaus und Strand gibt es einen sehr großen Besucherparkplatz.
Neben dem Schloss verwöhnt das Restaurant **Seeblick Kummerow** die Gäste mit frischer regionaler Küche und einem herrlichen Blick aufs Wasser -besonders empfehlenswert zum Sonnenuntergang.

EIGENWILLIGES KÜNSTLERDORF

Nur einen fünf Kilometer weiten Ausflug von Kummerow entfernt erreicht man mit dem Künstlerdorf **Grammentin** ein wenig beachtetes Kleinod. Holzskulpturen sind über den Ort verteilt, es gibt ein hübsches altes Feuerwehrhaus, eine Windmühle und eine imposante Backsteinkirche zu sehen und zahlreiche Wandmalereien zieren die Wände der Gebäude. Ein Gang durch den Ort ist absolut empfehlenswert, dabei sollte man die Augen offenhalten, um auch keins der mitunter zwischen Hühnern und freiem Feld versteckten Kunstobjekte zu verpassen …

▲ Alte Mühle in Grammentin ◀ Mächtig: die gotische Backsteinkirche zu Malchin ▶ Kalensches Tor

STADT MIT DEN VIELEN TOREN: MALCHIN

Auch wenn der Ortsname es anders vermuten lässt, liegt Malchin näher am Kummerower See als am Malchiner See. Mit **Malchin** erreichen wir einen Ort, der ausnahmsweise nicht durch seinen historischen Innenstadtkern besticht, sondern mit Wohnblöcken ein ganz anderes Stadtbild zeigt. Zwar sind diese zum Teil restauriert und farbenfroh gestaltet, allerdings gibt es auch ältere, nicht sehr ansehnliche Exemplare.

Doch auch hier finden sich höchst sehenswerte Ecken wie zum Beispiel das inzwischen schon mehrfach neu erbaute Rathaus mit einem hübsch mit Blumen geschmückten Vorplatz und Läden, Bäckereien, Banken, Cafés und Restaurants drumherum. Die gotische Backsteinkirche St. Johannis ist ein behäbiger Bau mit einem 67 Meter hohen Turm, der bestiegen werden kann.

Ohne jede Anbindung steht einsam das **Kalensche Tor** am Nordrand der Altstadt. Es ist ein ehemaliges Vortor und stammt aus dem 15. Jahrhundert. Eine Nachbildung eines weiteren Vortores aus demselben Jahrhundert ist das **Steintor** am Südrand der Altstadt. Als Gefängnis fungierte früher der **Fangelturm**, der ursprünglich als Wehrturm erbaut wurde. Schließlich sind heute auch die Reste der ursprünglich etwa zwei Kilometer langen Stadtmauer wieder instandgesetzt.

Malchin ist mit 7400 Einwohnern schon eine eher größere Stadt im Bereich der Mecklenburgischen Seenplatte.

◀ Die Ivenacker Eichen ▶ Gut informiert geht es auf dem Baumkronenpfad zu einer Aussichtsplattform.

BAUMRIESEN, TIERPARK UND WIPFELPFAD

Über 1000 Jahre alt und 35,5 Meter hoch ist die mächtigste Eiche, die sich im Ivenacker Tierpark befindet. Mit einem Umfang von mehr als elf Metern ist sie die volumenreichste Eiche Europas und ein solches Phänomen sollte man sich schon mal aus der Nähe anschauen. Die Ivenacker Eichen sind das erste Nationale Naturmonument Deutschlands – die mächtigen, knorrigen Baumriesen sind ein Beispiel für die sogenannte Waldweide (Hudewald), wie sie hierzulande im Mittelalter die Waldnutzung geprägt hat. Das Damwild und die alten Haustierrassen im Ivenacker Tierpark sind nicht nur schön anzusehen, sondern diese Tiere übernehmen heute auch die Aufgabe, den Wald zu beweiden. Während eines Rundgangs kann man die Tiere ganzjährig in freier Wildbahn beobachten. Auch bedrohte alte Haustierrassen wie das Turopolje-Schwein finden hier ein artgerechtes Refugium.

Eine noch neue Attraktion ist der 2017 eröffnete **Baumkronenpfad**, der auf einer Länge von 640 Metern stetig bergauf zu einer 40 Meter hohen Aussichtsplattform führt. Nicht nur Kinder sind für die Mitmachstationen auf dem Weg nach oben zu begeistern, bei denen die Besucher Wissenswertes über den Wald erfahren – Lebensphilosophien und ansprechend aufbereitete Informationen lassen auch die Erwachsenen lange brauchen für die Wendelrampe nach oben. Auf der Aussichtsplattform angekommen genießt man einen Panoramablick über die Baumkronen der uralten Eichen bis hin zum nahegelegenen Ivenacker See. Für Rollstuhlfahrer und Kinderwagen steht ein Aufzug auf die Plattform zur Verfügung.
Die Ivenacker Eichen sind ein Ganztagesausflug. Durch die komplette Anlage führt ein ausgebauter Rundweg von etwa zehn Kilometern Länge. Auf einem Naturerlebnispfad lernen Jung und Alt die Natur spielerisch kennen. Es gibt eine Sagenstation mit Mythen aus Ivenack und einen restaurierten **Barockpavillon**, der eine interaktive Dauerausstellung beherbergt.

ERFAHRENE FÖRSTER bieten nicht nur Führungen durch das 70 Hektar große Gelände an, sondern auch Veranstaltungen für die ganze Familie über das ganze Jahr verteilt, in deren Rahmen man den Wald kennen- und schätzen lernt und sehr intensiv erlebt.

ABSTECHER VOM AUSFLUG

Da Camping- und Stellplatz am Kummerower See beziehungsweise in Malchin von hier aus schnell erreicht sind, ist anschließend an den Besuch der Ivenacker Eichen noch ein Spaziergang in den Ort **Ivenack** unterzubringen (vom neuen Parkplatz aus fußläufig erreichbar ist das Schloss, das gerade restauriert wird).
Ebenfalls nur einen Katzensprung von fünf Kilometern von den Ivenacker Eichen entfernt liegt der Ort **Stavenhagen** mit einem Schloss, das eindrucksvoll auf einem Hügel thront und von einer sehr schönen Grünanlage umgeben ist. Das Schloss grenzt direkt an den hübschen Innenstadtkern mit dem schon rein äußerlich sehr schicken Fritz-Reuter-Literaturmuseum. Alles hier im Ort dreht sich um den Schriftsteller der niederdeutschen Sprache, der hier geboren wurde.

AUF EINEN BLICK

Info

STADT/REGION: Kummerower See/Mecklenburgische Schweiz und Kummerower See
BESTE REISEZEIT: April–September
OPTIMALE REISEDAUER: 2–3 Tage
TOURISTINFO: Stadtinformation/Touristinfo Malchin, Steinstraße 6, 17139 Malchin, Tel. 03994/64 01 11, stadtinfo@malchin.de, www.amt-malchin-am-kummerower-see.de

SEHENSWÜRDIGKEITEN

SCHLOSS KUMMEROW: Am Schloss 10, 17139 Kummerow, Tel. 039952/23 51 80, post@schloss-kummerow.de, schloss-kummerow.de
SEEBLICK KUMMEROW: Bungalowsiedlung 30, 17139 Kummerow, Tel. 039952/23 77 66, seeblick-kummerow.de
STADTKIRCHE ST. JOHANNIS: Schweriner Straße 5, 17139 Malchin, Tel. 03994/29 94 65
IVENACKER EICHEN: Tiergarten 1, 17153 Ivenack, Tel. 03994/2350, www.wald-mv.de/landingpage/ivenacker-eichen
FRITZ-REUTER-LITERATURMUSEUM: Markt 1, 17153 Stavenhagen, Tel. 039954/210 72, literaturmuseum@stavenhagen.de, www.fritz-reuter-literaturmuseum.de

CAMPING- UND WOHNMOBILPARK SOMMERSDORF

ADRESSE: Am Hafen 2, 17111 Kummerow, Tel. 039952/29 73, info@camping-sommersdorf.de, www.camping-sommersdorf.de
ANFAHRT: Die B104 bis Malchin fahren, dann der Beschilderung Richtung Kummerow/Sommersdorf folgen.
GPS: N 53°47‘55“, E 12°52‘33“
Der Platz bietet ein großes Areal mit tollen Stellplätzen in der ersten Reihe am Ufer des Kummerower Sees. Neben einem eigenen Badesandstrand sorgt ein umfangreiches Freizeitangebot (auch für Kinder) dafür, dass der Platz durchaus für einen längeren Aufenthalt geeignet ist. Morgens gibt es im gut sortierten Laden Brötchen (Vorbestellung nötig). Der Wasserverbrauch wird centgenau abgerechnet (auch das

Wasser fürs Spülen). Trotz der Größe des Platzes ist es sehr ruhig. Vor der Schranke befindet sich ein Wohnmobilstellplatz mit sehr schönen, schattigen, durch Bäume voneinander abgetrennten Plätzen – aber ohne Versorgung und Infrastruktur. Die Einrichtungen und Versorgungsmöglichkeiten des Campingplatzes können gegen entsprechenden Aufpreis mitbenutzt werden, dann allerdings zahlt man fast denselben Preis wie auf dem Campingplatz selbst.

◀ Am Campingplatz Sommersdorf ▶ Stellplätze Malchiner Kanuclub

STELLPLATZ MALCHINER KANUCLUB

ADRESSE: Am Kanal 4, 17139 Malchin, Tel. 03994/23 94 68, info@malchiner-kanu-club.de, www.malchiner-kanu-club.de

ANFAHRT: Im Zentrum von Malchin an der B104 gegenüber des Supermarktes Netto in die Straße Am Kanal fahren. Der Stellplatz folgt gleich linker Hand.

GPS: N 53°44‘39“, E 12°46‘01“

Zwölf Reisemobile passen auf den Stellplatz der Marina am Ortsrand von Malchin. Teilweise schattiger Platz auf festem Wiesenuntergrund mit Stromanschlüssen, Ver- und Entsorgung, Sanitäranlagen, kostenpflichtigen Duschen und kostenpflichtigem W-LAN. Waschmaschine und Trockner stehen ebenfalls zur Verfügung. Der Platz ist sauber und sehr ruhig, liegt idyllisch in Flussnähe und auch Einkaufsmöglichkeiten sind nicht weit entfernt. Ein freundlicher Platzwart (der Hafenmeister) macht den Aufenthalt auf dem kleinen, gepflegten Platz noch angenehmer.

KURORT AN DER MÜRITZ

Das Heilbad Waren

Mediterrane Stimmung im Kurort Waren an der Müritz

7

Flächenmäßig ist Waren an der Müritz der zweitgrößte Ort in Mecklenburg-Vorpommern, bezüglich der Bevölkerung (21 000 Einwohner) ist es der achtgrößte. Mit der Lage an der Müritz und dem Nationalpark ist Waren neben dem umfangreichen Angebot der Stadt selbst der perfekte Ausgangspunkt für Naturentdeckungen.

Waren ist eine lebendige Stadt mit vielen Museen, Kirchen und Gärten, Kunst und Kultur – und Wasser! Außer an der Müritz liegt der Ort noch direkt an beziehungsweise nahe fünf weiterer Seen. Dem Stadthafen kommt demnach eine große Bedeutung zu, hier starten die Schiffsrundfahrten der Weißen Flotte und mit dem maritimen Fest »Müritz Sail« findet jährlich am letzten Wochenende im Mai ein kulturelles Highlight statt. Reisemobilisten finden im Innenstadtbereich sowohl ausreichend Parkplätze als auch Wohnmobilstellplätze.

QUIRLIGER KURORT

Erst 2012 wurde Waren als staatlich anerkanntes Heilbad ausgezeichnet – und wurde damit zum ersten Heilbad der Mecklenburgischen Seenplatte. Die Lage an der Binnenmüritz und die gute Erreichbarkeit der Nationalparkgemeinden Federow, Schwarzenhof und Speck tragen dazu bei, dass die Infrastruktur des Ortes ganz auf den Tourismus ausgerichtet ist. Das fängt bei der reizenden Altstadt mit den beiden Kirchen, dem Rathaus und dem Markt an, geht weiter über den umtriebigen Stadthafen bis hin zu zahlreichen Museen, allen voran das außergewöhnliche Müritzeum.
In der **historischen Altstadt** dominieren wunderschöne alte Bauten das Bild, allen voran das Alte und das Neue Rathaus, die beide von historischen Fachwerk- und Bürgerhäusern umgeben sind. In der Altstadt spielt sich aber auch ein buntes Einkaufsleben ab; nicht nur in den Läden und Shops auf der Shoppingmeile **Lange Straße**, sondern auch auf Wochen-, Kunst und Flohmärkten. Im Zentrum der Altstadt finden auf dem **Neuen Markt** die Grünen Märkte mit dem Verkauf regionaler Produkte statt. Hier kann man auch das **Neue Rathaus** im Stil der Tudorgotik begutachten. Es wurde 1988 rekonstruiert, und unter seinen Arkaden befindet sich die alte Ratswaage mit einem langen Wägebalken. Im Obergeschoss des Neuen Rathauses zeigt das **Stadtgeschichtliche Museum** eine Dauerausstellung

zur Geschichte Warens. Und schließlich befindet sich auch das Haus des Gastes am neuen Markt; hier ist in einem denkmalgeschützten Fachwerkhaus die Touristinformation sehr stilvoll untergebracht.

Im eher schlichten Backstein-Outfit steht das Alte Rathaus im starken Kontrast zur Putzbauweise, in dem das Neue Rathaus gestaltet ist. Es ist das älteste weltliche Gebäude der Stadt, sein Kern reicht bis ins 14. Jahrhundert zurück. Die ältesten Bestandteile der St.-Marien-Kirche sind der Feldsteinchor und die Sakristei, beides stammt aus dem 13. Jahrhundert. Damit ist die Kirche das älteste Gebäude der Stadt. Im 14. Jahrhundert wurde das Gotteshaus um ein dreischiffiges gotisches Langhaus erweitert. Nachdem die Marienkirche im Dreißigjährigen Krieg ausgebrannt war und lange eine Ruine blieb, wurde sie von 1790 bis 1792 im klassizistischen Stil wiederaufgebaut. Auf 45 Metern Höhe erreicht man über 176 Treppenstufen eine Aussichtsplattform auf dem Kirchturm, von der aus man die Stadt und das Umland mit den genannten Seen betrachten kann.

Das zweite bedeutende Gotteshaus am Ort ist die St.-Georg-Kirche. Ursprünglich im 14. Jahrhundert als Backstein-Basilika errichtet, erfuhr das sakrale Bauwerk im Laufe der Jahrhunderte mehrere Umbauten und Neugestaltungen, da auch sie im Laufe der Zeit mehrfach ausbrannte. Ihre jetzige neugotische Ausgestaltung erhielt sie Mitte des 19. Jahrhunderts. Erhaltene mittelalterliche Elemente sind der wuchtige Turm und die mächtigen Pfeiler. Sehenswert im Innern sind die bunten Fenster des Chorraums und in den Seitenschiffen.

Tipp

Sind Sie zufällig am zweiten Juliwochenende in der Stadt? Dann lassen Sie sich vom Trubel mitreißen, der beim Müritzfest herrscht. Auf zahlreichen Bühnen werden Kunst und verschiedene Erlebniswelten angeboten. Ein Feuerwerk, der Festumzug am Samstag und der Rummel auf dem Festplatz sind die Höhepunkte des kurzweiligen Wochenendes. Informationen und das Programm findet man unter www.mueritzfest.de.

Wenden wir uns dem Randbereich der Altstadt und dem Stadthafen zu. An den Liegeplätzen können wir die Boote bewundern, die hier ankern, wir können zu einer Schiffsrundfahrt auf der Müritz und der Mecklen-

Platz Neuer Markt mit dem Neuen Rathaus

burgischen Seenplatte starten oder in den zahlreichen Restaurants und Cafés einkehren sowie in den Souvenirshops nach Mitbringseln stöbern. Nicht zu vergessen ist die Promenade, die zum Schlendern einlädt. Oder wie wäre es mal mit etwas ganz anderem, einer **Floßfahrt** zum Beispiel? Bei der Touristinformation kann man einen Tagestörn inklusive Fischräuchern und -essen an Bord buchen. Die Tour findet in der Saison immer donnerstags von 10.30 bis 18 Uhr statt, Treffpunkt ist das Wirtshaus zur Eibe in Jabel, nordwestlich von Müritz. Wer eigenständig mit dem Floß losschippern möchte, kann führerscheinfrei beim Anbieter Ferienkontor eine Floßtour mit »Tommy« unternehmen und das gut ausgestattete Floß mit Rutsche für die Kids einen Tag lang nutzen. Derselbe Anbieter vermietet auch Ruderboote, Kanus oder Motorboote.

AUTHENTISCH geht es zu auf dem alten Frachter »Räucherkahn«, einem Verkaufsschiff, das an der Steinmole und am Ende der Seepromenade fest vertäut liegt. Hier gibt es erstklassige Fischbrötchen mit Räucheraal, Forelle oder Matjeshering, Lachsfrikadellen, leckere Fischgerichte oder auch klassisch-britisch Fish & Chips. Alles sowohl zum Mitnehmen als auch zum Verspeisen vor Ort auf der Terrasse des Schiffes. Sehr urig, sehr lecker, sehr preisgünstig. Zu finden in der Strandstraße, 17192 Waren, Tel. 03991/66 46 95, www.raeucherkahn.de.

Am Schiffsanleger Steinmole trifft man nicht nur auf Schiffe, hier starten auch die Stadtrundfahrten mit der nostalgischen Tschu-Tschu-Bahn. Die Fahrgäste lernen an Bord die Sehenswürdigkeiten der Stadt kennen, kommen an den historischen Gebäuden vorbei und können am Start- und Endpunkt Steinmole auch bequem aufs Schiff umsteigen. Eine Rundfahrt dauert etwa 50 Minuten, angeboten werden die Fahrten ab Ostern beziehungsweise ab April und finden bis Ende Oktober statt.

Nur wenige Gehminuten vom historischen Stadtzentrum entfernt wird auf der Freilichtbühne Waren die Müritz-Saga aufgeführt. Mit aufwendigen und fantasievollen Bühnenbildern, in historischen Kostümen, mit Reiterei und Musik wird der Besucher von diesem familienfreundlichen Theaterabenteuer in die Vergangenheit der Müritz-Region entführt.

◀ Flanieren an der Stadthafenpromenade ▶ Interaktives Müritzeum

HIGHLIGHT DER STADT: DAS MÜRITZEUM

Waren und das Müritzeum sind praktisch ein und dasselbe. Das Müritzeum ist bei einem Besuch der Stadt oder der Umgebung ein absolutes Muss, nicht nur für Naturliebhaber und -interessenten. Mit viel Interaktion, Liebe zum Detail, multimedialen Komponenten und einem großen Angebot an Informationen ist der Aufenthalt in dem modernen Museum äußerst kurzweilig für Kinder und Erwachsene. Über zwei Etagen erstreckt sich die Ausstellung, die im Untergeschoss eine riesige Aquarienlandschaft beherbergt. Hier kann man eine faszinierende Unterwasserwelt anhand von 26 naturnah gestalteten Aquarien hautnah erleben und kennenlernen. Neben 50 verschiedenen Fischarten tummeln sich Krebse, Sumpfschildkröten, Muscheln und Schnecken in den Becken. Über beide Stockwerke erstreckt sich ein riesiges Becken, in dem ein Schwarm von Großmaränen seine Runden zieht. Durch ein Panoramafenster kann man einen Blick in die heimische Unterwasserwelt werfen, denn direkt vor dem Gebäude befindet sich der **Herrensee**, bis auf dessen Grund man durch die Glasscheibe blicken kann.

Das Erdgeschoss präsentiert in voneinander abgetrennten Bereichen die Vogelwelt, Wald und Natur der Seenplatte. Um den Blick aus der Vogelperspektive zu simulieren, kann man in der **Vogelwelt** eine Fahrt im Heißluftballon unternehmen – faszinierend rauscht die Landschaft unter dem Korb des Ballons vorbei. Den Vogelstimmen kann man außerdem im Konzertsaal lauschen und im Vogelsaal erhält man einen Eindruck davon, wie scharf ein Adler sehen kann.

Bei einer Wanderung durch den **Waldraum** begegnet man Baumriesen biblischen Alters, lernt vieles über die Wälder der Mecklenburgischen Seenplatte und wie wichtig das Holz als Rohstoff für Handwerk und Industrie ist. Im **Moorraum** werden die dschungelartigen Waldmoore des Müritz-Nationalparks vorgestellt sowie ihre typischen Bewohner. Alte Mythen und Sagen begleiten den Weg durchs Moor. Eine **Zeitreise** bringt uns schließlich zurück in die Eiszeit vor etwa 20 000 Jahren, die die Müritz-Region überhaupt erst gestaltet hat – über das Mittelalter, den Wandel von Natur- und Kulturlandschaften hin zu ersten Dörfern und Städten geht es in die Jetztzeit, in der es immer noch stellenweise erstaunlich wild und ursprünglich zugeht. Ein **Erlebniskino** mit einer Multivisionsschau rundet den Museumsbesuch im Innenbereich ab.

Draußen geht es aber weiter: Der **Museumsgarten** mit dem oben genannten Herrensee lädt abschließend nicht nur zum Spaziergang ein, hier können die Besucher auch alte Bäume betrachten und Wasservögel beobachten und einen Naturlehrpfad rund um den See begehen. Kinder toben sich auf dem Abenteuerspielplatz aus. Im historischen **Haus der Sammlungen** gibt es eine Dauerausstellung zum Thema »Natur im Sammelschrank« mit seltenen, ausgestorbenen Tieren und Pflanzen sowie wechselnde Sonderausstellungen. Regelmäßige Aktionstage, Events, Sonderausstellungen und **Führungen** durch das Museum (www.mueritzeum.de/de/fuer_besucher/fuehrungen) vervollständigen das Angebot.

UND NOCH MEHR WASSER ...

Durch einen flachen Graben mit der Müritz verbunden ist der **Feisnecksee** am südöstlichen Stadtrand von Waren. Der See gehört zum Müritz-Nationalpark, verfügt über eine Badestelle am Nordufer und es umgibt ihn ein etwa 8,5 Kilometer langer Rundweg. Eine malerische Landbrücke schiebt sich zwischen die Müritz und den **Tiefwarensee**, an dem es Wassersportaktivitäten gibt (Kanu- und Bootsverleih). Ein ungefähr zehn Kilometer langer Eiszeitlehrpfad umgibt den See, den man zu Fuß oder mit dem Fahrrad erkunden kann. Ein kleiner, aber bezaubernder **botanischer Schaugarten** befindet sich auf einer kleinen Landzunge am Tiefwarensee. Spektakulär schön sind die Sonnenuntergänge an der Promenade der **Binnenmüritz**. Westlich von Waren liegt der **Kölpinsee**, der zur Elde-Müritz-Wasserstraße gehört und von Wäldern und Naturschutzgebieten umgeben ist. Noch weiter westlich folgt der **Fleesensee**, der über einen Kanal mit dem Kölpinsee verbunden ist. Von den über 100 Seen im Müritz-Nationalpark versammeln sich eine ganze Menge rund um Waren.
Ein Event der Extraklasse ist übrigens inzwischen die Müritz Sail, ein Volksfest an den Ufern der Müritz, das jährlich Ende Mai/Anfang Juni bis zu 60 000 Besucher nach Waren lockt. Längst mehr als nur die kleine Schwester der Hanse Sail kann man die großen Windjammer bestaunen, den Segelregatten und dem Festumzug zuschauen, der von der Altstadt aus zum Stadthafen führt. Dort finden Drachenbootrennen und Fischerstechen statt und außerdem beginnt hier die Vergnügungsmeile mit Bühne, Festzelten, Verkaufsständen und Fahrgeschäften. Einer der Höhepunkte der maritimen Veranstaltung ist das Höhenfeuerwerk über der Binnenmüritz.

Tipp

Mit dem Wassercamper wird das Wohnmobil zum Hausboot umfunktioniert. Dann kann man auf dem Wasser campen, Wohnmobile bis viereinhalb Tonnen und bis acht Meter Länge können auf diese Weise transportiert werden – und das ohne Führerschein. Bei der Charterbasis am Stadthafen von Waren (Müritz) geht es los, dieser Liegeplatz kann kostenlos genutzt werden. Preise und genauere Informationen unter www.mueritzboot.de.

7

BÄRIG COOLER WALD

Die Wildnis der Bären erleben kann man im **Bärenwald Müritz**. Braunbären, die zum Teil aus schlechter Haltung gerettet wurden, leben naturnah in einem informativen und weitläufigen Park. Es ist Europas größtes Bärenschutzzentrum mit einem naturbelassenen Wald, in dem die Bären tiergerecht ihren Lebensabend verbringen dürfen. So können sie ihre Instinkte wiederentdecken und ihr natürliches Verhalten ausleben. Man kann sie beobachten, während sie durch den Wald streifen, im Teich planschen oder am Bachlauf spielen.

Tiergerecht verbringen Braunbären ihren Lebensabend im Bärenwald.

Ein Wanderweg führt durch den Wald des 16 Hektar großen Geländes. Wenn sich die Bären zurückziehen möchten, haben sie die Möglichkeit dazu – das ist Tierschutz. Es gibt Erlebnisstationen im Bärenwald wie beispielsweise ein Naturentdeckerpfad mit Labyrinth und Höhenpfad, Bärenführungen sowie Natur- und Umweltbildungsangebote. Für Kinder stehen ein Abenteuer-Waldspielplatz und Spiel- und Ausstellungsstationen zur Verfügung. Auf dem Gelände befindet sich außerdem ein Besucherzentrum mit einem Bio-Bistro, einer Bären-Akademie und einer Bibliothek.

Als Hotel wird das schmucke Schloss Klink genutzt.

HINAUF IN LUFTIGE HÖHEN

In einer professionellen Anlage kann man sich in verschiedenen Schwierigkeitsstufen beim Kletterwald Müritz in luftige Höhen wagen. Egal, ob Anfänger oder Kletterprofi – für alle gibt es eine ausführliche Einweisung, bevor es losgeht. Neun Parcours und 100 Kletterelemente stehen zur Verfügung. Die Parcours sind mit Namen versehen und heißen »Greenhorn«, »Robin Hood« und »Nervenkitzel« – das lässt schon auf den jeweils zu erwartenden Schwierigkeitsgrad schließen …

Zwischen drei und zwölf Meter hoch sind die Stationen des Kletterwaldes, die aus Kletternetzen, schwingenden Balken, Seilkonstruktionen, Tunneln und Kletterwänden bestehen. Auf sieben Seilbahnen sind rasante Abfahrten möglich, die bis zu 80 Meter lang sind. Kinder dürfen ab sechs Jahren mit einem Erziehungsberechtigten zusammen klettern, es sind die Altersbeschränkungen der einzelnen Parcours zu beachten.

DIE LOIRE-SCHLÖSSER ALS VORBILD

Direkt an der Müritz und auf der oben beschriebenen Landzunge zwischen der Müritz und dem Kölpinsee liegt das herrschaftliche Schloss Klink. Hervorgegangen aus einem ehemaligen Gutshaus entstand 1898 ein Schloss im Stil der Neorenaissance nach dem Vorbild der Schlösser an der französischen Loire. Märchenhaft wirkt der zweigeschossige Putzbau mit dem steilen Dach vor allem durch seine runden Ecktürmchen und die Zwerchhäuser. Verziert ist Schloss Klink mit Terrakotta und Sandstein.

Nach 1945 diente das Schloss zunächst als Kommandantur der Roten Armee, wurde später zum Volkseigenen Betrieb und ab 1971 als Schulungs- und Erholungsobjekt genutzt. Seit 1998 fungiert es als Hotel mit

angeschlossener Gastronomie. Dadurch ist es zwar kein öffentlich zu besichtigendes Schloss, aber dennoch schön anzusehen und das von allen Seiten. Denn zwischen dem Schloss und dem Ufer der Müritz befindet sich eine gepflegte Grünanlage, an der man auch als Nicht-Hotelgast entlangschlendern kann. Ein kleiner Hafen mit Bootssteg und Badestellen ergänzen die malerische Szene.
Das Schloss liegt außerhalb von Waren und ist vom ebenfalls außerhalb gelegenen Campingplatz Kamerun aus in einem kurzen Abstecher von fünf Kilometern erreichbar.

SEHENSWÜRDIGKEITEN

HEIMAT- UND STADTGESCHICHTLICHES MUSEUM WAREN: Neuer Markt 1, 17192 Waren (Müritz), Tel. 03991/17 73 54

FERIENKONTOR MÜRITZ: Strandstraße 3b, 17192 Waren (Müritz), Tel. 02521/67 16, info@mueritz-seepark.de, www.mueritz-seepark.de

FREILICHTBÜHNE WAREN: Richard-Wossidlo-Straße 5c, 17192 Waren (Müritz), Tel. 0177/700 60 12, info@mueritz-saga.de, www.mueritz-saga.de , www.freilichtbuehne-waren.de

WAREN TSCHU-TSCHU-BAHN: Reederei Pickran, Strandstraße 2, 17192 Waren (Müritz), Tel. 039932/817 35, info@pickran.de, www.pickran.de/stadtrundfahrt

MÜRITZEUM: Zu Steinmole 1, 17192 Waren (Müritz), Tel. 03991/63 36 80, info@mueritzeum.de, www.mueritzeum.de

BÄRENWALD MÜRITZ: Am Bärenwald 1, 17209 Stuer, Tel. 039924/791 18, info@baerenwald-mueritz.de, www.baerenwald-mueritz.de

KLETTERWALD MÜRITZ: Kameruner Weg 14, 17192 Waren (Müritz), Tel. 03991/63 12 26, www.kletterwald-mueritz.de

SCHLOSS KLINK: Schlossstraße 5, 17192 Klink, Tel. 03991/74 70, info@schlosshotel-klink.de, www.schlosshotel-klink.de

AUF EINEN BLICK

Info

STADT/REGION: Waren/Müritz
BESTE REISEZEIT: Ganzjährig
OPTIMALE REISEDAUER: 2–3 Tage
TOURISTINFO: Waren (Müritz) Kur- und Tourismus GmbH, Neuer Markt 21, 17192 Waren (Müritz), Tel. 03991/74 77 90, info@waren-tourismus.de, www.waren-tourismus.de

WOHNMOBILSTELLPLATZ BLUMEN UND PARKEN

ADRESSE: Unterwallstraße 24, 17192 Waren (Müritz), Tel. 03991/66 85 57 oder 0173/207 07 38, blupa@alice.de, www.blumen-und-parken.de
ANFAHRT: Vom Stadthafen in Waren (Müritz) die Rosenthalstraße bis Abzweig Papenbergstraße fahren, dort links und im Kreisel die dritte Ausfahrt auf die Mecklenburger Straße. Der Stellplatz ist direkt rechter Hand.
GPS: N 53°30‘48‘, E 12°41‘40“
Recht großer Platz in der Nähe der Altstadt und des Hafens für 35 Reisemobile. Überwiegend eben und zum Teil mit Schatten und geschottertem Untergrund. Das Zentrum ist bequem zu Fuß erreichbar und ein Anschluss an öffentliche Verkehrsmittel (Nutzung in der Kurtaxe enthalten) befindet sich ganz in der Nähe. Ältere, aber saubere Sanitäranlagen, Wasser, Strom und Entsorgung vorhanden (jeweils gebührenpflichtig). Anmeldung und Bezahlung im Blumenladen. In der Hochsaison sehr begehrter Platz, oft voll (Reservierung möglich).

CAMPING- UND WOHNMOBILPARK KAMERUN WAREN (MÜRITZ)

ADRESSE: Zur stillen Bucht 3, 17192 Waren (Müritz), Tel. 03991/12 24 06, info@campingpark-kamerun.de, www.campingpark-kamerun.de
ANFAHRT: Aus Richtung Waren (Müritz) kommend die B192 in südwestliche Richtung fahren. 3,6 Kilometer nach dem Müritzeum führt nach links die Straße Zur stillen Bucht direkt zum Campingplatz.
GPS: N 53°30‘44“, E 12°39‘03“

Exklusiver Wohnmobilhafen des Campingplatzes Kamerun

Großer Ferienpark direkt am Ufer der Müritz mit Snackbar und Biergarten am eigenen Sandstrand.

VIELE FREIZEITAKTIVITÄTEN: An einem Wassersportcenter kann man Kurse belegen, Touren buchen und Motorboote, Kajaks, Kanus oder Stehpaddel-Boards mieten.

Es gibt ein umfangreiches Animationsprogramm, Showbühnen, einen Spielplatz und die Möglichkeit, den Wohnwagen zum Hausboot umzufunktionieren. Die Sanitäranlagen bei der Rezeption sind herausragend und im afrikanischen Stil gehalten mit kunstvollen Wandmalereien – dort gibt es auch eine Lodge mit Restaurant und Brötchen- sowie Frühstücksservice. All das hat natürlich seinen Preis. Etwas Geld sparen kann man auf dem ungewöhnlich schönen Wohnmobilhafen außerhalb der Schranke. Auch diese Plätze sind großzügig angelegt und genauso gut ausgestattet wie die innerhalb des Campingparks. Dann bezahlt man die Sanitärnutzung separat.

MIT DEM CHARME EINER MARITIMEN STADT

Traditionsreiche Residenzstadt Neustrelitz

Sternförmig laufen die Straßen von Neustrelitz auf den Marktplatz zu.

Die Herzöge von Mecklenburg-Strelitz wussten, wie es sich schön leben lässt. Ein Kleinod haben sie sich dafür als Stadt ausgesucht mit viel Historie, Tradition, Kultur und vor allem: traumhaft schönen Fleckchen. Neustrelitz liegt recht zentral innerhalb der Mecklenburgischen Seenplatte und direkt am Zierker See.

Eine herausragende Sehenswürdigkeit in Neustrelitz zu nennen ist nicht möglich. Der barocke Schlossgarten mit der hübsch restaurierten Orangerie und den Plastiken ist ebenso ein Hingucker wie die sanierten Speicher am Hafen oder der Markt, Mittelpunkt der barocken Stadtanlage. Zu toppen ist die Stadtbesichtigung nur mit der einmalig schönen Wanderung durch den angrenzenden Müritz-Nationalpark: die Serrahn-Runde von Teerofen. Die Buchenwälder von Serrahn genießen als Naturschutzgebiet einen besonderen Schutz und zeigen exemplarisch, wie Urwälder hier künftig aussehen können.

HERZOGLICHE RESIDENZSTADT NEUSTRELITZ

Nach italienischem Vorbild erschaffen, gilt Neustrelitz in Nord- und Mitteleuropa als einmalig. Das barocke Herzstück der Stadt ist der **Marktplatz**, von dem aus sternförmig acht Straßen abzweigen mit schick herausgeputzten und mit Jugendstilelementen versehenen alten Häusern. Die Stadtanlage stammt aus dem Jahr 1733, ein bronzenes Modell an der Stadtkirche gibt einen Überblick über die Innenstadt. Am Marktplatz befindet sich die Tourist- und Nationalparkinformation. Ein **Rondell** am Marktplatz ist mit 32 kleinblättrigen Eschen bepflanzt und mit einem Wasserspiel mit 36 Fontänen versehen. Ebenfalls am Marktplatz erstrahlt das schmucke **Rathaus** genau gegenüber der baulich ähnlichen **Stadtkirche**. Den Turm der Kirche kann man besteigen, was mit einem Panoramablick auf die Barockstadt und deren Umgebung belohnt wird.

Das **Neustrelitzer Schloss** hat eine bewegte Vergangenheit hinter sich und war bis 1934 Sitz des Landtags von Mecklenburg-Strelitz. Später wurde es von der SA als Sportstätte genutzt und schließlich brannte es 1945 komplett aus, die Ruine wurde gesprengt und abgetragen. Es gibt zwar Bestrebungen, das Schloss neu aufzubauen, bislang wurden aber nur einzelne Gebäude rekonstruiert und restauriert. Hierzu zählt die neogotische **Schlosskirche**,

die schon seit DDR-Zeiten nicht mehr als Gotteshaus genutzt wurde und heute als Dauerausstellungsraum für Skulpturen und Steinhauerkunst fungiert. Beeindruckend sind die zwölf Türme, die die Kirche zieren und die zwölf Apostel symbolisieren. Auch die vier Evangelisten wurden in der Fassade in Form von Terrakottafiguren verewigt.
Ein weiteres Gebäude ist die klassizistische **Orangerie** im Nordosten des Schlossparks, ein zu einem Gartensalon umgestaltetes Prachtstück, das heute als Konzertsaal und Restaurant dient. Drei sehenswerte Räume gibt es zu besichtigen, die in den Landesfarben Gelb, Rot und Blau gehalten sind und antike Szenen in Form von Skulpturen und Bildnissen präsentieren. Ein Modell des ehemaligen Schlosses in der Orangerie zeigt, wie es einmal ausgesehen hat. Auch das **Kavalierhaus** ist ein Überbleibsel der ursprünglichen Schlossanlage.
Highlight Nummer 1 der Stadt ist jedoch unbenommen der **Schlossgarten**. Ursprünglich als Barockgarten konzipiert, finden sich auch heute noch nach vielen Umgestaltungen und Erweiterungen barocke Elemente. Es ist eine grüne Oase, ein Ort zum Genießen, Verweilen und Flanieren. Man könnte Stunden in diesem gepflegten Park zubringen und sich an der friedvollen Stimmung erfreuen. Der Schlossgarten wurde 1732 nach dem Vorbild Versailles´ angelegt, im 19. Jahrhundert zum englischen Landschaftspark erweitert und hat im August 2019 nach zehnjähriger Sanierung wieder sein historisches Aussehen zurückerlangt. Entlang einer barocken Sichtachse machen Skulpturen, Wasserspiele, Brunnen, alte Bäume, und romantische Wege sowie ein Tempel den Park zu einem Kleinod am Rande der Innenstadt. Auf dem Schlossplatz wachen von der Antike inspirierte Statuen über den Zugang zum Schlossgarten, die griechisch-römisch anmuten ...
Um den Schlossbezirk bequem zu Fuß erreichen zu können, parkt man das Wohnmobil am besten am Parkplatz an der Useriner Straße, der sich zwischen Schloss und dem Zierker See befindet.
Nur einen Mini-Spaziergang vom Schlossgarten entfernt ist am südwestlichen Stadtrand das **Slawendorf Neustrelitz** angesiedelt. Direkt am Zierker See gewährt das 1,5 Hektar große Gelände einen Einblick in die Zeit zwischen dem 7. und 12. Jahrhundert, als slawische Stämme Mecklenburg-Vorpommern besiedelten. In den rekonstruierten Hütten und Gebäuden erfährt man viel über das Leben der Slawen und vor

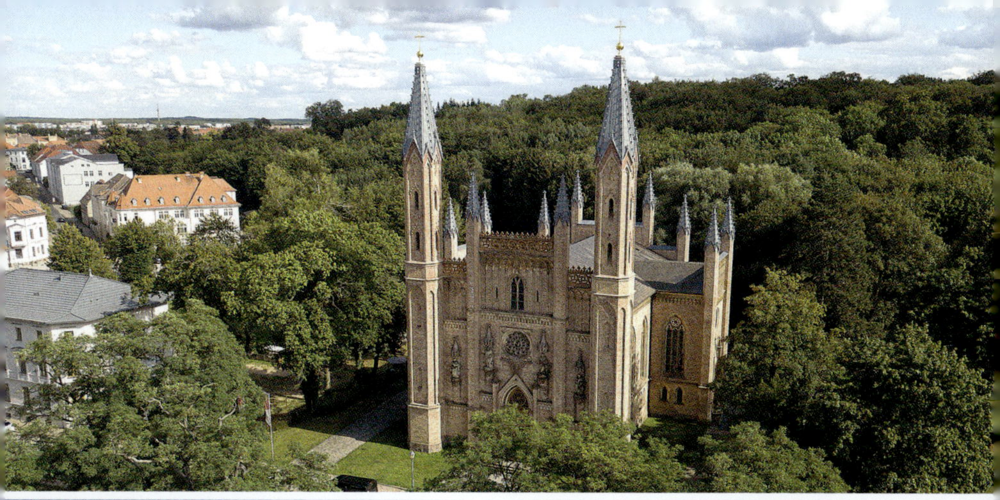

▲ Steinhauerkunst in der imposanten Schlosskirche ◀ Maritimes Flair am Stadthafen ▶ Alter Kornspeicher am Hafen

allem Kinder erfreuen sich an dem breiten Mitmach-Angebot (Schwerter herstellen, Kerzen ziehen, Töpfern oder Schnitzen, allerdings wird jede Aktion mit einem Euro extra berechnet).

Wenden wir uns der nächsten Besonderheit zu, dem **Stadthafen** von Neustrelitz, von dem die Stadt ihren maritimen Charme bezieht. Hier, am Zierker See und nur einen fünfminütigen Spaziergang von der Innenstadt entfernt, stechen Charterboote und Fahrgastschiffe in See, Wasserwanderer können über verschiedene Wasserwege der Havel sowohl in den Nationalpark Müritz vordringen als auch nach Berlin und Hamburg gelangen. Die **Blau-Weiße Flotte** bietet Fahrten von der kleinen Seenrundfahrt bis hin zur 5-Seenfahrt mit Schleusungen an. An den Liegeplätzen ankern schöne Yachten, die man beim Entlangflanieren bewundern kann.

Eine große Attraktion am Hafen sind die **Kornspeicher** aus dem Jahr 1852/1853. Zwei der drei sind bereits restauriert, erstrahlen in altem Glanz und beherbergen ein Hotel mit Gastronomie.

Der Schlossgarten erstrahlt in seinem historischen Gewand.

IN DEN RESTAURIERTEN Kornspeichern befinden sich direkt an der Hafenkante das Restaurant Live am Hafen und das Hafencafé im Speicher. Man kann hier gut essen (jeweils auch Kleinigkeiten) und das geschäftige Treiben am mediterranen Hafen beobachten.

Einen kulturellen Abstecher wert ist die Alte Kachelofenfabrik mit Gaststätte, Programmkino, Theater, Kneipe, Galerie und Öko-Hotel. Die alte Fabrik ist denkmalgeschützt und bietet ein reizvolles Ambiente auf zwei Ebenen. Im Restaurant werden kreativ und frisch zubereitete Speisen mit vorrangig regionalen und biologischen Produkten serviert. Die einzelnen Bereiche gehen ineinander über – so führt vom Gaststättenraum eine Stahltreppe direkt in die Galerie mit wechselnden Ausstellungen.

Tipp

Bei der Touristinformation gibt es den Flyer »Stadtrundgang durch die Residenzstadt«, in dem alle Sehenswürdigkeiten von Neustrelitz im Rahmen eines etwa dreistündigen Stadtspazierganges zusammengefasst sind. Man kann die insgesamt 37 Stationen, die übersichtlich in einen Stadtplan eingetragen sind, auch auf mehrere kleine Spaziergänge verteilen.

8

DIE SERRAHN-RUNDE VON TEEROFEN ist eine der eindrucksvollsten Wanderungen der Mecklenburgischen Seenplatte, weil sie durch die Buchenwälder des UNESCO-Welterbes führt, schon innerhalb des Gebietes des Müritz-Nationalparks verläuft, sehr abwechslungsreich und naturgewaltig ist. Es ist eine friedvolle und darüber hinaus informative Wanderung, die man auf gar keinen Fall verpassen sollte.

Startpunkt ist der Wanderparkplatz Zinow. Geht man den naturbelassenen Weg im Uhrzeigersinn (empfohlen), verläuft er zunächst im Zickzack durch den Wald und über schöne Lichtungen, das hat Urwaldcharakter. Verschiedene Stationen informieren über die Ökologie und Ökonomie des Gebietes und die Entwicklung eines Kiefernforstes zu einem Buchennaturwald. Holzliegen auf den Lichtungen, eine Lauschecke und Hängematten versüßen die Tour. Dann ist ein Aussichtsturm am Großen Serrahnsee erreicht, von dem aus man nicht nur einen Panoramablick über eine Moorlandschaft genießt, sondern auch mit etwas Glück See- und Fischadler oder Kraniche beobachten kann, am gegenüberliegenden Ufer entdeckt man einen Fischadlerhorst. Wenig später durchquert man über einen Holzbohlenweg ein Moor und gelangt dann in den Mini-Ort Serrahn. Für das Gartencafé mit einem lauschigen Außenbereich (innerhalb der Saison geöffnet), das liebevoll aufgemachte Naturschutzzentrum mit der multimedialen Ausstellung »Im Reich der Buchen« (geöffnet von April bis Oktober von 10 bis 17 Uhr) und eine private Ausstellung von Naturfotos sollten Sie genug Zeit einplanen, bevor es über einen breiten Forstweg zurück zum Ausgangspunkt geht. Die gesamte Strecke beträgt 7,8 Kilometer, ist moderat zu begehen (gelegentlich unwegsam), verläuft zum größten Teil kühl und schattig.

Aussichtspunkt am Großen Serrahnsee

AUF EINEN BLICK

Info

STADT/REGION: Neustrelitz/Mecklenburgische Seenplatte
BESTE REISEZEIT: April–Oktober
OPTIMALE REISEDAUER: 1–2 Tage
TOURISTINFO: Touristinformation Neustrelitz, Strelitzer Straße 1, 17235 Neustrelitz, touristinformation@neustrelitz.de, Tel. 03981/453 41 05, www.neustrelitz.de

SEHENSWÜRDIGKEITEN

SCHLOSSGARTEN NEUSTRELITZ: Schlossgarten, 17235 Neustrelitz, Tel. 03981/453 41 05 (Touristinformation), www.mv-schloesser.de
SLAWENDORF NEUSTRELITZ: Franzosensteg, 17235 Neustrelitz, Tel. 01514/239 58 18, slawendorf-neustrelitz.de
BLAU-WEISSE FLOTTE: Info: Strandstraße 3, 17192 Waren (Müritz), Tel. 03991/66 30 34, www.blau-weisse-flotte.de/fahrplan/neustrelitz
ALTE KACHELOFENFABRIK: Sandberg 3a, 17235 Neustrelitz, Tel. 03981/20 31 45 (Gaststätte: 03981/23 70 96), info@basiskulturfabrik.de, www.basiskulturfabrik.de

WOHNMOBILSTELLPLATZ STADTHAFEN

ADRESSE: Zierker Nebenstraße 6, 17235 Neustrelitz, Tel. 03981/4534540 (Hafenmeisterei: 01520/161 40 33), hafeninformation@neustrelitz.de, www.neustrelitz-erleben.de/de/planung-amp-aufenthalt/reisemobilstellplatz
ANFAHRT: Vom Marktplatz aus die Seestraße Richtung Westen fahren, dann nach rechts auf die Semmelweisstraße, bis links die Straße Am Stadthafen abzweigt.
GPS: N 53°21‘56“, E 13°03‘19“
Nicht nur die Lage in unmittelbarer Nähe zum Stadthafen von Neustrelitz ist toll, der städtische Platz ist auch bestens ausgestattet und sehr gepflegt. Mit 25 begrünten Stellplätzen, Strom, Wasser, sanitären Anlagen mit Toiletten und Duschen sowie allen Entsorgungsmöglichkeiten. Zuständig für den Stellplatz ist die Hafenmeisterei bei den

▲ Direkt am Stadthafen befindet sich der Stellplatz. ◀ Über Stock und Stein geht's bei der Runde von Serrahn. ▶ Pause mit Ausblick

restaurierten Kornspeichern. Hier erhält man an einem Automaten die Wertmarken für Strom, Wasser, Duschen und Abwasser und kann dort außerdem Fahrräder mieten.

NATURCAMPING DREWENSEE

ADRESSE: Drewin, 17235 Neustrelitz, Tel. 0172/4 38 80 63, ncd35@web.de
ANFAHRT: Der Platz liegt an der B96 zwischen Neustrelitz und Fürstenberg, im Ort Drewin ist der Platz von der B96 aus ausgeschildert.
GPS: N 53°15'46", E 13°03'04
An der Wasserstraße der Havel gelegener Naturplatz mit eigenem Badestrand und Bootsliegeplätzen als perfekter Ausgangspunkt für Wasserwanderungen (mit Bootsverleih). Sehr ruhig, da der See von Motorbooten nur eingeschränkt genutzt werden darf. Wasser und Stromanschlüsse vorhanden, moderne Sanitäranlagen. Die Zufahrt erfolgt über einen zwei Kilometer langen Waldweg.

DEM FLUSSLAUF FOLGEN

Havelland für Neugierige

Altstadtinsel Werder an der Havel

Die Havel hat viele attraktive Gesichter. Diese zu erkunden ist im westlich von Berlin gelegenen Havelland ein ganz besonderes Erlebnis. Werder, Brandenburg und Rathenow laden zu Altstadtbummel beziehungsweise Bootstouren ein. Die Döberitzer Heide und der Sternenpark bieten ruhige Relax-Orte in der Natur.

Nachdem die 334 Kilometer lange Havel die Großstädte Berlin und Potsdam durchflossen hat, durchzieht dieser beachtliche und bei Wassersportlern beliebte Nebenfluss der Elbe einen Teil Brandenburgs. Für aktive Wohnmobilisten ein Eldorado, um Fahrräder, SUPs oder Kanus ein- bzw. vor Ort auszupacken. Einerseits reguliert durch Schleusen und für die Berufsschifffahrt verbunden durch Kanäle, sucht sich der Fluss zudem seinen Weg durch zahlreiche Seen. Die überall zu findenden, idyllischen Flusslandschaften machen das Havelland wohltuend und sympathisch. Das beruhigende Plätschern des Wassers, kombiniert mit Erholung und Sport, runden die kleine Auszeit perfekt ab.

CHARMANTES KLEINOD MIT ESPRIT

Beim beherzten Gang über die Brücke fühlt man sich auf der historischen Altstadtinsel von **Werder an der Havel** in eine andere Zeit versetzt. Das Wohnmobil parkt mit Kurzparkticket Unter den Linden 1 links vor der Brücke, die, wie könnte es anders sein, über einen Arm der Havel führt. Schon gleich rechts wartet das erste Fotomotiv mit Kirche, Bockwindmühle und Schilf. Das Kopfsteinpflaster könnte Geschichten erzählen, der Bummel über die Insel mit Bauten wie dem Lendelhaus & Historische Saftfabrik, 1789 errichtet, fasziniert. Es ist klein und fein, zugegebenermaßen ein Touristenmagnet und am Wochenende beliebter Treffpunkt für Familien und Freunde. Fisch essen, Eis schlecken, Kaffee trinken, Jachten und Paddelbooten beim Schippern zuschauen oder selbst dem Wassersport frönen, alles ist hier möglich. Wer es am Abend ruhiger mag, fährt zum Übernachten zu Van Dam's Kirschenhof in Plötzin. Dem Werderobst ist übrigens ein eigener Panaromaweg gewidmet. Der langjährigen Obstanbautradition gerecht werdend, lässt das vielfältige Angebot bei Hof- und Saisonverkaufsstellen die Herzen von Genussmenschen höherschlagen.

9

VOR 800 JAHREN kam der Weinbau durch Siedler vom Niederrhein und aus Franken sowie durch Zisterzienser aus dem Burgund nach Brandenburg. Auf dem Werderaner Wachtelberg erfolgte 1985/86 eine Neuaufrebung, seit 2002 wird der Wein zusätzlich zum Flaschenverkauf auch in der **Straußwirtschaft Weintiene** mit Blick auf die Rebstöcke und die Havellandschaft zwischen Ostern und Oktober ausgeschenkt. (weinbau-lindicke.de)

WANDERN IN HERRLICH RUHIGER NATUR

Das Wisent findet hier eine Heimat, Wildpferde genießen die Heide, Rotwild findet Freiraum und Nahrung, während der lockere Sandboden jeden Hall der Wanderschritte aufnimmt. Die Natur überträgt die Stimmung von Ruhe und Weite. Hetze ist hier fehl am Platz. **Sielmanns Naturlandschaft Döberitzer Heide** in Elstal ist vor den Toren Berlins ein großzügiges Ausflugsziel mit einem 22 Kilometer langen Rundwanderweg um die Kernzone. Entstanden aus einem ehemaligen Militärgelände, ist die Natur unter der Aufsicht der Heinz Sielmann Stiftung nun Herrscher des Geschehens. Hunde sind an der Leine zu führen, Fahrräder sind erlaubt, aber auf dem Sandboden schwierig zu fahren. Der große Parkplatz am Eingang lässt im Anschluss auch gleich den Besuch bei Karls Erdbeerhof zu, der mit Spielflächen, Shops und Gastronomie das krasse Gegenteil zur ruhigen Naturlandschaft darstellt.

ROLAND, LORIOT UND WASSERSPORT

Im über tausendjährigen **Brandenburg an der Havel** begegnet man den knuffigen Skulpturen der Waldmöpse, Kunstfiguren des gebürtigen Brandenburgers Loriot. So auch am **Altstädtischen Rathaus** von 1468, das zur Europäischen Route der Backsteingotik gehört. Davorstehend symbolisiert **Roland der Neustadt** (1474) die städtischen Freiheiten und gilt als Symbol des Königsschutzes über Märkte. Mit dem Fahrrad lassen sich vom Wohnmobilstellplatz Stadtmarina am Silokanal die drei historischen Stadtkerne mit Alt- und Neustadt sowie die **Dominsel** bestens erkunden. Einen idyllischen Platz zum Verweilen mit Blick aufs Wasser, vielleicht sogar für einen romantischen Sonnenuntergang, findet man bestimmt.

◀ Altstädtisches Rathaus mit Roland ▶ Waldmops von Loriot

Wassersport-Enthusiasten sind hier genau richtig, ist das Gebiet doch größtes europäisches Binnenwasser-Sportrevier. Ob mit eigenem Kanu, gemietetem Boot oder entspannt per organisierter Schifffahrt – das Wasser ist das alles beherrschende und übergreifende Element für Ausgleich und Wohlbefinden. Geschichtlich ist die Stadt zudem Namen gebend für das Bundesland Brandenburg als Wiege der »Mark«.

Tipp

Buddhisten backen, Kuchenfans stehen Schlange! In Päwesin, auf dem Weg von Elstal Richtung Brandenburg an der Havel, bietet Backwahn, der Backshop, betrieben von der Buddhistischen Klosterschule Ganden Tashi Choeling, täglich besondere Köstlichkeiten an. (www.tashi-choeling.de/backwahn.html)

FRÜHER WAREN-UMSCHLAGSPLATZ, heute Ablegestelle der Nordstern Flotte: Das Salzhofufer in Brandenburg/Havel! Die große, zweieinhalbstündige **Seenrundfahrt** auf der »Fritze B« bietet herrliche Eindrücke der Stadt sowie Blicke auf Seen und Flusslandschaften der Brandenburger Niederhavel. Bei schönem Wetter ist ein Platz auf der Sonnenterrasse geradezu Pflicht. Mit Glück sieht man Libellen, Fischreiher oder Eisvögel, Schwäne und Gänse. Sie fühlen sich im flachen Wasser der **Kanincheninsel am Breitlingsee** besonders wohl.

◀ Flusslandschaft im Havelland ▶ St. Marien-Andreas-Kirche Rathenow

OPTIK, SPASS UND ALTSTADTINSEL

Rathenow an der Havel ist geschichtsträchtiger, als man auf den ersten Blick erahnen mag. So steht die Stadt für optische Traditionen, immerhin sind die Rathenower optischen Betriebe durch Lieferungen von Leuchtfeuer mit Linsensystemen weltweit bekannt. Das **Optik-Industrie-Museum** befindet sich im Dachgeschoss des Kulturzentrums. Der heute in brandenburgischen Landesfarben strahlende **Leuchtturm am Optikpark**, ein ehemaliges Molenfeuer aus Warnemünde, kam 2009 zurück »nach Hause«. Die Altstadtinsel mit der **St. Marien-Andreas-Kirche** ist gut zu Fuß erreichbar, wenn man vom Stellplatz Am Stadtkanal Richtung Optikpark läuft. Ein genauer Blick in die im 12. Jahrhundert als kreuzförmige romanische Basilika errichtete und im 14. Jahrhundert mit gotischem Chor ergänzte Kirche lohnt. Die BUGA 2015 hat auch in Rathenow ihre besuchenswerten Spuren hinterlassen. Der Optikpark bietet wunderschön gestaltete, blühende Gärten, das größte Brachymedial-Fernrohr, Ruhe-Oasen und Spielplätze, eine vergnügliche Floßfahrt oder wieselflinke Nutrias zum Beobachten. Die Weinbergbrücke bereichert noch heute die Stadt und verbindet den Optikpark mit dem alten Friedhoff und wieder zurück bis zur Altstadtinsel und den **Schleusenspuckern**.

9

DAS HAVELRESTAURANT Schwedendamm in Rathenow unweit des Optikparks überzeugt ab dem frühen Abend mit herrlicher Sonnenterrasse, Havelblick und deutscher sowie mediterraner Küche. (havelrestaurant-schwedendamm.com)

KLARE SICHT TROTZ VÖLLIGER DUNKELHEIT

Schon mal von Lichtverschmutzung gehört oder diese bewusst wahrgenommen? Ist keine vorhanden, bedeutet dies, Streulicht fehlt und deshalb erstrahlt der Nachthimmel umso heller und die Milchstraße ist gut sichtbar. Live zu erleben ist dies im **Sternenpark Westhavelland**. Wichtig dabei ist: Was tagsüber einfach brandenburgische Wiesen und Felder darstellt, wird nachts, bei klarem Himmel, zum Naturerlebnis der besonderen Art. Der Sternenpark Westhavelland bei Parey ist ein sogenanntes frei zugängliches Nachtschutzgebiet und kostet keinen Eintritt. Zusätzlich bietet die Beobachtungsstation Sternenblick Parey wetterabhängige und wetterunabhängige Vorträge und Infoveranstaltungen rund um das Erlebnis Dunkelheit an. Wer mit dem Wohnmobil kommt, ist auf den Mobilstellplätzen im Sternenpark am Sportplatz Gülpe ganz nahe dran!

Tagsüber brandenburgische Wiesen und Felder, nachts Sternenpark

AUF EINEN BLICK

Info

STADT/REGION: Havelland
BESTE REISEZEIT: Frühjahr bis Herbst
OPTIMALE REISEDAUER: Wochenende
TOURISTINFO: Neustädtischer Markt 3, 14776 Brandenburg an der Havel, Tel. 03381/79 63 60, info@erlebnis-brandenburg.de, erlebnis-brandenburg.de

SEHENSWÜRDIGKEITEN

ALTSTADTINSEL WERDER/HAVEL: Am Markt 12A, 14542 Werder, Tel. 03327/783372 373 (Touristinfo), tourismus@werder-havel.de, werder-havel.de
SIELMANNS NATURLANDSCHAFT DÖBERITZER HEIDE: Zur Döberitzer Heide 9, 14641 Wustermark OT Elstal, Tel. 05527/91 44 44, info@sielmann-stiftung.de, sielmann-stiftung.de
RATHAUS BRANDENBURG/HAVEL: Altstädtischer Markt 10, 14770 Brandenburg, Tel. 03381/580, info@stadt-brandenburg.de, stadt-brandenburg.de
OPTIKPARK RATHENOW: Schwedendamm 1, 14712 Rathenow, Tel. 03385/49 850, kontakt@optikpark-rathenow.de, optikpark-rathenow.de

STELLPLATZ AN DER STADTMARINA

ADRESSE: Am Hafen 7, 14770 Brandenburg/Havel, Tel. 03381/89 08 100, info@stadtmarina-brandenburg.de, stadtmarina-brandenburg.de
ANFAHRT: Innerstädtisch den Wegweisern zur Stadtmarina folgen, durch das Wohngebiet und am Stellplatz links entlang bis zur Parkfläche vor der Rezeption
GPS: 52.424041, 12.554275
Ganzjährig geöffneter, schön angelegter Stellplatz für circa 60 Mobile auf Rasenuntergrund. Komplette Infrastruktur, Snackbar, Fahrrad-, SUP- und Bootsverleih. In ruhiger Lage am Hafenbecken der Stadtmarina mit Blick auf den Silokanal, nahe Beetzsee gelegen. ÖPNV-Anschluss beim nahen Supermarkt, die Neustadt ist in 20 Gehminuten erreichbar.

◀ Van Dam's Kirschenhof in Plötzin ▲ Stadtmarina Brandenburg/Havel ▼ Rathenow am Stadtkanal

STELLPLATZ VAN DAM'S KIRSCHENHOF

ADRESSE: Plötziner Chaussee 3, 14542 Plötzin, Tel. 0173/88 39 506, vandamskirschenhof@gmail.com, vandamskirschenhof.de
ANFAHRT: Auf halber Strecke zwischen Plötzin und der B1 (bei Plessow) auf der linken Seite
GPS: 52.372265, 12.846536
Von Anfang April bis Anfang Oktober geöffneter, familiär geführter Stellplatz für ca. 15 Mobile auf Rasen. V/E, Strom, WC/Dusche, WLAN. In ruhiger Lage im hinteren Teil eines Obsthofes gelegen. Lohnend ist der Besuch zum Baumblütenfest Ende April. Verkostung hausgemachter Produkte in idyllischer Atmosphäre unter Süßkirschenbäumen. Guter Standort für Radfahrten nach Werder (7 km) und Potsdam (14 km).

STELLPLATZ AM STADTKANAL RATHENOW

ADRESSE: Baustraße, 14712 Rathenow, Tel. 03385/59 63 80, tv@westhavelland.de, westhavelland.de (Tourismusverband)
ANFAHRT: Von der Steinstraße in die Baustraße abbiegen, am Ende der Grünanlage (Edwin-Rolf-Platz) rechts
GPS: 52.607139, 12.335434
Ganzjährig nutzbarer, gebührenfreier Stellplatz für acht Mobile (mehr in Planung) auf gepflastertem Untergrund. V/E, Strom. Am Stadtkanal gelegen, naher ÖPNV-Anschluss, nur 5 Minuten Gehweg zur Altstadtinsel (Kirchplatz) bzw. 15 Minuten zum Optikpark.

GARTENKUNST, ARCHITEKTUR UND GANZ VIEL LEBEN

Potsdam, Perle an der Havel

Altes Rathaus mit Potsdam Museum – Forum für Kunst und Geschichte

20 Gewässer und die Havel gehören zur ehemaligen Residenzstadt Potsdam, südwestlich von Berlin gelegen. »Must-See« ist das Schloss Sanssouci, beliebt sind das angrenzende Holländische Viertel und der quirlige wie großzügige Volkspark. Filmfans zieht es zum Filmpark Babelsberg oder ins Filmmuseum.

ÜBERRASCHEN LASSEN

Historische Stätten und Gebäude – Potsdam ist voll davon. Die Architektur-Welt ist in Potsdam zu Hause. Und so erfreuen sich Fans am Alten Rathaus von 1753, das an italienische Barockarchitektur anlehnt, am Potsdamer Stadtschloss mit Lustgarten und Neptunbassin oder dem ebenfalls am Alten Markt befindlichen Kunstmuseum Barberini, das seit 2017 wieder zugänglich ist. Im beeindruckenden Schloss Cecilienhof fand 1945 die geschichtsträchtige Potsdamer Konferenz der Siegermächte nach dem Zweiten Weltkrieg statt. Attraktiv und sicher auch einen Blick ins Innere wert ist die Nikolaikirche mit Kuppel, denn sie entstand nach Plänen von Karl Friedrich Schinkel, einem Sohn Brandenburgs. Und wer noch immer nicht genug gesehen hat, streift gelassen durch das Holländische Viertel, im Schachbrettmuster und mit Backsteinbauten angelegt, Richtung Luisenplatz bis hin zum Potsdamer Brandenburger Tor.

DER UNVERPACKT LADEN am Luisenplatz kommt sehr gut an bei der Kundschaft. Seit 2018 ist maßVoll das erste verpackungsfreie Lebensmittelgeschäft in der Stadt. (potsdam-unverpackt.de)

SUSHI-TIPP IN POTSDAM – Für leckeres und frisches Sushi ist My Keng, Brandenburger Straße 20, genau die richtige Anlaufstelle. Zusätzlich zur Sushi-Bar gibt es vietnamesische und asiatische Küche. (my-keng.de)

IM OHNE-SORGE-PARK VERWEILEN

Schloss Sanssouci mit der eigens für eine Kunstsammlung errichteten Bildergalerie, den beeindruckenden Weinbergterrassen und der unvergleichlich attraktiven Parkanlage ist immer wieder eine Augenweide. Die Fülle an Prunk und Eleganz lässt den Betrachter staunen und strahlen. Der Galeriebau gehört zu den ältesten noch erhaltenen seiner Art in Deutschland. Die unterschiedlichen Ebenen und breiten Treppenaufgänge der Weinbergterrassen sind perfekt, um den Blickwinkel zu wechseln für neue, faszinierende Eindrücke. Friedrich der Große zog sich mit seinen Hunden gerne in seinen Sommersitz zurück, ist doch der Name auch gleichzeitig Wunsch und Leitmotiv des Königs. Sanssouci bedeutet »ohne Sorge«. Ein stilles Plätzchen für die sorgenfreie Auszeit findet sich sicherlich innerhalb der 300 Hektar großen Parkanlage mit einer Ost-West-Ausdehnung von zwei Kilometern. Hübsch anzusehen ist selbstverständlich das als Gartenpavillon errichtete Chinesische (Tee-) Haus.

Tipp

Gleich vier Ausstellungsebenen der historischen Mühle von Sanssouci bieten interessante Ein- und Ausblicke. Das Museum beherbergt eine thematisch aufbereitete mühlenkundliche Dauerausstellung und zugleich das Erlebnis einer produzierenden Windmühle. Sie liegt rechts der Einfahrt zum Wohnmobil-Parkplatz Sanssouci P1, ein gastronomischer Betrieb ergänzt das Angebot. (www.historische-muehle-potsdam.de)

DIE ESPRESSONISTEN verwöhnen durch ausgebildete Baristas jeden Gaumen. Im Kontor wird verkauft, in der Caffé-Bar heißt es genießen. Und das noch mitten in der historischen Innenstadt der Potsdamer City! (espressonisten.de)

300 JAHRE GARTENBAU IN POTSDAM

Das grüne Potsdam hat eine jahrhundertealte Tradition und ist zugleich lebendige und abwechslungsreiche Zeitreise in die glanzvolle Epoche der preußischen Königinnen und Könige. Um nur drei zu nennen: Der Schlosspark Sanssouci wurde im 18. Jahrhundert angelegt und erfreut mit seiner Vielfalt und kunstvollen Planung noch heute seine Besucher aus dem In- und Ausland. Peter Joseph Lenné überarbeitete 1816 den Neuen Garten, der als Abkehr vom Barockgarten mit 102,5 Hektar im Norden Potsdams am Jungfernsee liegt. Erwähnenswert sind seine bewusst geplanten Sichtachsen zu anderen Gärten.

Die optische Entführung und Verführung in eine andere Zeit bedeutet der Besuch vom kleinen und großen Schloss Babelsberg, ab 1833 in englischer

◀ Schloss Sanssouci ▲ St. Nikolaikirche Potsdam
▼ Gartenkunst in Potsdam – Perspektive wechseln lohnt

Neugotik errichtet. Wenn Steine erzählen könnten, hier gäbe es viel zu berichten, war Babelsberg in den 1860er bis 1880er Jahren doch einer der wichtigsten Orte des gesellschaftlichen und politischen Lebens Preußens, das mit der Kaiserproklamation 1871 seinen Höhepunkt fand. Der Landschaftspark lädt zum Entspannen, Flanieren, Joggen oder Walken ein und liegt direkt am Tiefer See und an der Havel, in Sichtweite zur DDR-geschichtlich brisanten **Glienicker Brücke**. Die Schlösser und Parks von Potsdam und Berlin sind übrigens seit 1990 UNESCO Welterbe.

KÖNIGLICHE HOFBÄCKEREI, Guts- und Feinkostenläden, zudem Brauhaus und mit Rosengarten und Weinscheune beliebtes Ausflugsziel der Region Berlin-Brandenburg – dies und eine ansehnliche Geschichte mehrerer Jahrhunderte vereint das **Krongut Bornstedt**. Auf dem gegenüberliegenden Parkplatz befindet sich der Wohnmobilstellplatz. Kurze Wege und mittendrin im kulinarischen Geschehen, das ist doch die perfekte Anbindung für genussorientierte Reisemobilisten. (krongut-bornstedt.de)

◀ Kolonnaden im Ehrenhof Schloss Sanssouci ▶ Brandenburger Straße

BETRETEN DES RASENS ERWÜNSCHT

Im heutigen **Volkspark** warten 65 Hektar Park- und Gartenanlage tagtäglich darauf, erobert zu werden. Der Volkspark entstand nach der BUGA 2001, für die ein ehemaliger Truppenübungsplatz umgegraben, bepflanzt und für die Menschen der Stadt gestaltet wurde. Heute erfreuen sich jährlich über 400 000 Besucher an blühenden Landschaften und Spazierwegen, unterschiedlichen Veranstaltungen, zahlreichen Spielplätzen, Trampolin, Kletterwald oder Skateranlage. Versprochen, jeder in der Familie findet hier seine Lieblingsspielecke. Und wenn die Natur ruft, dann sind im Volkspark damit die Streuobstwiese, der Rosengarten oder der Rhododendrenhain gemeint. Neben all den barocken und geschichtsträchtigen Landschaftsgärten und Parkanlagen ist der junge Volkspark sozusagen der moderne Ausgleich für Spiel, Spaß und Fitness. Gleich in der Nähe befindet sich der Tagesparkplatz für Wohnmobile. (volkspark-potsdam.de)

Vom Volkspark in die Tropen – das ist in der 5 000 Quadratmeter Naturerlebniswelt **Biosphäre Potsdam**, angrenzend an den Volkspark, sofort realisierbar. Beindruckende Dschungellandschaft, Unterwasserwelt, Schmetterlingshaus und stündlich ein Gewitter über dem Urwaldsee erwarten die Besucher! Zudem gibt es 20 000 Tropenpflanzen und 140 verschiedene Tierarten zu bestaunen. All das läuft unter dem Leitbild: Tropen vielseitig erleben, indem für Nachhaltigkeit und Umweltschutz sensibilisiert wird. (biosphaere-potsdam.de)

TON AN, KAMERA AB – ACTION!

Auszeit kann und darf auch Spaß bedeuten – was liegt also näher, als im filmbasierten Themen- und saisonalen Freizeitpark **Filmpark Babelsberg** hinter die Kulissen und den Filmleuten im Fernsehstudio 1 über die Schulter zu schauen. Dazu gibt es über den Tag verteilt faszinierende Shows, Original-Filmsets und natürlich Raum für Spiel, Spaß und Gastronomie. (filmpark-babelsberg.de)

10

Tipp

Noch mehr Film-Geschichte hält das Filmmuseum Potsdam bereit. 1981 als Filmmuseum der DDR gegründet, enthält das Museum Sammlungen zur Filmgeschichte, insbesondere seit 1911, zudem Exponate sowie ständige und wechselnde Ausstellungen. Architektonisch beeindruckend und äußerst schmuck ist das Filmmuseum auch von außen, ist es doch im 1685 errichteten Marstall des Potsdamer Stadtschlosses untergebracht. (filmmuseum-potsdam.de)

WASSERSPORT RUND UM POTSDAM ist eigentlich schon ein Muss bei dieser gigantischen Auswahl an Seen und Wasserwegen! Zur Wahl steht Surfen, Segeln, SUP oder Kanu, Motorboot fahren und das alles für Könner und Anfänger zum Schnuppern; mit eigenem Equipment oder zum Ausleihen und Mieten. Charteranbieter, Vermietstationen und Wassersport-Schulen bieten dazu ihre Dienste an. Der königliche Campingpark Sanssouci liegt direkt am Templiner See, mit eigenem SUP oder Kanu ist es also nur ein Katzensprung vom Wohnmobil zum Wasserspaß. (wassersportpotsdam.de)

Templiner See im Herbstmodus

AUF EINEN BLICK

Info

STADT/REGION: Potsdam
BESTE REISEZEIT: Ganzjährig
OPTIMALE REISEDAUER: Wochenende
TOURISTINFO: Humboldtstraße 2, 14469 Potsdam, Tel. 0331/27 55 88 99, info@potsdamtourismus.de, potsdam.de

SEHENSWÜRDIGKEITEN

SCHLOSS SANSSOUCI: Besucherzentrum an der Historischen Mühle im Park Sanssouci, An der Orangerie 1, 14469 Potsdam, Tel. 0331/96 94 200, info@spsg.de, spsg.de
VOLKSPARK: Georg-Hermann-Allee 99, 14469 Potsdam, Tel. 0331/62 06 777, info@volkspark-potsdam.de, volkspark-potsdam.de
FILMPARK BABELSBERG: August-Bebel-Straße 26–53 (Besuchereingang Großbeerenstraße 200), 14482 Potsdam, Tel. 0331/72 12 750, info@filmpark.de, filmpark-babelsberg.de

STELLPLATZ AM KRONGUT

ADRESSE: Potsdamer Straße 196, 14469 Potsdam/OT Bornstedt, Tel. 0331/60 14 71 54
www.visithavelland.de/hotel/parkplatz-am-krongut

◀ Das Potsdamer Brandenburger Tor ▶ Weinbergterrassen Sanssouci

◀ Wohnmobilstellplatz am Krongut ▶ Einfahrt Stellplatz Krongut

ANFAHRT: Von Potsdam (Brandenburger Tor) auf der Schopenhauerstraße und Bornstedter Straße (B273) bis zum Abzweig nach links Am Krongut
GPS: 52.413509, 13.029450
Ganzjährig nutzbarer Großraumparkplatz für ca. 60 Mobile auf asphaltiertem und gepflastertem Untergrund. Der Parkplatz ist mittels Schrankenanlage zweigeteilt: Auf der rechten Seite mit Platz für ca. 15–20 Mobile sind einige Stromsäulen vorhanden. Auf der linken Seite finden ca. 40 Mobile in Parkbuchten ihren Platz (ohne Stromversorgung). Einkaufsmöglichkeiten, gastronomische Einrichtungen und ÖPNV-Anbindung in fußläufiger Entfernung. Ausgezeichneter Standort, um die Stadt der Schlösser und Könige zu erkunden: Nur 2,5 km bis Schloss Sanssouci, Brandenburger Tor und seiner angrenzenden Fußgängerzone.

CAMPINGPARK SANSSOUCI

ADRESSE: An der Pirschheide 41, 14471 Potsdam, Tel. 0331/95 10 988, info@camping-potsdam.de, camping-potsdam.de
ANFAHRT: Von der Zeppelinstraße (B1) in Potsdam in die Straße An der Pirschheide einbiegen und der Beschilderung bis zum CP folgen
GPS: 52.374855, 13.006145
Von Ostern bis Silvester geöffneter, großflächig angelegter Campingplatz mit 170 parzellierten Touristen-Stellplätzen auf Rasen. Komplette Infrastruktur, Restaurant, Shop für Lebensmittel und Campingbedarf, diverse Spiel-, Freizeit- und Wellness-Angebote, Fahrrad- und Bootsverleih, Hundestrandabschnitt, kostenloser Zubringerbus zu ÖPNV-Anschluss (1,3 km). Am südwestlichen Stadtrand direkt am Templiner See gelegen, Anbindung an Radwegenetz, 20 Fahrradminuten zur Innenstadt (Brandenburger Tor, 6 km).

»GLÜCK AUF« NEU INTERPRETIERT

Das Lausitzer Seenland

Blick vom Aussichtspunkt Welzow – Stadt auf den Tagebau

11

Der Süden Brandenburgs glänzt mit dem Lausitzer Seenland und dem Elbe-Elster-Land. Geschichtlich interessant sind die Gartenstadt Marga, der beängstigend beeindruckende Tagebau in Welzow, die Industriedenkmäler F60 und die Biotürme Plessa. Mit der Renaturierung wird geschundenes Land zum Erholungsgebiet. Hier gilt: vom Bergmann zum Seemann.

Vom Braunkohlerevier zum Urlaubsparadies – dieser Wandel ist Kraftakt und Herzensprojekt zugleich. Europas größte von Menschenhand erschaffene Wasserlandschaft entsteht im Lausitzer Seenland. Übergreifend in den Bundesländern Sachsen und Brandenburg wird durch **Fluten stillgelegter Braunkohletagebaue** Deutschlands viertgrößtes Seengebiet entstehen. Schon heute sind die ersten Seen geflutet, Marinas und Radwege angelegt und somit das triste Grau für **bunten Freizeitspaß und Wassersport** gewichen. Das Elbe-Elster-Land ist ebenso im Umbruch. Und so gibt es sie in beiden Regionen, die besonderen Stellen und **Industriedenkmäler der Industriekultur Brandenburg**, die heute den Wandel im Laufe der Zeit – also vorher und nachher – mit Herzblut und pfiffigen Ideen erzählen und weiterleben lassen.

SENFTENBERGER SEE

Die ausgezeichnete Badegewässerqualität zieht Badehungrige und Sonnensuchende an Sandstrände und Liegewiesen des Senftenberger Sees. Direkt vor dem Wohnmobilstellplatz Buchwalde laden Gastronomie, Liegewiese, Wasserrutsche und Spielplatz zum Verweilen und Entspannen ein. Der Stadthafen ist neuer Anziehungspunkt für Senftenberger und Besucher. Er ist nach 1,5 Kilometern entlang der Strandpromenade erreicht, bietet Bootsliegeplätze und ist als Ausgangspunkt für Bootsfahrten durch das Lausitzer Seenland bestens geeignet. Fußläufig in der Nähe, freuen sich die Tiere des Tierpark Senftenberg auf Groß und Klein. Die zitadellenförmige Festung Senftenberg mit Schlosspark ist auch für einen märchenhaften Weihnachtsmarkt im Schlosshof bekannt. Und falls nun Skifahrlust aufkommt, die Indoor-Skihalle Snowtropolis bietet Ski- und Snowboardkurse sowie im Winter zusätzlich eine Kunsteisbahn an. (senftenberger-see.de, snowtropolis.de)

11

Tipp

Die Gartenstadt Marga diente der Erholung und der Erhaltung der Gesundheit der Bergarbeiter. Anfang des 20. Jahrhunderts im späten Jugendstil erbaut, sind noch heute die spiralförmige Anordnung und die unterschiedlichen Haustypen klar erkennbar. Die Wohnsiedlung der Ilse Bergbau AG gilt als älteste deutsche Gartenstadt und befindet sich im Senftenberger Ortsteil Brieske. Die Infotafel auf dem Markplatz bietet Tipps für individuelle Entdeckungen. (senftenberg.de)

FISCHERVERKAUF AM SENFTENBERGER SEE findet donnerstags bis samstags am Vormittag bei der Fischerei Sell im Stadtteil Nietmsch, Dorfstraße 12b, in der Nähe des Seestrands statt. 1966 begann hier die Flutung der Grube und Umgestaltung zum heute bekannten Senftenberger See; 1974 wurde der Niemtscher Strandbereich eingeweiht.

WOHNMOBIL-FAHRSICHERHEITSTRAINING

Schon lange ein passendes Fahrsicherheitstraining gesucht? Der Dekra Lausitzring hat das Kursangebot erweitert und öffnet das großzügige Gelände in Klettwitz, Lausitzallee 1, statt nur für PKW und Motorräder nun auch für Wohnmobile und Liner. Das achtstündige Programm kombiniert Theorie und Praxis, flexibel ausgerichtet auf jeden Teilnehmer, jedes Fahrzeug und jede Situation. (dekra-lausitzring.de)

◀ Freizeitparadies Senftenberger See ▶ Gut Geisendorf Neupetershain

Stahlgigant mit 502 Metern Gesamtlänge – das Besucherbergwerk F60

TAGEBAU UND RENATURIERUNG

»Mögt ihr auch den Katastrophentourismus«, fragte ein vorbeikommender Radfahrer verschmitzt lächelnd, als die Autoren fasziniert und erschreckt zugleich am **Aussichtspunkt Welzow-Stadt** vor dem großen Loch des Tagebaus in Welzow-Süd standen. Die Bagger arbeiten in weiter Ferne, reißen unaufhörlich die Erde auf und zerfressen die Landschaft. Große, informative Schautafeln erläutern Hintergründe und Vorgehensweisen beim Bergbau inklusive Rückbau und zukünftige Renaturierungsmaßnahmen.

DIE RENATURIERUNG am Kulturforum Gut Geisendorf in Neupetershain ist ein spannendes und noch immer wachsendes Lehrstück, wie die durch Tagebau gebeutelte Landschaft wieder zurückgeführt und zum Erholungsgebiet ausgebaut wird. Das denkmalgeschützte Herrenhaus ist Kulturzentrum von Neupetershain und informiert zugleich mit der Dauerausstellung zur Geschichte und Zukunft der Braunkohle in der Lausitz. Der Spazierweg entlang der renaturierten Flächen startet und endet direkt angrenzend an Gutshofpark und Parkplatz.

Tipp

Das IBA Terrassen Besucherzentrum in Großräschen lässt erahnen, wie schön das Seenland werden wird, wenn Ende der 2020er Jahre alle Gruben wie geplant geflutet sind. Die Spuren des Landschaftswandels vom Tagebau zum Badesee sind hier sichtbar und ebenso lebendig dargestellt. Perfekt eingebunden in die Radwege »Niederlausitzer Bergbautour«, »Seenland-Tour« und »Fürst-Pückler-Radweg« ist das Besucherzentrum einen Stopp wert. (iba-terrassen.de)

◀ Charmant: Schloss Sallgast ▶ Imposant: Biotürme Lauchhammer

SCHLOSS SALLGAST

Manchmal ist ein Spaziergang in einem Schlosspark mit morbidem Charme und alten Bäumen genau das Richtige, um still die beruhigende Stimmung von Landschaft und Jahreszeit einzufangen. Im 12. Jahrhundert ursprünglich als Wasserschloss errichtet, ist die Vierflügelanlage des Schlosses Sallgast von einem im 18. Jahrhundert geprägten Landschaftspark umgeben. Das Rauschen der Blätter, dazu zwitschernde Vögel zwischen alten Wassergräben und Teichen laden ein, die Seele tiefenentspannt baumeln zu lassen.

HOCH HINAUS AUF DER F60

Ein WOW-Erlebnis der Sonderklasse wartet in Lichterfelde. Das Besucherbergwerk F60 geht nicht in die Tiefe, wie es rein vom Lesen den Anschein haben könnte. Sondern es geht mit einer geführten Tour hoch hinaus, bis an den mit 74 Metern höchsten Punkt des Stahlgiganten. Die aufsehenerregende F60 ist eine ehemalige, 502 Meter lange, 204 Meter breite und 11 000 Tonnen schwere Abraumförderbrücke. Schwindelfrei sollte man sein, um den großen, 90-minütigen Rundgang zu wagen. Der Mut wird mit kurzweiligen Informationen und atemberaubenden Weitblicken belohnt. Ergänzt wird die Anlage mit Ausstellung, Film und F60 Kantine. Romantiker überlegen vielleicht, das exklusive F60 Dinner in luftiger Höhe zu buchen. Ein Blick in den Veranstaltungskalender, um die einmalige Open-Air-Kulisse live zu erleben, ist ratsam. Nach Einbruch der Dunkelheit zieht eine Licht- und Klanginstallation in den Bann, die mit Blickkontakt auf die F60 auf den Parkplätzen sowie am gefluteten Bergheider See zu sehen und zu hören ist. (f60.de)

VOM TAGEBAU ZUM VOGELSCHUTZGEBIET – diesen Weg zeigt eindrucksvoll die Seeteichsenke, die im Schutzgebiet Naturparadies Grünhaus auf 1 930 Hektar in unmittelbarer Nähe der F60 entstanden ist. Neue Vogelarten haben das Niederlausitzer Naturparadies zurückerobert. Betreut wird das Naturerbe vom NABU Projektbüro Grünhaus. Bis zum Parkplatz kann die kurze, unbefestigte Wegstrecke von Wohnmobilen befahren werden, die Einfahrt liegt zwischen Lichterfelde und Lauchhammer auf der rechten Seite. Danach geht es zu Fuß weiter. (nabu.de)

BIOTÜRME LAUCHHAMMER

24 hohe Klinkertürme stehen in Lauchhammer und erregen gekonnt die Aufmerksamkeit. Dahinter steckt die einst riesige Kokereianlage, die Braunkohle zu Hochtemperaturkoks verarbeitete, um damit Eisen zu schmelzen. Einzig die Biotürme wurden vor dem Abriss gerettet. Sie gehören zur Industriekultur, die – heute mit verglaster Außenkanzel versehen – bei Führungen besichtigt werden können. Nur wenige Kilometer entfernt befindet sich der Wohnmobilhafen Grünewalder Lauch, der beim Eintauchen in Wiesen, Felder und Wasser sofort Erholung verspricht. (biotuerme.de)

KOHLE, WIND & WASSER TOUR, eine insgesamt 250 Kilometer lange Radroute verbindet Mühlen und Denkmäler der Industriekultur mit den Schönheiten der Kulturlandschaft um Schwarze und Kleine Elster. Kleine Rundkurse oder Tagestouren sind ebenso möglich. (elbe-elster-Tour.de)

EINMAL RICHTIG KOHLE MACHEN

Die Maschinen funktionieren noch wie damals, Fabrikrundgänge in der Brikettfabrik Louise in Domsdorf zeigen, wie es geht: Vorführung der ältesten Brikettpresse, Erläuterungen zu Funktionsweisen sowie Rückblick in die Historie. Die Tradition und Geschichte live zu erleben ist für Kinder wie Erwachsene ein interessanter Gang »back to the roots«. (brikettfabrik-louise.de)

AUF EINEN BLICK

Info

STADT/REGION: Lausitzer Seenland, Elbe-Elster-Land
BESTE REISEZEIT: Frühjahr bis Herbst
OPTIMALE REISEDAUER: 4–5 Tage
TOURISTINFO: Lausitzer Seenland, Am Stadthafen 2, 01968 Senftenberg, Tel. 03573/7253000, info@lausitzerseenland.de, lausitzerseenland.de
Elbe-Elster-Land, Roßmarkt 12, 04924 Bad Liebenwerda, Tel. 035341/62 80, info@bad-liebenwerda.de, bad-liebenwerda.de

SEHENSWÜRDIGKEITEN

STADTHAFEN SENFTENBERG: Am Stadthafen 1, 01968 Senftenberg, Tel. 03573/80 02 20, urlaub@senftenberger-see.de, senftenberger-see.de
GARTENSTADT MARGA: Platz des Friedens 2, 01968 Senftenberg/OT Brieske (Ausstellung in Franz-Mehring-Straße), Tel. 03573/7010 (Touristinfo), info@senftenberg.de, senftenberg.de
BESUCHERBERGWERK F60: Bergheider Straße 4, 03238 Lichterfeld, Tel. 03531/60 800, info@f60.de, f60.de
BRIKETTFABRIK LOUISE: Louise 111, 04924 Domsdorf, Tel. 035341/94 005, info@brikettfabrik-louise.de, brikettfabrik-louise.de

STELLPLATZ SEESTRAND BUCHWALDE

ADRESSE: Buchwalder Straße 52, 01968 Senftenberg, Tel. 03573/80 02 60, senftenberger-see.de
ANFAHRT: Von der B96 in die Kleinkoschener Straße einbiegen, am Straßenende links in die Buchwalder Straße bis zum Kreisel
GPS: 51.512338, 14.024434
Von April bis Oktober geöffneter, parzellierter Stellplatz für 23 Mobile auf Schotterrasen. V/E, Strom, Dusche/WC-Sanitärblock (nachts geschlossen), WLAN, ÖPNV-Anschluss. Im OT Buchwalde direkt am See-

◀ Stellplatz Senftenberg ▶ Wohnmobilhafen Grünewalder Lauch

Radrundweg gelegen. Beliebter Surfer-Strand, Restaurant/Bar sowie Spiel- und Freizeiteinrichtungen vor Ort. Altstadtkern 30 Gehminuten entfernt. Reservierungen sind nicht möglich.

PARKPLATZ AM BESUCHERBERGWERK F60

ADRESSE: Bergheider Straße 4, 03238 Lichterfeld/OT Schacksdorf, Tel. 03531/60 800, info@f60.de, f60.de
ANFAHRT: Von der B96 (Finsterwalde-Großräschen) auf der L61 nach Lichterfeld-Schacksdorf und am Ortsende links ab in die Bergheider Straße.
GPS: 51.594085, 13.777149
Ganzjährig nutzbarer Parkplatz auf Asphalt- und Schotteruntergrund für ca. 20–30 Mobile. Gebührenpflichtig von 8–20 Uhr. Keine Infrastruktur. In direkter Nachbarschaft der PKW-Parkplätze beim Besuchereingang gelegen. Weitere Parkplatzareale im Bau befindlich. Gastronomische Einrichtungen auf dem Besuchergelände während der Öffnungszeiten nutzbar.

STELLPLATZ GRÜNEWALDER LAUCH

ADRESSE: Lauchstraße 101, 01979 Lauchhammer, Tel. 03574/3739691, anfrage@themencamping.de, www.camping-lauchhammer.info
ANFAHRT: Von der B169 (Schwarzheide-Plessa) nach Lauchhammer und weiter nach Grünewalde zur Lauchstraße, dieser auf schmalem Feldweg lange bis zum CP folgen
GPS: 51.506768, 13.667992
Von März bis Oktober geöffneter, parzellierter Stellplatz für 54 Mobile auf Schotterrasen-Untergrund. Komplette Infrastruktur. Biergarten, Minimarkt und diverse Freizeit-/Wellness-Angebote im angrenzenden Campingplatz nutzbar. Der Stellplatz liegt direkt vor dem CP und nur wenige Schritte entfernt vom See mit schönem Sandstrand.

BERGWILDNIS ENTDECKEN

Nationalpark Harz

Erstaunliche Einblicke in die magische Bergwildnis im Nationalpark Harz

12

Urige Wälder, geheimnisvolle Dickichte, mystische Felsformationen und wilde Tiere: Der Nationalpark Harz macht die magische Bergwildnis spürbar. Hier darf die Natur Natur sein. Seit Jahrzehnten wandelt sich die Landschaft in einen wilden Naturwald. Die Kraft der Natur wird auf faszinierende Weise deutlich.

Rund zehn Prozent der Gesamtfläche des Harzes sind als Nationalpark ausgewiesen und bilden einen der größten deutschen Waldnationalparks. Zentraler Mittelpunkt ist der 1141 Meter hohe Brocken. Von Bad Harzburg und Ilsenburg im Norden bis nach Herzberg im Süden erstreckt sich das Schutzgebiet. In Nationalparkhäusern und Besucherzentren wird die Philosophie des Nationalparks vermittelt und auf die Besonderheiten in der Region aufmerksam gemacht. Zahlreiche Wanderwege und Naturerlebnispfade ermöglichen die Entdeckung auf eigene Faust.

Im Nationalpark Harz gelten zum Schutz der Natur und der Wildtiere zusätzliche Regeln für das Verhalten im Wald. So sind Hunde an der Leine zu führen und es gilt das Wegegebot. Zudem ist das Übernachten im Nationalpark untersagt. Dies gilt auch harzweit auf den meisten regulären Parkplätzen, da die Region überwiegend in Landschaftsschutzgebieten liegt. Wohnmobilisten übernachten daher am besten auf ausgewiesenen Stell- oder Campingplätzen.

Die weitläufige Fläche des Schutzgebietes bindet viele Orte und Straßen mit ein. Altenau, Bad Harzburg, Bad Lauterberg, Braunlage, Elbingerode, Elend, Herzberg mit Lonau und Sieber, Ilsenburg, Riefensbeek-Kamschlacken, Sankt Andreasberg, Schierke am Brocken und Stapelburg sind die Nationalparkgemeinden der Region. Viele Naturschätze des Harzes lassen sich nahezu direkt anfahren. Die echte Bergwildnis entdecken Sie allerdings erst, wenn Sie sich zu Fuß oder mit dem Mountainbike in die Natur begeben.

Bei einer Reise durch den Harz begegnen Sie dem Nationalpark Harz ständig. In diesem Kapitel konzentrieren wir uns auf die Kernzone und die Nationalparkgemeinden Ilsenburg und Schierke. Vor allem rings um den Brocken befindet man sich in der Kernzone, der »Naturdynamikzone«, einer kaum vom Menschen beeinflussten Fläche. Auf dem Urwaldstieg ist diese zu erleben.

◀ Trudenstein: geheimnisvolle Felsformationen im Nationalpark Harz ▲ Zu Fuß die Bergwildnis entdecken ▼ Viele Wildtiere sind im Nationalpark heimisch.

Tipp

Im gesamten Nationalpark werden regelmäßig geführte Wanderungen mit Nationalpark-Rangern angeboten. Zu verschiedenen Themen geht es in die Natur. Die Ranger erklären anschaulich die Besonderheiten von Flora und Fauna im Harz. Kinder werden bei speziellen Familienwanderungen besonders aktiv eingebunden. Alle Termine unter www.nationalpark-harz.de.

DIE NATIONALPARKIDEE

»Natur Natur sein lassen« lautet das Motto der Nationalparks weltweit. Mit möglichst wenigen Eingriffen durch den Menschen soll sich in diesen Schutzgebieten die Natur auf ihre ganz natürliche Weise entwickeln. Im Harz entsteht so ein wilder Naturwald. Am Wegesrand ist zu entdecken, wie aus Totholz Leben entsteht und wie sich die Natur ihren Lebensraum zurückerobert.

Im Oktober 1990, kurz vor der Wiedervereinigung, wurde der Nationalpark Hochharz im heutigen Sachsen-Anhalt gegründet. 1994 folgte der Nationalpark Harz in Niedersachsen. 2006 fusionierten die beiden Nationalparks zum **ersten länderübergreifenden Nationalpark** in Deutschland. Von Beginn an wurde dafür gesorgt, dass der Nationalpark für Besucher erlebbar ist. Wanderwege führen durch die magische Bergwildnis, Ranger informieren über die Entwicklungen in der Natur und begeistern Groß und Klein für das »Abenteuer« Naturschutz.

Aktuell befinden sich die Wälder im Harz und deutschlandweit in einem starken Wandel. Trockenheit, Schädlinge, Klimaveränderungen und eine lang praktizierte Monokultur in Wirtschaftswäldern führen zu massivem Baumsterben. Während in den Wirtschaftswäldern aktiv gegengesteuert wird, überlässt man im Nationalpark die Natur überwiegend ihrer eigenen Dynamik. Was tot und abgestorben wirkt, ist lebendiger als zuvor: Totholz bietet Nährstoffe für neue Pflanzen und Schutz für junge Tiere. So ist, was im ersten Moment befremdlich wirkt, beim genaueren Hinschauen die lebendige Wandlung der Natur.

RUND UM DEN BROCKEN zeigt sich der Waldwandel in seiner ganzen Intensität. Der Harz verändert sein Landschaftsbild drastisch. Unter dem Motto »Baustelle Natur – Hier baut die Natur die neue Wildnis« wurden entlang der beliebten Wanderstrecke zwischen Schierke und dem Brocken mehrere Themeninseln eingerichtet. Anhand von Informationstafeln erklären sie anschaulich, warum tote Bäume im Nationalpark für den Beginn einer neuen Waldwildnis stehen. Sie geben Einblicke in die Besonderheiten des Brockenurwaldes und vermitteln Informationen rund um den Borkenkäfer und Pflanzaktionen. So erhalten Wanderer einen Blick hinter die Kulissen des Waldwandels.

Vielerorts, wie hier in Ilsenburg, ist der Waldwandel zu erleben.

12

SAGENUMWOBENER BROCKEN

Der höchste Gipfel im Harz, der Brocken, ist nicht nur sagenumwoben, sondern auch Mittelpunkt des Nationalparks Harz. Wo sich Hexen und Teufel alljährlich zur Walpurgisnacht treffen sollen, war in der Zeit der deutsch-deutschen Teilung viele Jahrzehnte Sperrgebiet. Ein Glücksfall für die Natur, in der besonders schützenwerte Bereiche erhalten sind. Die baumfreie Kuppe des Brockens ist natürlich, denn in dieser exponierten Lage herrscht ein Klima vergleichbar mit den Alpen auf 2000 Meter Höhe. Eine Besonderheit ist der **Brockengarten**, ein botanischer Garten, der bereits 1890 angelegt wurde. Rund 1500 Pflanzenarten aus allen Hochgebirgen der Erde, teils vom Aussterben bedroht, gedeihen hier prächtig. Bei täglichen Führungen (Mai bis Oktober) werden die Pflanzen vorgestellt.

Für Gänsehautmomente sorgen sternklare Nächte auf dem Brocken.

Über den Heinrich-Heine-Wanderweg von Ilsenburg hinauf zum Brocken

DAS NATIONALPARK-BESUCHERZENTRUM Brockenhaus in einer ehemaligen Abhöreinrichtung der Stasi zeigt eine lebendige, multimediale Ausstellung zur Magie und Vielfalt des Berges. Die Themen sind Waldwandel und Brockenurwald, Wetterextreme, Brocken-Mythen und die bewegte Geschichte des Brockens als militärisches Spionagezentrum. Mit dem Multimedia-Guide oder bei einer Führung erfahren Sie alles Wissenswerte rund um Brocken und Nationalpark Harz. Auf dem Brocken, 38879 Wernigerode, OT Schierke, Tel. 039455/500 05, www.brockenhaus-harz.de, tgl. 9.30–17 Uhr

Der Aufstieg zum Brocken ist nur zu Fuß, mit der Brockenbahn, der Kutsche oder dem Mountainbike möglich. Der kürzeste Wanderweg zum Brocken beginnt in Torfhaus, der längste und wohl auch schönste ist der **Heinrich-Heine-Weg** von Ilsenburg aus.

EINE MÄRCHENWANDERUNG von Schierke zum Brocken macht das Wandern auch für Kinder spannend. Auf etwa fünf Kilometern geht es über teils steile, felsige Wege über den gut ausgeschilderten Eckerlochstieg hinauf auf den Gipfel. An sechs Stationen wird das Märchen vom weißen Reh erzählt, die spannende Reise durch den Nationalpark Harz des Jungen Albert. Als Belohnung gibt es im Brockenhaus einen Stempel im Märchenflyer, der vorab im Nationalparkhaus Schierke erhältlich ist. Für die Wanderung sind festes Schuhwerk, wetterfeste Kleidung und ausreichend Rucksackverpflegung zu empfehlen. Die Erlebnisstationen werden im Winter abgebaut.

▲ Nationalparkhäuser vermitteln Wissenswertes rund um den Nationalpark.
▼ Luchse sind wieder heimisch im Harz. ▶ Der Gipfelstein auf dem Brocken

NATIONALPARKGEMEINDE ILSENBURG

Am Nordrand des Harzes befindet sich Ilsenburg mit dem wildromantischen Ilsetal. Die kleine Innenstadt und der Forellenteich laden zum Bummeln ein. Das klösterliche Leben im Mittelalter wird im Kloster Drübeck und im Kloster Ilsenburg lebendig – beides Stationen am **Harzer Klosterwanderweg**. Im **Nationalparkhaus Ilsetal** werden wechselnde Fotoausstellungen gezeigt, die die Natur und das Leben in den Harzer Wäldern noch einmal aus besonderen Blickwinkeln verdeutlichen.

DIE NATIONALPARK-WALDGASTSTÄTTE Plessenburg ist ein beliebtes Wanderziel rund 5,5 Kilometer von Ilsenburg entfernt und am Wanderweg zum Brocken gelegen. In dritter Generation wird die Waldgaststätte betrieben. Familie Dickehut lädt ein zu einem gemütlichen Aufenthalt bei frisch zubereiteten Speisen. Eine Latte macchiato im Liegestuhl, und alle Sorgen sind vergessen. Von Mai bis Oktober ist die Plessenburg auch mit dem Bus erreichbar. Plessenburg 1, 38871 Ilsenburg, Tel. 03943/60 75 35, www.plessenburg.de, Mai bis Oktober Di–So 10–18 Uhr, November bis April Mi–So 10–17 Uhr

12

NATIONALPARKGEMEINDE SCHIERKE

Am Fuße des Brockens mitten im Harz befindet sich die Nationalparkgemeinde Schierke, ein Ortsteil von Wernigerode. Von hier aus kann man zu Wanderungen, Mountainbiketouren oder Ausflügen mit der **Brockenbahn** starten. Schierke ist auch bekannt als **Wintersportort** mit zahlreichen Loipen und Winterwanderwegen bei entsprechender Schneelage.

Die **Schierker Feuerstein Arena** bietet ganzjährig vielseitige Möglichkeiten als Outdoor-Spiel- und Sportwelt im Sommer und als Eisstadion mit Eislauf, Eishockey und Eisstockschießen im Winter sowie vielen Familien-, Kultur- und Sportveranstaltungen.

Das **Natur-Erlebniszentrum HohneHof** in der Ortschaft Drei Annen Hohne mit **Löwenzahn-Entdeckerpfad** ist ein Ausflugsziel für die ganze Familie. Auf Wanderungen zwischen Schierke und Drei Annen Hohne sind mystische Felsformationen, wie der Trudenstein oder der Schierker Feuerstein, zu entdecken.

Tipp

Mit etwas Ruhe und Geduld sind im Nationalpark echte Wildtierbegegnungen möglich. Am Molkenhaus und im Odertal wurden Wildtierbeobachtungsstationen eingerichtet, wo man mit etwas Glück Rehe und Rothirsche erleben kann. Auch von Luchsbegegnungen wird berichtet.

Rings um die Eckertalsperre führen schmale Wanderwege durch die Bergwildnis.

AUF EINEN BLICK

Info

STADT/REGION: Nationalpark Harz
BESTE REISEZEIT: März–Oktober
OPTIMALE REISEDAUER: 3 Tage
TOURISTINFOS: Nationalparkverwaltung Harz, Lindenallee 35, 38855 Wernigerode, Tel. 03943/262 80, poststelle@npharz.de, www.nationalpark-harz.de
Tourist-Information Ilsenburg, Marktplatz 1, 38871 Ilsenburg, Tel. 039452/194 33, info@ilsenburg.de, www.ilsenburg.de
Touristinformation Wernigerode, Brockenstr. 7a, 38855 Wernigerode, OT Schierke, Tel. 039455/86 80, info@schierke-am-brocken.de, www.schierke-am-brocken.de

SEHENSWÜRDIGKEITEN

NATIONALPARKHAUS ILSETAL: Ilsetal 5, 38871 Ilsenburg, Tel. 039452/894 94, www.nationalpark-harz.de
HARZER SCHMALSPURBAHNEN: Friedrichstr. 151, 38855 Wernigerode, Tel. 03943/55 80, info@hsb-wr.de, www.hsb-wr.de
SCHIERKER FEUERSTEIN ARENA: Am Winterbergtor 2, 38879 Wernigerode, OT Schierke, Tel. 03943/65 47 77, sfa@wernigerode.de, www.schierker-feuerstein-arena.de
NATURERLEBNISZENTRUM HOHNEHOF: Drei Annen Hohne 100, 38879 Schierke, Tel. 039455/86 40, hohnehof@npharz.de, www.nationalpark-harz.de

WOHNMOBILSTELLPLATZ ILSENBURG

ADRESSE: Ilsetal 6, 38871 Ilsenburg, Tel. 0151/56 11 39 83, kontakt@wanderlust-ilsetal.de, www.wanderlust-ilsetal.de
ANFAHRT: Der Platz liegt direkt im Ilsetal. Ausschilderung im Ort folgen.
GPS: N 51°51‘17“, E 10°40‘16“
Gebührenpflichtiger, beleuchteter Stellplatz direkt im Ilsetal am Waldrand mit Platz für 90 Wohnmobile, 60 Stellplätze mit Stromanschluss.

◀ Das Ilsetal – eines der wildromantischen Flusstäler im Harz
▲ Wohnmobilstellplatz Ilsenburg ▼ Zahlreiche Wanderwege führen durch den Nationalpark Harz.

Hunde erlaubt. Entsorgung für Grauwasser und Chemietoilette. Frischwasser gegen Gebühr. Brötchenservice, Gasflaschenservice, WC und Dusche am Platz. Reservierung zu Feiertagen möglich. Direkt am Nationalpark und zehn Minuten Fußweg bis zum Zentrum.

CAMPINGPLATZ SCHIERKER STERN

ADRESSE: Am Stern 1, 38875 Oberharz am Brocken, OT Elend,
Tel. 039455/588 17, info@harz-camping.com,
www.harz-camping.com
ANFAHRT: Direkt an der L 100 (Wernigerode–Schierke) kurz vor dem Ortseingang Schierke gelegen.
GPS: N 51°45'25", E 10°41'2"
Gebührenpflichtiger, beleuchteter Campingplatz direkt am Waldrand mit Platz für bis zu 40 Wohnmobile und Caravans. Strom gegen Gebühr. Entsorgung für Grauwasser und Chemietoilette, Gemeinschaftsraum, Sanitäranlagen, Feuerstelle, Grillplatz, finnische Fasssauna, kostenfreies WLAN, Hunde erlaubt, Brötchenservice, Stellplatzreservierung möglich. Zusätzlich sechs Plätze vor der Schranke ohne Ver- und Entsorgung. Familiärer Platz unmittelbar am Nationalpark Harz.

IM FRÄNKISCHEN WEINLAND

Volkach an der Mainschleife

An den Steilhängen über dem Main bei Volkach gedeihen die Spitzenweine

13

Die perfekte Naturkulisse zwischen Flussschleife, steilen Rebhängen, welligen Feldern und üppigen Obstgärten trifft hier auf eine malerische Altstadt mit kunstreichen Kirchenschätzen. Hier können wir sowohl geruhsamen Müßiggang als auch sportliches Freizeitvergnügen genießen.

Das kleine Städtchen Volkach an der Mainschleife ist nicht nur Weinkennern bestens bekannt. Umgeben von einigen der besten Weinlagen Frankens ist der malerische Ort mit der hübschen Altstadt ideal als Ausgangspunkt für Wanderungen oder Radtouren ins Fränkische Weinland. Neben den Freizeitsportlern, den Wanderern und den Weinkennern kommen aber auch Kunstliebhaber voll auf ihre Kosten.

MALERISCHE FACHWERKHÄUSER

Zunächst beginnen wir das Wochenende in Franken mit einer kleinen Runde durch die **Volkacher Altstadt**. Wir starten am Marktplatz, am Marienbrunnen vor dem Rathaus. Eine doppelläufige Freitreppe endet unter einem spitz zulaufenden Giebel, dem Verkünd-Erker, von dem man früher wichtige Nachrichten verbreiten konnte. Vom Marktplatz aus nehmen wir die Hauptstraße nach rechts, besuchen die **Pfarrkirche St. Bartholomäus** und biegen dann am Diebenturm, dem einstigen Stadtgefängnis, links in die Zwinggasse ein. Wir schlendern in einem Bogen um die Altstadt herum und treffen schließlich auf den stillen Gänseplatz. Noch ein Stück weiter erreichen wir die Weinstraße, der wir nach links folgen, und kommen so zum **Museum Barockscheune**, dem Heimatmuseum. Von dort geht es erneut nach links und wieder zurück in die von pulsierendem Leben erfüllte Hauptstraße. Hier reihen sich Cafés, Weinstuben und Restaurants aneinander. Ein guter Platz, um zu bleiben.

FRÄNKISCHE SPEZIALITÄTEN sowie einen guten Schoppen Wein bekommt man fast überall. Aber nicht nur romantisch, sondern geradezu eine Institution ist das Kellerlokal Hinterhöfle mit Wein- und Biergarten hinter dem Hotel Behringer in der Hauptstraße. Lauschig sitzt man an kleinen Tischen auf altem Kopfsteinpflaster und gönnt sich die fränkische Küche.

13

MARIA IM WEINGARTEN UND KONSTITUTIONSSÄULE

Eine abwechslungsreiche Wanderung führt von Volkach über die Wallfahrtskirche Maria Weingarten zur Konstitutionssäule. Man kann dafür sowohl vom Campingplatz als auch vom Stellplatz aus starten.

Vom Stellplatz am Mainufer wandern wir mit etwas Abstand zum Main flussaufwärts. Nach den Tennisplätzen erreichen wir die Zufahrtsstraße zum Campingplatz. Auf dieser gehen wir nach rechts zur größeren Fahrstraße und folgen dort dem Fuß- und Radweg gut 100 Meter nach links. Dann überqueren wir die Straße, passieren den Parkplatz der Kirchenbesucher und steigen auf dem alten Wallfahrtsweg hinauf zur gotischen Kirche **Maria im Weingarten**, deren Besichtigung wir uns auf keinen Fall entgehen lassen sollten. In ihrem Inneren beeindruckt die Rosenkranzmadonna von Tilman Riemenschneider, die zu den kostbarsten Kunstwerken Europas zählt. Für den Besuch der Kirche muss man ein kleines Eintrittsgeld bezahlen.

Nach dem Kirchenbesuch gehen wir auf dem Weg weiter, der unmittelbar am Mesnerhaus vorbeiführt. Nun geht es durch die Weinberge. Der Weg mündet in einen zweiten Weinbergweg, nach rechts gehen wir an einem Wasserspeicher vorbei. Jetzt sind wir auf einem Wiesenweg. Bei der ersten Gelegenheit wenden wir uns nach links und wandern den

Historische Stadtmauer von Dettelbach

Fachwerkkunst ziert die Fassade des Tuchhauses am Volkacher Marktplatz.

Hügel abwärts zu dem Wirtschaftsweg, dem wir nach rechts folgen. Bei der übernächsten Kreuzung nehmen wir den rechten Weg und wandern nach Gaibach hinein. Im Ort treffen wir auf die Schönbornstraße, die uns nach rechts zur Schweinfurter Straße bringt. Jetzt geht es nach links am **Schloss der Herren von Schönborn** vorbei, ein Werk des Baumeisters Leonhard Dientzenhofer aus der Zeit um 1700. Heute beherbergt es eine Internat und ist nicht zugänglich. Unmittelbar nach den Schlossgebäuden geht es links in den Wald auf einem Weg, dem wir in einigem Abstand zur Schweinfurter Straße folgen. Nach einer kleinen Lichtung stößt er auf einen Wirtschaftsweg, der uns nach links zur **Konstitutionssäule** bringt. Sie erinnert an die erste bayerische Verfassung von 1818, ihre Form stammt von Leo von Klenze, dem großen Architekten des Klassizismus.
Wir folgen dem Weg in einem großen Linksbogen immer am Waldrand entlang, bis rechts ein Weg in den Wald abzweigt. Er bringt uns nach ein paar Metern zur Fahrstraße. Wir überqueren sie und folgen auf der anderen Seite dem Wirtschaftsweg bis kurz vor den Wald. Bei der Kreuzung wenden wir uns nach links (über die Felder und nicht am Waldrand entlang), überqueren die Straße, die von Gaibach nach Fahr führt, und gehen alle Abzweigungen ignorierend, bis unser Weg in einer quer verlaufenden Straße endet. Das ist die Straße, auf der wir nach Gaibach gegangen sind. Wir folgen ihr nach rechts und halten uns gleich darauf links, um nach

◀ Konstitutionssäule ▶ Die berühmte Maria im Rosenkranz von Tilman Riemenschneider

etwa zehn Minuten die Autostraße zu erreichen. Hier nehmen wir den Wirtschaftsweg vor der Straße nach links zum Parkplatz der Wallfahrtskirche. Zurück geht es entweder direkt zum Campingplatz oder wir gehen auf dem Kirchbergweg einfach weiter in Richtung Volkach. So kommen wir zur Josef-Wächter-Straße, der wir in die Altstadt folgen (Mittel, 3 Std., 200 Hm, 10,5 km; Start: Wohnmobilstellplatz Volkach).

MIT DEM RAD ÜBER DIE VOLKACHER MAINSCHLEIFE

Eine tagfüllende traumhafte Radrunde führt von Volkach über die Mainschleife nach Süden zu einigen der schönsten Weindörfer Frankens.
Wir starten direkt von der Mainbrücke und überqueren den Fluss. Auf der anderen Seite passieren wir den Bahnhof der Mainschleifenbahn und biegen dann ca. 300 Meter weiter links auf die Escherndorfer Straße ab. Ein Radwegschild zur Vogelsburg weist uns hier den Weg nach rechts und nun steht eine kleine Auffahrt an. Die **Vogelsburg** ist der höchste Punkt über der Mainschleife und zudem ein Hotel und Restaurant. Die aussichtsreiche Terrasse lockt zu einem ersten Schoppengenuss. Vom Parkplatz hinter dem Hotel folgen wir der Beschilderung nach Escherndorf durch die Weinberge.

Schließlich geht es steil bergab. Vorbei an der Lourdes-Kapelle treffen wir auf die große Kreuzung in der Ortsmitte von Escherndorf. Hier geht es nach rechts und wir radeln an den berühmten Rebreihen des Escherndorfer Lump vorbei. An den ersten Häusern von Köhler teilt sich der Radweg, beide Routen sind nach Neuses ausgeschildert. Wir können von den tollen Aussichten auf das Maintal nicht genug bekommen, deshalb wählen wir den rechten, ansteigenden Radweg. Die Aussicht entschädigt für die Anstrengung. Bald haben wir die Höhenwege erreicht und fahren entspannt durch die Weinlagen. Vorbei am Aussichtsturm erreichen wir das Weindorf **Neuses**. Geradeaus geht es auf der Dorfstraße durch den Ort, wir folgen an ihrem Ende einer Linkskurve. Über die Kreuzung geht es geradeaus und nach dem Friedhof biegen wir rechts ein, den Schildern nach Dettelbach folgend. Nun wechseln sich Felder und sanfte Hügel ab und wir rollen abwärts zum **Kloster Dettelbach** mit seiner Wallfahrtskirche Maria im Sand. Danach steht eine Stadtbesichtigung an, wer gerne Süßes mag, sollte die Muskazinen probieren, eine regionale Gebäckspezialität. Für die Rückfahrt folgen wir dem Mainradweg, der uns nach Schwarzach lotst. Ein Abstecher zur großen Benediktinerabtei Münsterschwarzach lohnt sich. Ihre beiden dunklen Türme sind schon von Weitem zu sehen. Nach dem Besuch geht es auf dem Mainradweg weiter, wobei wir ab Gerlachshausen eigentlich nur noch dem Mainkanal folgen, der Fluss wendet sich hier nach links. Ein Stück nach der nächsten Schleuse müssen wir aufpassen und rechts leicht bergauf den schlechteren Weg nehmen. So kommen wir zur Brücke und können nach links den Kanal überqueren. Sommerach ist ausgeschildert. Über Felder erreichen wir den Weinort durch das Schwarzacher Tor. Das Dorf mit seinen heimeligen Fachwerkhäusern und den vielen Weinschänken ist ein Eldorado für Genießer. Nach der Pause verlassen wir Sommerach vom Kirchplatz aus in die Nordheimer Straße und folgen der Beschilderung »Volkach über Baumallee«. Gleich am Ortsende beginnt die Baumallee, unzählige Apfel-, Birnen- und Zwetschgenbäume säumen den Radweg. So gibt es ab dem frühen Sommer fast immer etwas zu naschen. Bald überqueren wir wieder den Kanal, dann ist es nicht mehr weit und wir fahren nach links zurück bis Volkach (Mittel, 3 Std., 250 Hm, 34 km; Start: Wohnmobilstellplatz Volkach).

AUF EINEN BLICK

Info

STADT/REGION: Mainfranken
BESTE REISEZEIT: März bis November
OPTIMALE REISEDAUER: 2–3 Tage
TOURISTINFO: Touristinfo Volkacher Mainschleife, Rathaus, 97332 Volkach, Tel. 09381/401 300, www.volkach.de

SEHENSWÜRDIGKEITEN

PFARRKIRCHE ST. BARTHOLOMÄUS: Kirchgasse 1, 97332 Volkach
MUSEUM BAROCKSCHEUNE: Weinstraße 7, Tel. 09381/401 300, museum-barockscheune.de
MARIA IM WEINGARTEN: Kirchbergweg 20, 97332 Volkach
VOGELSBURG: Vogelsburg 1, 97332 Volkach, www.vogelsburg-volkach.de
MARIA IM SAND: Wallfahrtsweg 18, 97337 Dettelbach, Tel. 09324/917 10, www.pfarreiengemeinschaft-dettelbach.de
BENEDIKTINERABTEI MÜNSTERSCHWARZACH: Schweinfurter Str. 40, 97359 Schwarzach am Main, Tel. 09324/200, abtei-muensterschwarzach.de

WOHNMOBILSTELLPLATZ VOLKACH

ADRESSE: Mainufer, 97332 Volkach, www.volkach.de, ganzjährig geöffnet, Tel. 09381/401300

◀ Wallfahrtskirche Maria im Weingarten ▶ Würzige Bratwürste sind eine fränkische Spezialität.

Direkt am Mainufer übernachten wir mit dem Wohnmobil.

ANFAHRT: Autobahn A 3 Ausfahrt Kitzingen und weiter nach Norden über Münsterschwarzach bis Volkach. Der Stellplatz liegt direkt an der Mainbrücke auf der Altstadtseite.
GPS: 49.864263, 10.220970
Der schlichte Stellplatz punktet vor allem durch seine Lage: direkt am Ufer des Mains, nur wenige Gehminuten von der Altstadt entfernt und trotzdem im Grünen. Herrliche Sonnenuntergänge über dem Wasser sind garantiert. Man muss nur völlig autark sein, Ver- oder Entsorgungsmöglichkeiten sind nicht vorhanden, also kein Wasser, Strom etc.

CAMPINGPLATZ ANKERGRUND

ADRESSE: Fahrerstraße 7, 97332 Volkach, Tel. 09381/67 13, www.campingplatz-ankergrund.de, von April bis Anfang November geöffnet
ANFAHRT: Autobahn A 3 Ausfahrt Kitzingen und weiter nach Norden über Münsterschwarzach bis Volkach. Der Campingplatz ist gut ausgeschildert. Der Weg dazu zweigt stadtauswärts ca. 150 Meter vor dem Parkplatz zur Kirche »Maria im Weingarten« links von der Fahrer Straße ab.
GPS: 49.869411, 10.215048
Der großzügige Campingplatz liegt umgeben von Weinbergen direkt am Mainufer und nur zehn Minuten zu Fuß von der Altstadt entfernt. Das moderne Sanitätsgebäude ist ein echter Hit. Bequem ist der kleine Laden vor Ort, in dem man neben den frischen Semmeln auch allerlei lokale Spezialitäten erhält. Außerdem gibt es einen Biergarten.

FERIENREGION IN URIGER WALDWILDNIS

Nationalpark Bayerischer Wald

Auf der Brennesstraße vor dem Großen Arber

14

»Natur Natur sein lassen« lautet das offizielle Motto des ersten deutschen Nationalparks Bayerischer Wald. In den Wildfreigehegen sind alle Tiere wie Luchs, Wolf, Elch, Wisent und Bär zu sehen, die heute oder einst im Bayerischen Wald beheimatet waren. Der Baumwipfelpfad gewährt einen Überblick.

Das böhmische Mittelgebirge bildet das größte zusammenhängende mitteleuropäische Waldgebiet, auch »Grünes Dach Europas« genannt. Der erste Nationalpark Deutschlands formt einen 50 Kilometer langen Streifen entlang der tschechischen Grenze, in dem 350 Kilometer gekennzeichnete Wanderwege, 200 Kilometer Radwege und 170 Kilometer Langlaufloipen auf die naturliebenden Urlauber warten.

Im Nationalpark entwickelt sich der Wald zu einer faszinierenden Waldwildnis, die mit buntester Tier- und Pflanzenwelt, mit beeindruckenden Bachläufen, Mooren, Filzen, Schachten (Hochweiden) und mächtigen Felsformationen die Urlauber begeistert. Besuchereinrichtungen wie der Baumwipfelpfad, die beiden Nationalparkzentren Lusen und Falkenstein mit ihren Tierfreigeländen und Erlebniswegen bieten abwechslungsreiche Einblicke. Nicht zuletzt locken die höchsten Gipfel des Nationalparks wie der Rachel, Lusen und der Große Falkenstein ambitionierte Wanderer an. Der Nationalpark Bayerischer Wald ist ein ideales Ziel für einen unvergesslichen Natururlaub. Der Wanderbus IGEL und die Waldbahn bieten perfekte Verbindungen zu den wichtigsten Einrichtungen und in die Hauptwandergebiete im Nationalpark (www.nationalpark-bayerischer-wald.bayern.de).

BAYERISCH EISENSTEIN

Im äußersten Nordwesten des Nationalparks ist Bayerisch Eisenstein Ausgangspunkt interessanter Wanderungen in Urwaldgebiete, zu historischen Ausflugsgaststätten und auf den »Bayerwaldkönig« Großer Arber. Wegen der Nähe zum Großen Arber hat sich Bayerisch Eisenstein zu einem beliebten Urlaubsort entwickelt. Auf der **Bahnhofs-Erlebnisallee** existieren das Localbahnmuseum, das Museum NaturparkWelten, ein Kunstmuseum, die Grenzglashütte mit Vorführungen und einige Gasthäuser auch auf tschechischer Seite.

▲ Der Grenzort Bayerisch Eisenstein ist heute Urlaubsort. ▼ Die Arberkapelle auf dem Großen Arber ▶ Das Schwellhäusl ist ein vielgeliebtes Idyll.

DIE TRIFTERKLAUSE Schwellhäusl ist ein malerisch an einem Weiher gelegenes historisches Gasthaus und beliebtes Ausflugsziel. Es gibt einen sonnigen Biergarten und einen Abenteuerspielplatz für die Kleinen. Geboten werden herzhafte bayerische Schmankerl, aber auch Kaffee und Kuchen. Von Bayerisch Eisenstein aus führt eine einfache Radtour zur Klause (acht Kilometer, 120 Höhenmeter). Noch schöner ist der vier Kilometer lange Spaziergang zum Schwellhäusl auf dem Schwellsteig und durch das Urwaldgebiet Hans-Watzlik-Hain vom Wanderparkplatz in Zwieslerwaldhaus aus. www.schwellhaeusl.de, www.bayerisch-eisenstein.de

DER GROSSE ARBER

Der Große Arber zählt mit den Arberseen zu den beliebtesten Ausflugszielen im Bayerischen Wald. Im Winter verwandelt sich der Berg in ein modernes **Skigebiet** und bietet mit den Seilbahnen und einer Rodelbahn mit Kinderland fast grenzenloses Skivergnügen für die ganze Familie. Vier Langlaufzentren rund um den Großen Arber und Winterwanderwege durch die romantisch verschneite Waldlandschaft runden das Wintervergnügen ab.

Der Große Arber ist mit 1456 Metern der höchste Berg des Bayerischen Waldes und der Oberpfalz. Die Königstour auf den Gipfel beginnt für Wanderer in der kürzesten Version am **Großen Arbersee**. Dabei sind einfach vier Kilometer und 500 Meter Höhenunterschied zu überwinden. Aber es gibt ja auch die **Arber-Bergbahn**. Die Aussicht über alle wichtigen Gipfel des Bayerischen Waldes bis hinüber nach Tschechien ist hervorragend. Einkehrmöglichkeit bieten ganz oben das Arberschutzhaus und die Eisensteiner Hütte. Der Große Arbersee ist eine romantische Augenweide vor der mächtigen Arberwand.

DER KLEINE ARBERSEE

Der Kleine Arbersee mit seinen schwimmenden Inseln erschließt sich durch eine herrliche Wanderung über hin und zurück nur sechs Kilometer und wenig Steigung. Ausgangspunkt ist der Wanderparkplatz Brennes. Von Lohberghütte fährt aber auch der Touristenzug Kleine Arberseebahn und 500 Meter vom Kleinen Arbersee entfernt ist die Haltestelle des Wanderbusses, der aus Zwiesel kommt.

ZWIESLERWALDHAUS

Zwieslerwaldhaus liegt mitten im Nationalpark. Der kleine Ort entstand im 18. Jahrhundert aus einer Schutzhütte für die Säumer (Lasttiertreiber) am Handelspfad Böhmweg. Das gleichnamige **Zwieseler Waldhaus** ist ein historisches Gasthaus, das sich als ältestes Wirtshaus im Bayerischen Wald bezeichnet und mit seinem gemütlichen Biergarten immer noch geöffnet hat. Zwieslerwaldhaus ist Ausgangsort für die Wanderung zum viel geliebten Gasthaus Schwellhäusl, eines der bezauberndsten Ausflugslokale im gesamten Nationalpark. Aus allen Richtungen strömen die Urlauber herbei. Sogar der Falkensteinbus fährt von Zwieslerwaldhaus direkt zum Schwellhäusl.

STILLE DÖRFER DER GLASSTRASSE

An der Glasstraße am Rand des Nationalparks entstanden aus Ansiedlungen der Glashütten im 18. und 19. Jahrhundert die Dörfer **Regenhütte** und **Ludwigsthal**. Das klassizistische Schloss Ludwigsthal, Herrenhaus der einstigen Hüttenbesitzer, erzählt aus vergangenen Zeiten.

14

Neben dem Ort Ludwigsthal befindet sich das **Nationalparkzentrum Falkenstein**. Der Rundgang über das Tierfreigelände mit Luchsen, Wölfen und Urrindern ist 2,5 Kilometer lang. Eine Steinzeithöhle lässt die Besucher weit in die Vergangenheit reisen.

Die Dörfer **Lindbergmühle**, **Spiegelhütte** und **Buchenau** waren wie Ludwigsthal ehemals namhafte Glasproduktionsstätten. Nördlich von Spiegelhütte führt eine Straße hinauf zum **Scheuereck** mit Hirschgehege am Großen Falkenstein Die Tiere können von einer Aussichtskanzel aus aus nächster Nähe beobachtet werden. Am Scheuereck sind auch eine schöne Einkehrmöglichkeit und der Ausgangspunkt für die anspruchsvolle Wanderung auf den Großen Falkenstein.

EIN AUSSERGEWÖHNLICHES Erlebnis ist der Aufstieg durch das Urwaldgebiet Höllbachgespreng über anspruchsvolle Felsensteige auf den 1315 Meter hohen Großen Falkenstein. Er ist einer der höchsten Berge im Nationalpark und vom Gipfel aus sind der Große Arber, der Große Osser, Rachel und im Tal Zwiesel zu sehen. Oben steht das Falkensteinschutzhaus (sechs Kilometer einfach bei 600 Meter Höhenunterschied).

Luchs im Tierfreigelände des Nationalparkzentrums

▲ In den Gläsernen Gärten in Frauenau stehen Glasskulpturen. ▼ Der Waldglasgarten in Riedlhütte ▶ In der Steinklamm bei Spiegelau

FRAUENAU, SPIEGELAU UND RIEDLHÜTTE

Frauenau nennt sich »Das gläserne Herz« in der Ferienregion Nationalpark Bayerischer Wald (www.frauenau.de). Der Ort verdankt den Beinamen der Glasmacherkunst, die dort bereits 1420 ihren Anfang nahm. Zudem ist Frauenau mit der im 18. Jahrhundert erbauten Rokokokirche **Zur lieben Frau** ein bekannter Wallfahrtsort. An Sehenswürdigkeiten hat Frauenau das erstklassige **Glasmuseum** und die **Gläsernen Gärten** mit Glasskulpturen zu bieten. Es existieren heute noch drei aktive **Glashütten**, in denen Werksbesichtigungen möglich sind.

Spiegelau und Riedelhütte sind ebenfalls Glaszentren. Beliebtes touristisches Ziel in Spiegelau ist die wildromantische **Steinklamm**. Sankt Oswald-Riedlhütte lockt mit dem **Waldkundlichen Museum**, in dem die Zuschauer selbst ihre eigene Glaskugel blasen können, sowie mit dem **Goldwaschplatz** bei Riedlhütte (Touristinformation Sankt Oswald-Riedlhütte, Schulplatz 2, 94566 Riedlhütte, Tel. 0800/077 66 50).

▲ Überblick: der Baumwipfelpfad im Nationalparkzentrum
▼ Die Kapelle Sankt Maria im Wald in Waldhäuser ▶ Am Großen Arbersee

UNBESCHREIBLICHE FERNBLICKE ermöglicht eine Wanderung auf den Großen Rachel. Mit dem IGEL-Bus werden Gfäll und die Racheldiensthütte angefahren. Die mittelschwere Wanderung von Gfäll zur Racheldiensthütte führt über zehn Kilometer bei 600 Metern Höhenunterschied. Die Aussicht auf dem Rachel ist umwerfend. Böhmerwald, Falkenstein, Großer Osser, Arber, Lusen, Dreisessel und die Alpenkette stehen im Blickfeld. Zurück geht es mit dem IGEL-Bus zum Ausgangspunkt.

NATIONALPARKZENTRUM LUSEN

Mit seinem Baumwipfelpfad und dem Tierfreigelände ist das Nationalparkzentrum Lusen ein touristischer Höhepunkt. Das **Tierfreigelände** zeigt 45 einheimische Arten, die im Nationalpark leben oder ursprünglich gelebt haben. Dazu zählen Wolf, Luchs, Braunbär, Elch und Wisent. Der Rundweg ist sieben Kilometer lang. Der über einen Kilometer lange **Baumwipfelpfad** führt vorbei an verschiedenen Erlebnisstationen hinauf zum beeindruckenden Aussichtsturm in 44 Meter Höhe.

DER LUSEN kann von Waldhäuser oder vom Wanderparkplatz Fredenbrücke erreicht werden, die vom IGEL-Bus angefahren wird. Der 1373 Meter hohe Lusen befindet sich im östlichen Teil des Nationalparks direkt an der Grenze zu Tschechien. Der oberste Gipfelbereich wird von einer Blockschutthalde eingenommen. Es ist eines der schönsten Geotope Bayerns (elf Kilometer und 480 Höhenmeter auf gut beschilderten Wegen). Einkehr in der Berghütte Lusenschutzhaus.

MAUTH UND FINSTERAU

Die östlichsten Randgemeinden des Nationalparks sind Mauth und Finsterau. Das **Freilichtmuseum Finsterau** ist unbedingt einen Besuch wert. Aus dem ganzen Bayerischen Wald sind hier Bauernhäuser zusammengetragen worden. Auch Dorfschmiede, Kapelle und Wirtshaus sind Bestandteile der weitläufigen Anlage. Kühe, Schafe und Esel schauen über den Weidezaun, in den Bauerngärten wachsen Blumen und Kräuter. Stuben und Kammern sind voll der Dinge, mit denen Menschen gelebt und gearbeitet haben (www.freilichtmuseum.de).

Die lange Himmelsleiter führt auf den Gipfel des Lusen.

AUF EINEN BLICK

Info

STADT/REGION: Nationalpark Bayerischer Wald, Hinterer Bayerischer Wald
BESTE REISEZEIT: April–Oktober
OPTIMALE REISEDAUER: 2–3 Tage
TOURISTINFO: Konrad-Wilsdorf-Straße 1, 94518 Spiegelau, Tel. 08553/891 91 36, spiegelau@ferienregion-nationalpark.de, www.spiegelau.de, www.ferienregion-nationalpark.de

CAMPINGPLATZ HEINER

ADRESSE: Arberseestraße 6, 94252 Bayerisch Eisenstein-Regenhütte, Tel. 09925/247, info@camping-heiner.de, www.camping-heiner.de
ANFAHRT: Auf der A 3 Ausfahrt 24 Kreuz Deggendorf und auf der B 11, St 2135 und wieder B 11 nach Regenhütte.
GPS: N 49°04‘45“, E 13°12‘26“
Der ganzjährig geöffnete Campingplatz liegt am Fuße des Großen Arbers am westlichen Rand des Nationalparks Bayerischer Wald. Die Stellplätze sind auf Wiese, teilweise aufgelockert durch Bäume und Sträucher. Die Ausstattung umfasst Strom, Ver- und Entsorgung, WC und Dusche. Vor dem Campingplatz ist eine Bushaltestelle. Nach Bayerisch Eisenstein mit Einkaufsmöglichkeit, Gasthäusern und Grenzbahnhof sind es sechs Kilometer. Zum Haus zur Wildnis mit Wildtierfreigelände und Aussichtsturm am Nationalparkzentrum Falkenstein 3,3 Kilometer. Ausflüge zu den Bergen Großer Arber, Rachel, Lusen, Osser und Großer Falkenstein. Pendelbus zu den Arber-Wintersportgebieten.

◄ Campingplatz in Regenhütte ► Campingplatz in Spiegelau

CAMPINGPLATZ AM NATIONALPARK

ADRESSE: Bergstraße 44, 94518 Spiegelau, Tel. 08553/979 15 09, kontakt@natur-und-camping-am-nationalpark.de, www.natur-und-camping-am-nationalpark.de

ANFAHRT: Auf der A 3 Ausfahrt 111 Hengersberg und auf der B 533 nach Spiegelau.

GPS: N 48°55‘03“, E 13°19‘53“

Der ganzjährig geöffnete Campingplatz liegt reizvoll und sehr ruhig mitten im Wald zwischen Klingenbrunn und Spiegelau, etwa in der Mitte des Nationalparks Bayerischer Wald. Die Stellplätze sind auf Wiese, teilweise aufgelockert durch Bäume und Sträucher. Die Ausstattung umfasst Strom, Ver- und Entsorgung, WC und Dusche. Vom Campingplatz sind es 700 Meter bis zur Bushaltestelle. Nach Spiegelau mit Einkaufsmöglichkeiten, Gasthäusern und zur Steinklamm sind es 1,8 Kilometer. In Spiegelau startet auch der IGEL-Wanderbus in den Nationalpark. Zum Baumwipfelpfad und Wildtierfreigelände am Hans-Eisenmann-Haus sind es 15 Kilometer. Direkt am Campingplatz führt eine Loipe vorbei.

CAMPINGPLATZ ANDERSWO

ADRESSE: Buchwaldstraße 52, 94151 Mauth-Finsterau, Tel. 08557/278 01 10, info@anderswo-camp.de, www.anderswo-camp.de

ANFAHRT: Auf der A 3 Ausfahrt 111 Hengersberg und auf der B 533 und St 2127 nach Finsterau.

GPS: N 48°56‘30“, E 13°34‘18“

Der ganzjährig geöffnete Campingplatz liegt auf natürlichem Gelände am Fuß des Lusens am Ostrand des Nationalparks. Die Stellplätze sind auf Wiese, aufgelockert durch Bäume und Sträucher. Die Ausstattung umfasst Strom, Ver- und Entsorgung, WC und Dusche. Vor dem Campingplatz ist eine Bushaltestelle. Nahe dem Platz befinden sich das Langlaufzentrum Finsterau mit Inlineskaterbahn und ein Gasthaus. Nach Finsterau mit Einkaufsmöglichkeit und Gasthäusern sind es 1,3 Kilometer. Zum Baumwipfelpfad und Wildtierfreigelände am Hans-Eisenmann-Haus sind es 17 Kilometer.

BAROCKES HERZ MIT MEDITERRANEM FLAIR

Die Dreiflüssestadt Passau

Die Innpromanade in Passau ist Flaniermeile.

15

Passau an Donau, Inn und Ilz entzückt mit verwinkelten Gassen in der historischen Altstadt. Malerische Plätze verströmen mit beschwingtem Leben liebenswerten Charme. Die »Schwarze Perle« Ilz im Passauer Land ist der letzte Wildfluss Deutschlands. Auf dem Ilztalwanderweg tauchen Entdecker in urtümliche Natur.

Passau ist eine der schönsten Städte an der Donau. Über die Stadt wacht die Veste Oberhaus, eine der größten erhaltenen Burganlagen Europas. Von dort oben zeigt sich die fantastische Lage Passaus am Zusammenlauf der drei Flüsse Donau, Inn und Ilz. Die geografische Lage in den engen Flusstälern war aber immer auch ein Fluch. Die herrliche Ilz aus dem Bayerischen Wald ist ein einzigartiges Flusssystem von europäischer Bedeutung.

ZAUBERHAFTES PASSAU

Die strategisch günstige Lage auf der Halbinsel zwischen Donau und Inn bewegte schon Menschen der Jungsteinzeit dazu, hier zu siedeln. An der höchsten Stelle der Halbinsel, am heutigen Domplatz, entstand das römische Kastell »Pazzawe«, das der Stadt den Namen gab. Bereits im Jahr 739 war Passau Bischofssitz. Zu dieser Zeit wurde auch das Kloster Niedernburg gegründet. 1217 wurde Passau zu einem Fürstbistum und erhielt 1225 die Stadtrechte verliehen. Vom Mittelalter bis Anfang des 19. Jahrhunderts lenkten Fürstbischöfe die Geschicke der Stadt. Der Handel mit Salz aus Hallein und mit Holz aus dem Bayerischen Wald bis nach Budapest machte Passau reich. Die Katastrophe des großen Stadtbrandes 1662 verwandelte die Stadt in Schutt und Asche. Jedoch bauten italienische Baumeister die Stadt wieder auf und schufen ihr heutiges südländisch anmutendes Aussehen. Bis in die Neuzeit bedrohen immer wieder verheerende Hochwasser die Stadt, was an den Hochwassermarken am Rathausturm abzulesen ist. Heute ist die Universitätsstadt Passau Dreh- und Angelpunkt der Bildung, Wirtschaft und touristischer Flussreisen. Jährlich kommen viele Hunderttausend Gäste, um das Flair der Stadt zu erleben. In der Barockstadt paaren sich Charme, Geschichte, Kultur und Kunst. Durch das Zusammenspiel der Sehenswürdigkeiten mit der gesamten Altstadt und ihren verwinkelten Gassen formt sich eine unverwechselbare Atmosphäre, die jene außergewöhnliche Schönheit Passaus ausmacht. In idyllischen Biergärten, urigen Gasthäusern und in den zahlreichen Straßencafés genießen Besucher Passauer Gastlichkeit.

In Passau fließen am Dreiflüsseeck Donau, Inn und Ilz zusammen. Das Wasser des Inn, das aus den Zentralalpen kommt, ist grün, das der Donau blau und die aus einem Moorgebiet kommende Ilz ist schwarz.

Tipp

Das Farbenspiel des Wassers am Zusammenlauf der drei Flüsse ist faszinierend. Dies ist besonders gut zu erleben auf der »Drei-Flüsse-Stadtrundfahrt« mit dem Schiff »SUNliner«, das vor dem Rathausplatz startet. www.donauschifffahrt.eu/dreifluesse-stadtrundfahrt-in-passau

SEHENSWERTES IN DER DREIFLÜSSESTADT

Die augenfälligste Sehenswürdigkeit Passaus ist neben der Veste Oberhaus der majestätische **Dom Sankt Stephan**. Die heutige barocke Bischofskirche wurde 1668 auf gotischem Grund erbaut und ist einer der größten Dome nördlich der Alpen. Von der Gesamtplanung bis zur Innenausstattung waren meist italienische Künstler am Werk. Die heutigen fünf Orgeln bilden mit zusammen 17 974 Pfeifen die größte Domorgel der Welt. Orgelkonzerte geben eindrucksvolle Kostproben des riesigen Instruments (Tel. 0851/39 30, www.bistum-passau.de). Mit süßer »Sünde und Verführung«

Die Klosterkirche Niedernburg in Passau besitzt spitze Doppeltürme.

◀ Auf der Veste Oberhaus ▶ Aushängeschild an einem Laden in der Altstadt

lockt das Café Stephan's Dom direkt vor dem Dom (Domplatz 2, Tel. 0851/490 55 74, www.greindl-passau.de).

Der Domplatz wurde im Jahr 1150 geschaffen. In der Mitte des Platzes befindet sich ein Denkmal des ersten bayerischen Königs Maximilian I. Dienstags und freitags findet auf dem Domplatz ein herrlicher Wochenmarkt statt. Auf der Ostseite des Doms liegt der dreieckige Residenzplatz mit der **Neuen Residenz** der Fürstbischöfe. Diese trägt Elemente des Spätbarocks und des Frühklassizismus. Um Domplatz und Residenz gruppiert sich die liebenswerte Altstadt mit engen Gassen und kleinen Läden. Das Stadtbild ist geprägt von Häusern im Stil der Inn-Salzach-Bauweise. Mehrere romantische Gassen führen nach Norden hinunter zum **Alten Rathaus** im venezianischen Stil aus dem 14. Jahrhundert. Im Rathaus befinden sich repräsentative Säle im Barockstil. Der 38 Meter hohe neugotische Turm wurde erst 1890 hinzugefügt. Am Rathausplatz beherbergt das Patrizierhaus **Wilder Mann** das **Glasmuseum Passau** (Schrottgasse 2, Tel. 0851/350 71, www.glasmuseum.de).

Von der Schiffsanlegestelle vor dem Rathaus blickt man direkt zur Veste Oberhaus hinauf und nach rechts zur Luitpoldbrücke und **Veste Niederhaus**. Die Burg steht auf der Spitze der felsigen Landzunge am Zusammenfluss von Ilz und Donau. Die erste Bebauung geht auf das Jahr 737 zurück und war damals ein Zufluchtsort für Klosterfrauen.

Am Donauufer nach Osten gelangen Fußgänger auf der **Donaupromenade** zum Dreiflüsseeck, wo sich das Farbenspiel der Wasser betrachten lässt.

Tipp

Passaus schönste Promenade mit dem fotogenen Schaiblingsturm führt vom Dreiflüsseeck am Innkai Richtung Westen am Inn entlang. Links über dem Inn steht die doppeltürmige Wallfahrtskirche Mariahilf, zu der die überdachte Wallfahrtsstiege hinaufführt.

15

So wie die **Wallfahrtskirche Mariahilf** im Süden, so überragt im Norden die **Veste Oberhaus** die Stadt. Ein Bus fährt vom Rathausplatz hinauf und überwindet die 100 Meter Höhenunterschied mühelos. Von der **Schanzlbrücke** erreichen Fußgänger die Burg zu Fuß über die Oberhausleitenstiege oder von der Ilzbrücke aus auf der Ferdinand-Wagner-Straße. Die Veste Oberhaus wurde 1219 vom ersten Passauer Fürstbischof Ulrich II. errichtet und nie eingenommen. Das **Oberhausmuseum** umfasst das Stadtmuseum und eine Gemäldegalerie (Tel. 0851/39 68 00, www.oberhausmuseum.de). Oberhalb der Festung ist die herrliche Aussichtsterrasse eines Restaurants (Das Oberhaus, Oberhaus 1, Tel. 0851/37 93 06 57, www.dasoberhaus.com). Wie aus einem Flugzeug hat man von hier oben den besten Panoramablick auf die faszinierende Dreiflüssestadt Passau.

DER ILZSTAUSEE Oberlitzmühle im Norden der Stadt ist die Badewanne der Passauer Bürger. Eine Wanderung von Passau entlang der Ilz ist eine herrliche Unternehmung. Unterwegs an der Ilz lernen die Wanderer viel über die Holztrift an der historischen Triftsperre. Einkehrmöglichkeit ist unter anderem am Gasthof Triftsperre (www.zur-triftsperre.de). Je nach Wegvariante beträgt die einfache Entfernung von Passau aus mindestens sechs Kilometer.

Die Veste Niederhaus steht am Zusammenfluss von Ilz und Donau.

◀ Der Dom Sankt Stephan in Passau ▶ Die riesige Orgel in Sankt Stephan

FÜRSTENECK

Fürsteneck liegt an der Ilztalbahn. Den Namen hat der Ferienort vom **Schloss Fürsteneck** aus dem 12. Jahrhundert, das auf einem Bergsporn über der Wolfsteiner Ohe steht. Es wurde von einem Passauer Fürstbischof als Grenzbefestigung gegen die bayerischen Herzöge errichtet, denn die Ilz bildete damals die Grenze. Die barocke Schlosskapelle entstand 1745. Im Schloss ist heute die **Ilz-Infostelle** (www.naturpark-bayer-wald.de/ilz-infostelle-fuersteneck.html). Sie informiert in einer interaktiven Ausstellung über Kultur, Flora und Fauna des Ilztals. Im Schloss befindet sich ein Hotel mit Restaurant (www.fuersteneck.de).

DIE ILZ

Das Ilztal gehört zu den letzten Wildflusslandschaften Bayerns. Den Namen »Schwarze Perle« hat die Ilz wegen der dunklen Farbe des Wassers erhalten. Tief eingeschnittene, urwüchsige Schluchten und lichtdurchflutete Wiesen begleiten die Ilz auf ihrem Weg zur Mündung in Passau. Seltene Tiere und Pflanzen leben in ihrem natürlichen Lebensraum einer weitgehend unzerstörten Natur mit romantischen Uferbereichen und beeindruckenden Felsformationen. Wanderwege beiderseits des Flusses ermöglichen die Erkundung dieses einzigartigen Flusssystems.

AN DER SCHROTTENBAUMMÜHLE startet eine kurze Wanderung auf der linken Flussseite flussabwärts durch das Naturschutzgebiet Obere Ilz. Von einer historischen Triftsperre haben die Wanderer einen herrlichen Blick auf das Schloss Fürsteneck. Hier geht es auf der Brücke über die Ilz und an der anderen Flussseite zurück. Einkehrmöglichkeit besteht im Schloss Fürsteneck und in der Schrottenbaummühle (www.schrottenbaummühle.de). Die Wegstrecke beträgt insgesamt vier Kilometer.

AUF EINEN BLICK

Info

STADT/REGION: Passau, Unterer Bayerischer Wald
BESTE REISEZEIT: Januar–Dezember
OPTIMALE REISEDAUER: 2–3 Tage
TOURISTINFO: Rathausplatz 2 und Bahnhofstraße 28, 94032 Passau, Tel. 0851/396 610, tourist-info@passau.de, www.tourismus.passau.de

STELLPLATZ ILZBRÜCKE PASSAU

ADRESSE: Halser Straße 34, 94034 Passau, Tel. 0851/414 57, info@zeltplatz-passau.de, www.tourismus.passau.de
ANFAHRT: Auf der A 3 Ausfahrt 115 Passau-Nord und auf der St 2125 und B 85 zur Ilzbrücke.
GPS: N 48°34‘42“, E 13°28‘26“
Der ganzjährig geöffnete gebührenpflichtige Wohnmobilstellplatz liegt zentrumsnah direkt an der Ilz. Der Aufenthalt ist auf 24 Stunden beschränkt. Die wenig beschatteten Stellplätze sind auf gepflasterter Fläche. Die Ausstattung umfasst Strom sowie Ver- und Entsorgung. Bis in die Innenstadt mit Gasthäusern und Einkaufsmöglichkeiten sind es über die Donau zu Fuß 700 Meter. Der öffentliche Bus startet vor dem Stellplatz. Der Stellplatz befindet sich am Donauradweg und am Internationalen Fernwanderweg Donausteig. Bis zum Aussichtspunkt an der Veste Oberhaus sind es 800 Meter, aber auch 100 Höhenmeter. Passau ist Ausgangspunkt verschiedener Schiffsausflüge. Es gibt in Passau auch noch den Wohnmobilstellplatz am Winterhafen in der Regensburger Straße 14 (ohne Ver- und Entsorgungsmöglichkeit), drei Kilometer vom Zentrum entfernt.

CAMPINGPLATZ DREIFLÜSSE IRRING

ADRESSE: Am Sonnenhang 8, 94113 Passau-Tiefenbach, Tel. 08546/633, info@dreifluesse-camping.de, www.dreifluesse-camping.de
ANFAHRT: Auf der A 3 Ausfahrt 115 Passau-Nord und auf der St 2125 und Schalterner Straße nach Irring.
GPS: N 48°36‘23“, E 13°20‘46“

◀ Am Campingplatz in Irring. ▶ Campingplatz Schrottenbaummühle

Der von April bis Oktober geöffnete Campingplatz liegt idyllisch 600 Meter von der Donau entfernt. Die Stellplätze sind auf Wiese, aufgelockert durch Bäume und Sträucher. Die Ausstattung umfasst Strom, Ver- und Entsorgung, Kneippanlage, Hallenbad, Kiosk und Restaurant. In 1,3 Kilometer Entfernung befinden sich Gasthäuser. Bis in die Innenstadt von Passau mit Gasthäusern und Einkaufsmöglichkeiten sind es elf Kilometer. An der nahen Donau verläuft der Donauradweg nach Passau. Der öffentliche Bus startet 300 Meter vor dem Campingplatz.

CAMPINGPLATZ SCHROTTENBAUMMÜHLE FÜRSTENECK

ADRESSE: Schrottenbaummühle 1, 94142 Fürsteneck, Tel. 08504/17 39, info@schrottenbaummuehle.de, www.schrottenbaummuehle.de

ANFAHRT: Auf der A 3 Ausfahrt 114 Aicha vorm Wald und auf der St 2127, B 85 und wieder St 2127 zur Schrottenbaummühle.

GPS: N 48°44‘02“, E 13°26‘18“

Der von April bis Oktober geöffnete Campingplatz liegt idyllisch direkt an der Ilz. Die Stellplätze sind auf Wiese, aufgelockert durch Bäume und Sträucher. Die Ausstattung umfasst Strom, Ver- und Entsorgung. Eine beliebte Ausflugsgaststätte befindet sich am Platz. Bis in die Innenstadt von Passau mit Gasthäusern und Einkaufsmöglichkeiten sind es 28 Kilometer. An der Ilz verläuft der Ilztal-Wanderweg durch das Naturschutzgebiet Obere Ilz. In fünf Kilometer Entfernung ist in Fürsteneck der Bahnhof der Ilztalbahn, die nach Passau und Freyung fährt.

WILDE NATUR MIT GENUSS

Berchtesgaden

Auf dem Weg nach Berchtesgaden an der deutschen Alpenstraße

16

Das Berchtesgadener Land mit seinem Nationalpark ist eine der schönsten Regionen Deutschlands. Eine Urlandschaft mitten im dicht besiedelten Bayern, die sich abwechslungsreich und vielfältig präsentiert. Neben der wunderbaren Natur freuen sich Einheimische und Gäste auch über zahlreiche Wanderwege.

Immer wieder stellt sich die Frage: See oder Berge? Im hintersten Winkel des Berchtesgadener Landes bei Schönau ist nämlich beides möglich. Rund um den dunkelblauen Königssee erheben sich felsige Berggipfel, darunter das gewaltige Watzmannmassiv in den weiß-blauen Himmel. Die Natur gleicht einer wilden, dramaturgischen Inszenierung, die ihresgleichen sucht. Dabei muss es nicht die Watzmannbesteigung sein, es gibt auch genussvolle einfache Wanderungen und darüber hinaus ein vielfältiges Alternativprogramm. So sind **Schönau** oder **Ramsau** bei Berchtesgaden ein idealer Ausgangspunkt für ein perfektes Camperwochenende.

ANREISE MIT URLAUBSCHARAKTER

Dabei beginnt der Kurzurlaub schon während der landschaftlich genussvollen Anreise. Egal ob man den Stellplatz in Ramsau oder in Schönau am Königssee ansteuert, am besten erreicht man das Ziel über die deutsche Alpenstraße, die B 305, denn so gibt es viel zusätzlich zu sehen. Ein Stopp lohnt sich bereits kurz hinter **Inzell.** Wenige Meter nach dem ehemaligen Gasthaus Zwing liegt auf der linken Straßenseite der frei zugängliche **Gletschergarten**. Der Gletscheruntergrund des eiszeitlichen Saalach-Gletschers wurde beim Bau der Alpenstraße in den 1930er-Jahren freigelegt. Vor gut 10 000 Jahren bedeckten 300 bis 400 Meter mächtige Eismassen aus den Zentralalpen das Tal. Ein Pfad führt am Rand der geologischen Besonderheit aufwärts und bringt uns so ganz nah an dieses Naturdenkmal. Je näher wir danach ans Ziel kommen, umso höher, gewaltiger und mächtiger werden die Berge. Zu ihren Füßen liegen malerische Dörfer und der eine oder andere Gebirgsbach begleitet uns.

Beide Campingplätze – in Ramsau und Schönau – eignen sich gleichermaßen als Ausgangspunkt für alle Aktivitäten. Der Campingplatz Mühlleiten ist etwas zentraler, dafür ist dort mehr los. Der Campingplatz Simon hingegen liegt erholsam ruhig, ist dabei aber gut an das öffentliche Nahverkehrsnetz angebunden, so dass man ebenfalls alle Ausgangsorte für die Aktivitäten gut erreichen kann.

BESUCH VON BERCHTESGADEN

Berchtesgaden ist von beiden Stell- und Campingplätzen leicht mit öffentlichen Verkehrsmitteln zu erreichen. Wer in Schönau stationiert ist, kann die 3,5 Kilometer dorthin auch rasch mit dem Fahrrad bewältigen. Der sehr sehenswerte kleine Markt ist Namensgeber für das Berchtesgadener Land. Dabei kann der Ort auf eine über 900 Jahre alte Geschichte zurückblicken. Eine **Klostergründung** aus dem Jahre 1102 ist die erste urkundliche Erwähnung. Die Anfänge finden wir heute noch im Kreuzgang des ehemaligen Augustiner-Chorherrenstifts, das im Laufe der Geschichte zu einem Schloss der Wittelsbacher wurde. Aber natürlich spielt auch die jüngere Vergangenheit eine große Rolle in Berchtesgaden.

◀ Am Obersee ▶ St. Bartholomä vor der Watzmann-Nordwand

Ein Ausflug in das **Salzbergwerk** in Berchtesgaden, das in der Bergwerkstraße 83 direkt an der Berchtesgadener Ache liegt, lohnt sich ebenfalls und das nicht nur bei schlechtem Wetter. Bei einer spannenden Führung dreht sich alles um das weiße Gold, das Salz, das der Gegend zu Wohlstand verhalf (www.salzbergwerk.de).
Sehr sehenswert ist zudem das neugestaltete **Museum Haus der Berge** des Berchtesgadener Nationalparks. Modern und interaktiv vereint es perfekt Informationszentrum, Bildungszentrum und Erlebnisgelände (www.haus-der-berge.bayern.de).
Auch ist der Obersalzberg mit seiner Dokumentation über das Führersperrgebiet während des Nationalsozialismus ein informatives Ausflugsziel, ebenso wie das nahe Kehlsteinhaus. Zu letzterem können wir wandern oder werden mit Shuttlebussen hinaufgefahren.
Es macht aber auch Spaß, nur durch die Gassen des Ortes zu bummeln. Interessant sind neben der Kirche und dem Schloss besonders die Lüftlmalereien am Hirschenhaus. Wobei diese keine Hirschen zeigen, sondern menschliche Laster, dargestellt von Affen. Auch der kleine Kurpark lohnt einen Besuch.

UND WER HUNGER und Durst verspürt, ist im urigem Bräustüberl Berchtesgaden gut aufgeboben (www.braeustueberl-berchtesgaden.de).

INS REICH DER EISKÖNIGIN

Eine **Schiffahr**t (www.seenschifffahrt.de/königssee) über den berühmten **Königssee** zur Kirche St. Bartholomä darf man sich im Berchtesgadener Land natürlich nicht entgehen lassen. Wer kann, versucht eines der ersten Schiffe zu erwischen, denn morgens ist zum Glück noch wenig los. Das Trompetenspiel des Kapitäns mitten auf dem See ist ohne großen Ausflugsrummel wirklich magisch und das Postkartenmotiv der Wallfahrtskirche St. Bartholomä mit dem dahinter aufragenden Watzmann gehört uns morgens noch fast alleine.
In St. Bartholomä spazieren wir auf dem Eiskapellenweg zur Kapelle St. Johann und Paul. Wilder wird es, wenn wir noch weiter bergauf bis zur **Eiskapelle** steigen (Trittsicherheit erforderlich!). Diese liegt am Fuß der

◀ Almabtrieb in der Ramsau ▲ Das »Affenhaus« in Berchtesgaden
▼ Der Hintersee in den Chiemgauer Alpen

Watzmann-Ostwand und ist eine durch Lawinen verursachte Schneehöhle, aus der der Eisbach fließt. Bitte nicht in das Innere der »Kapelle« gehen, Eis kann sich unvermutet von der Decke lösen. Wer Lust hat, kann die Reise über den Königssee bis zur **Haltestelle Salet** fortsetztten, um von dort zum **Obersee** und zur **Fischunkelalm** aufzusteigen.
Alternativ zum Königsseeausflug bringt uns die **Jennerbahn** in Schönau ganz gemütlich hinauf auf 1800 Meter bis kurz unter den Jennergipfel. Oben erwartet uns neben der Jenneralm ein unvergleichbarer Panoramablick über den Nationalpark Berchtesgaden.

DURCH DEN ZAUBERWALD ZUM HINTERSEE

Absolut herrlich und nicht schwer ist die Wanderung vom nahegelegenen Weiler Ramsau durch den **Zauberwald** zum **Hintersee** – beides Naturschönheiten und der der Inbegriff einer romantischen Berglandschaft. Im grünen See liegen kleine, von Tannen bewachsene Felsinseln und im Wasser spiegeln sich die Wände des Hochkalter. Das wilde Wasser der **Ramsauer Ache** formt den mystischen Flusslauf mit seinen Felstrümmern. Ein Zauber liegt in der Luft, dem sich auch die knorrigen Bäume, die sich fest an die felsigen Steinriesen klammern, nicht entziehen können.
Die leichte Wanderung zum Hintersee beginnt entweder am Gasthaus Zauberwald oder bereits an der malerischen Kirche St. Sebastian in der Ortsmitte von Ramsau. Sie dauert einfach etwas mehr als eine Stunde. Ab dem Hintersee verkehren dann wieder Busse.

16

IM SOMMER kann man sich herrlich im Hintersee erfrischen. Das Wasser ist relativ kühl, es gibt an seinem südwestlichen Ufer eine tolle Badestelle.

DER GASTHOF AUZINGER am Hintersee ist ein Wirtshaus mit Geschichte. Seit 1610 gibt es hier ein Schankrecht. In der 1. Hälfte des 19. Jahrhunderts entwickelte sich der Gasthof zu einem Künstlertreff und einer Malerherberge. Heute steht das sympathische Gasthaus unter Denkmalschutz und wird von der Familie Hillebrand in der 5. Generation betrieben. Frische Fische aus dem See wie Saibling oder Forelle landen auf den Tellern genauso wie Wild aus den nahen Wäldern und auch für den Schweinsbraten kommt man gerne öfter (www.auzinger.de).

▲ Postkartenidylle in der Ramsau ◀ Im Zauberwald am Hintersee
▶ In Schönau am Königsee kann man sich Ruderboote ausleihen.

AUF EINEN BLICK

Info

STADT/REGION: Berchtesgaden
BESTE REISEZEIT: Von Mai bis Oktober
OPTIMALE REISEDAUER: 2 bis 3 Tage
TOURISTINFO:
Touristinfo Berchtesgaden-Königssee,
Seestraße 3, 83471 Berchtesgaden,
Tel. 08652/655 980,
www.berchtesgaden.de, www.königssee.de

CAMPINGPLATZ MÜHLLEITEN

ADRESSE: Königsseer Straße 70, 83471 Schönau am Königssee, Tel. 08652/45 84, www.camping-muehlleiten.de
ANFAHRT: Über Inzell auf die Deutsche Alpenstraße B 305 und weiter über Schneizlreuth und Ramsau nach Berchtesgaden. Dort rechts auf der B 20 nach Schönau am Königssee. Der Campingplatz liegt auf der rechten Straßenseite.
GPS: 47.627409, 12.869350

Der kleine Vier-Sterne-Platz liegt ideal, um den Königssee oder die Jennerbahn zu Fuß zu erreichen. Bis in den Markt Berchtesgaden sind es 3,5 Kilometer, die nächste Bushaltestelle liegt nur wenige Schritte vom Campingplatz entfernt. In nächster Nähe gibt es viele gute Einkehrmöglichkeiten und auch das Freibad liegt in Fußweite.

CAMPING SIMONHOF

ADRESSE: Alte Reichenhallerstraße 110, 83486 Ramsau, Tel. 08657/284, www.camping-simonhof.de
ANFAHRT: Der Campingplatz ist über Inzell auf der Deutschen Alpenstraße, der B 305, erreichbar. Noch vor dem Ort Ramsau biegt man am Wanderparkplatz Wachterl rechts Richtung Hintersee ab. Das ist die Alte Reichenhallerstraße. Manche Navigationssysteme finden dort nur die Hausnummer 120, die Einfahrt zum Campingplatz liegt von diesem Punkt aus einfach 200 Meter weiter.
GPS: 47.626631, 12.868898

Originelle Aussicht auf den Königssee

Der idyllisch gelegen Platz befindet sich etwa 6 Kilometer außerhalb des Bergsteigerdorfes Ramsau. Direkt am Eingang liegt die Bushaltestelle mit sehr guten Verbindungen zum Hintersee, nach Ramsau oder Berchtesgaden. Es gibt einen Kiosk und einen E-Bike-Verleih.

WOHNMOBILSTELLPLATZ ALPENGASTHOF GÖTSCHENALM

ADRESSE: Kollertradte 21, 83483 Bischofswiesen.
Tel. 08652/9779659, www.goetschenalm.com/wohnmobilplaetze
GPS: 47.648437, 12.935970

Der Wohnmobilstellplatz liegt elf Kilometer vom Markt Berchtesgaden entfernt, oberhalb der Gemeinde Bischofswiesen an einem Skilift. Der Ganzjahres-Platz beeindruckt vor allem durch sein Bergpanorama, er ist ideal für Erholungssuchende. Ein klarer Pluspunkt ist die direkte Anbindung an den Gasthof: Die regionale Küche, die gemütliche Atmosphäre, da darf die eigene Küche kalt bleiben.

GLITZERNDES GEWÄSSER IM GEBIRGE

Spitzingsee

Die Wildfeldalm im Rotwandgebiet

Umgeben von hohen Bergen leuchtet der Spitzingsee wie ein Juwel mit seiner intensiven dunkelblaugrünen Farbe. Die Sonne glitzert über dem Wasser und eigentlich müssten wir uns gar nicht vom Wohnmobil fortbewegen, um dieses Schauspiel zu erleben, denn der Stellplatz liegt direkt am Seeufer.

Der Spitzingsee gehört mit seinen Bergen zu den Top-Ausflugszielen im Münchner Umland. Der 28 Hektar große See mit immerhin gut 16 Metern Tiefe zeigt sich oft spiegelblank. Kein Wunder, denn die Berge um ihn herum halten den Wind ab, der die Oberfläche aufrühren könnte. An manchen Tagen spiegeln sich die Spitzingseeberge eins zu eins im See und erzeugen eine wunderbare Stimmung, wie man sie sonst nicht so leicht findet. Ansonsten ist der Spitzingsee vor allem bei Wanderern beliebt, egal zu welcher Jahreszeit.
Kunst und Kultur sucht man hier allerdings vergebens. Für Naturliebhaber bietet der See hingegen eine ganze Bandbreite an Wandertouren von ganz einfachen Spaziergängen wie einer Seeumrundung bis hin zu tagesfüllenden Bergtouren.

ZUR ALBERT-LINK-HÜTTE

Diese Tour gilt als perfekte Einsteigertour für ein gelungenes Wochenende, denn wir müssen uns nicht besonders anstrengen. Dabei lernen wir die Gegend trotzdem intensiv kennen, erleben erste Berggefühle und können obendrein in einer Berghütte einkehren, die uns gemäß dem Motto »So schmecken die Berge« verwöhnt.
Um sie zu besuchen, steigen wir vom Stellplatz zum **Uferweg** hinunter und folgen diesem einfach nach links. An seinem Südufer passieren wir noch den Ruder- und Tretbootverleih und biegen dann links in den Roßkopfweg ein. Die Albert-Link-Hütte ist ausgeschildert. Nun geht es zunächst leicht ansteigend aus dem Wald heraus. Dann flanieren wir mit schönster Aussicht in einem weiten Bogen entlang einer großen grünen Almwiese. Wir sind nun auf der ehemaligen Trasse der **Bockerlbahn** unterwegs. Informationstafeln erklären den technischen Aufwand, der einst nach einem großen Windbruch für den Holzabtransport betrieben werden musste. Schließlich zweigt links ein Almweg zur **Albert-Link-Hütte** ab.

17

Die Hütte gehört dem Münchner Alpenverein und ist ein Aushängeschild unter den Berghütten. Das Pächterpaar setzt auf eine naturbewusste Verarbeitung heimischer Produkte. Alles kommt ganz frisch auf den Tisch und die Knödel sind noch handgedreht und nicht aus dem Fertigbeutel. Auch wird auf der Albert-Link-Hütte Brot gebacken: in einem knisternden Holzofen, der zur großen Freude der Gäste direkt auf der Terrasse steht. Neben dem beliebten Brot räuchert der Hüttenwirt zudem Speck und Salami selber. Und dann gibt es direkt vor der Terrasse auch noch einen herrlichen Abenteuerspielplatz, der Kinderaugen zum Leuchten bringt. So kann die ganze Familie - jeder auf seine Weise - den Aufenthalt auf der Hütte genießen.
Für den Rückweg geht es ab der Hütte in ursprünglicher Wanderrichtung bis zur der für den öffentlichen Verkehr gesperrten Teerstraße. Wenn wir dieser nach links folgen, kommen wir an den Spitzingsee zurück (mittel, 3 Std., 350 Hm, 7 km).

AUF DIE ROTWAND

Einer der bekanntesten Münchner Hausberge ist die Rotwand. Landschaftlich hält diese Bergtour wirklich ein paar wunderbare »Zuckerl« bereit. Neben den dramatischen Rotwänden selbst und der grandiosen Aussicht am Gipfel liegen ein paar Kletterfelsen am Weg, die sich aber auch umgehen lassen. Nicht zu Letzt gibt es die tolle Einkehrmöglichkeit im Rotwandhaus.
Für die technisch zwar einfache, aber etwas längere und anstrengendere Bergtour können wir direkt vom Stellplatz aus aufbrechen. Um uns den langen Aufstieg etwas zu verkürzen, benutzen wir am besten die Taubensteinbahn und schweben mit ihrer Hilfe völlig entspannt 500 Höhenmeter hinauf. Gleich hinter der Bergstation liegt der Taubensteingipfel, den wir mit einer kleinen Kraxeleinlage erklimmen können. Das macht Spaß und ist spannend. Danach folgen wir der Beschilderung zur Rotwand über einen Bergpfad, der mäßig ansteigend in südlicher Richtung führt. An einem Sattel haben wir es dann geschafft, das Rotwandhaus liegt in Sichtweite. Nun wandern wir nur noch unterhalb der spektakulären Rotwände zum Gipfelpfad und auf ihm bergauf zum Gipfelkreuz. Eine wunderbare Landschaft begleitet uns und lässt an Dramatik nicht zu wünschen übrig. Die

◀ Zur Albert-Link-Hütte ist es fast nur ein Spaziergang.

▶ Winzige Kraxeleinlage auf dem Weg zum Taubensteingipfel

Sicht reicht weit hinein in die Zillertaler Alpen und rundum grüßt alles, was am Spitzingsee Rang und Namen hat.
Danach geht hinab zum **Rotwandhaus**, wo wir uns eine Einkehr wirklich verdient haben. Für den eigentlichen Abstieg folgen wir von dort der kleinen Almstraße, die uns in vielen Kehren um den Schwarzenberg zum Spitzingsee führt. Entlang des Seeuferweges kommen wir so zum Ausgangspunkt zurück (mittel, 4 Std., 350 Hm aufwärts, 900 Hm abwärts, 11 km).

MIT MOUNTAINCARTS VOM STÜMPFLING

Wer mit Kindern unterwegs ist, die sich etwas mehr Action statt wandern wünschen, ist am **Stümpfling** richtig. In Fußweite zu unserem Stellplatz liegt am Südufer des Spitzingsees die Talstation der Stümpflingbahn. Mit ihrer Hilfe kommen wir nicht einmal ins Schwitzen. Sie bringt uns hinauf zur **Jagahüttn**. Nur wenige Schritte entfernt davon liegt der Stümpflinggipfel. Hier auf der Westseite des Sees präsentieren sich die Berge wieder in einem völlig anderen Licht und wir dürfen die Aussicht genießen. Wer unbedingt wandern möchte kann z. B. über die **Untere Firstalm** absteigen. Viel lustiger und mit einem deutlichen Adrenalinkick garniert ist die Abfahrt vom Stümpfling mit dreirädrigen Mountaincarts. Für die rund 3,5 Kilometer lange Abfahrtsstrecke können wir uns die Gokarts direkt an der Bergstation ausleihen. Ein herrlicher Downhill-Spaß (www.alpenbahnen-spitzingsee.de)!

▲ Der Schliersee ist von Bergen umringt.

◀ Holzmännchen an der Albert-Link-Hütte ▶ Habichtskraut

DER SPITZINGSEE ist für einen längeren Badeaufenthalt wirklich nur für hartgesottene Schwimmer geeignet. Trotzdem gibt es einige schöne Liegeplätze, die alle etwas südlich unseres Stellplatzes liegen. Für einen schnellen Sprung ins Wasser, gerade zur Abkühlung an heißen Sommertagen, erweist sich der Bergsee als ideal. Wer Lust hat, kann sich am Südufer auch Ruder- und Tretboote ausleihen.

Wer es kuscheliger möchte, kann – sofern Kapazitäten frei sind – auch gerne die Wellness-Oase im Arabella Alpenhotel besuchen. Der herrlich großzügige Spa-Bereich steht auch Tagesgästen offen. Auf 700 Quadratmetern erwarten uns Pool, Soletherme, Whirlpool, Dampfbad, Finnische Sauna, Bergblüten- und Bergbauern-Sauna und das Ganze mit freiem Blick auf See und Berge (www.arabella-alpenhotel.com, Tel. 08026/798).

AUF EINEN BLICK

Info

STADT/REGION: Spitzingsee
BESTE REISEZEIT: Ganzjährig, sofern das Wohnmobil wintertauglich ist
OPTIMALE REISEDAUER: 2 bis 3 Tage
TOURISTINFO: Touristinfo Schliersee, Perfallstraße 4, 83727 Schliersee, Tel. 08026/606 50, www.schliersee.de

REISEMOBILSTELLPLATZ SPITZINGSEE

ADRESSE: Spitzingstraße, 83727 Spitzingsee nahe Taubensteinbahn
ANFAHRT: Salzburger Autobahn A 8 Ausfahrt Weyarn. Über Miesbach und Schliersee weiter Richtung Bayrischzell. Kurz nach dem Ortsende Neuhaus rechts hinauf zum Spitzingsee. Der Stellplatz ist ausgewiesen und liegt vor dem Tunnel auf der rechten Straßenseite am Parkplatz der Taubensteinbahn.
GPS: 47.665383, 11.880007

Herrlicher Stellplatz, etwas erhöht, aber direkt am Seeufer gelegen. Tolle Aussicht auf die umliegenden Berge. Entsorgung für Toilette und Grauwasser vorhanden. Kein Strom und keine sanitären Anlagen. Achtung: Vor allem an Wochenenden wird in der gegenüberliegenden Disko lange gefeiert. Da ist es leider nicht ruhig. Also entweder mitfeiern oder Ohrenstöpsel mitbringen. Einkaufsmöglichkeiten nur im Tal in Neuhaus und Schliersee, Restaurants in Fußnähe.

Die Aussicht von unserem Reisemobilstellplatz ist unbezahlbar.

AM FUSS DER ZUGSPITZE

Grainau

Deutschlands höchstgelegene Kapelle steht auf dem Zugspitzplatt.

Grainau steht im Schatten von Garmisch-Partenkirchen. Das Dorf ist einfach nicht so berühmt wie der Hauptort. Das hat auch sein Gutes. Es ist, allem Fremdenverkehr zum Trotz, eben ein Dorf geblieben. Ursprünglich hieß der Ort Gruenawe. Das bedeutet so viel wie grüne Au und verrät uns damit, was wir erwarten dürfen.

Am Stellplatz in Grainau angekommen, bietet sich gleich ein erster Erkundungsspaziergang an. Dazu nutzen wir die Gästekarte und nehmen den kostenlosen Bus nach **Grainau**. Die Haltestelle ist an der B 23 dicht am Campingplatz. Im Ortszentrum angekommen, können wir ohne großen Plan durch die Straßen bummeln: schön ist es überall. Es finden sich auch noch einige herrlich alte Bauernhöfe im Ortskern. Durch den weiten **Kurpark** kommen wir zum **Zugspitzbad**, in dem wir direkt mit Blick auf die Zugspitze noch eine Runde schwimmen können. Im Sommer ist der üppige Blumenschmuck auf den Balkonen eine wahre Freude.

DAS GANZE JAHR über können wir in Grainau im Zugspitzbad (www.grainau.de) schwimmen. Das Innere bietet neben dem Pool auch einen Saunabereich (extra Kosten). Gerade im Sommer gibt es kaum ein Freibad, in dem wir mit einem so atemberaubenden Bergblick unsere Bahnen ziehen können.

Ebenfalls im Zentrum steht die **Pfarrkirche** von Grainau, St. Johannes Baptist. Ihr Zwiebelturm stammt zwar erst von 1927, trotzdem ist er zum Wahrzeichen von Grainau geworden. Interessant sind zwei Bilder in der Kirche. Auf dem Fresko *Mariens Gang durch das Gebirge* wandert Maria vor den Waxensteinen und der Altar zeigt ein Bild, auf dem Jesus am Eibsee getauft wird.

Wer möchte, kann vom Kurhaus den Spaziergang noch bis zum **Badersee** ausdehnen. Das kleine Geotop ist wunderschön und wird allzu oft völlig übersehen. Dabei können wir uns dort sogar Ruderboote ausleihen. Über den Törlenweg gelangen wir so nach gut 1 Stunde und 4,2 Kilometern zurück an den Oberen Dorfplatz. Von dort kehren wir dann entweder mit dem Bus wieder zu unserem Wohnmobil zurück oder wir wandern auf dem Zigeunerweg und die Schmölzstraße dorthin.

18

HÖHER GEHT ES NICHT MEHR: AUF DIE ZUGSPITZE

Einmal im Leben auf dem höchsten Punkt Deutschlands stehen. Diesen Wunsch können wir uns in Grainau erfüllen. Neben all den Wanderrouten gibt es nämlich auch einen ganz einfachen Weg hinauf zum höchsten Gipfelglück. Schnell und einfach, aber leider nicht ganz günstig ist die Auffahrt mit der neuen **Zugspitz-Gondelbahn** (www.zugspitze.de). Die neue Seilbahn – ein Wunderwerk der Technik – heimste gleich ein paar Einträge im *Guinnessbuch der Rekorde* ein. Einzigartig ist die 127 Meter hohe Stahlbaustütze – für Pendelbahnen ist sie die höchste der Welt. Überwunden wird der weltweit größte Gesamthöhenunterschied von 1945 Metern in einer Sektion, sowie das weltweit längste freie Spannfeld mit 3213 Metern. Drei Superlative, die alleine schon einen Ausflug wert sind. Aber das Beste daran ist, dass man die Auffahrt gut mit der Zugspitz-Zahnradbahn kombinieren kann. So sehen wir wirklich alles, denn nur mit der Zahnradbahn können wir auch das Zugspitzplatt mit seinen Schneefeldern besuchen. Aber auch ganz oben, rund um die Bergstation der Gondelbahn, ist viel geboten. Überwältigt von der Fernsicht auf unzählige Gipfel oder auf den Talkessel von Garmisch-Partenkirchen gönnen wir uns viel Zeit in der Höhenluft. Ein Abstecher auf die österreichische Seite der Zugspitze ist ein Muss und auch kulinarische Gelüste werden in zahlreichen Einkehrmöglichkeiten befriedigt.

Ehrlichkeitshalber wollen wir hinzufügen, dass wir mit der Gondelauffahrt noch nicht am wirklich höchsten Punkt stehen. Zum **weltbekannten Gipfelkreuz** führt von der großen Panoramaterrasse ein kleiner felsiger Steig zum Gipfel hinüber. Der ist aber kein Spaziergang. Hier sind Trittsicherheit und Schwindelfreiheit gefragt und auch die eine oder andere Minute Zeit, denn meistens muss man für das finale Gipfelerlebnis etwas anstehen – viele Besucher wollen dorthin.

DAS MODERNE RESTAURANT PANORAMA 2962 auf der Zugspitze ist ein echter Hingucker. Unmittelbar berührt von den mächtigen Bergen, genießt man mit einer traumhaften, teils sogar schwindelerregenden Aussicht sein Essen. Es ist einfach ein Erlebnis – egal ob im Innenbereich oder auf der Sonnenterrasse.

▲ Badersee bei Grainau ◀ Reges Gedränge auf dem Gipfel der Zugspitze
▶ Bergdohle

WANDERUNG RUND UM DEN EIBSEE

Nicht nur im Sommer ist die Wanderung rund um den **Eibsee** beliebt. Der Eibsee, mittlerweile ein Hotspot sämtlicher Instagram-Fotografen, ist dies nicht umsonst. Mit seiner Farbe – einer Mischung aus Pfefferminz- und Gletschereisbonbon – und den spektakulären Aussichten auf die steilen grauen Felswände der Zugspitze ist er ein wirklich grandioses Naturschauspiel.
An der unterschiedlichen Farbe des Wassers sind die Untiefen im See gut erkennbar. Der See ist ein Relikt des großen Bergsturzes, der den Eibsee vor etwa 3500 Jahren entstehen ließ. Eine Klimaerwärmung ließ den Permafrost verschwinden und ein Teil der Zugspitze, die damals wohl über 3000 Meter hoch war, stürzte ins Loisachtal. Das große Kar zwischen Zugspitze und **Riffelwand** lässt erahnen, welch gewaltige Felsmassen damals ins Tal donnerten. In den Wäldern um den See finden wir überall noch gewaltige Felsblöcke: stumme Zeugen der Naturkatastrophe.

18

UNSERE EIBSEE-TOUR (leicht, 2 Std., 50 Hm, 7 km) beginnt am Eibsee-Parkplatz, den wir vom Campingplatz aus am besten mit dem Bus erreichen. Alternativ benutzen wir die Zugspitzbahn und steigen etwas südlich des Stellplatzes an der Haltestelle der Alpspitz/Kreuzeckbahn ein. Am Eibsee-Parkplatz wenden wir uns gleich nach rechts und wandern hinter dem Eibseehotel vorbei. Erst kurz danach sind wir wirklich am Ufer und folgen nun einfach der gut markierten Eibsee-Rundweg-Beschilderung. Schon nach gut fünf Minuten überqueren wir den Untersee, eine langgestreckte Seitenbucht des Sees. Nun umwandern wir eine kleine Bucht nach der anderen. Über uns stehen massiv und fast abweisend die grauen Felswände der Waxensteine und der Riffelwand. Etwas weiter kommt eine größere Halbinsel, bei der wir unseren Weg am Seeufer abschneiden. Danach sind wir wieder in der Nähe des Ufers und schauen auf die kleinen Inseln des Sees.
Schließlich erreichen wir das Westufer des Sees und queren den Kotbach. Bei Bedarf können wir hier auf das stündlich verkehrende Schiff Reserl wechseln und damit zurückfahren. Wir haben nämlich gerade einmal die Hälfte der Runde geschafft. Ansonsten geht es nun über das Südufer zurück.

Tipp

Wer auf dem Stellplatz am Camping Resort Zugspitze nächtigt, bekommt die Grainau-Gästekarte dazu. Ein echter Zusatzbonus während unseres Aufenthalts. Nicht nur, dass die Nutzung des RVO-Busse im Landkreis Garmisch-Partenkirchen kostenlos ist, wir dürfen auch die Zahnradbahn der Zugspitzbahn zwischen Grainau und Garmisch-Partenkirchen oder bis zum Eibsee umsonst benutzen. Aber Vorsicht, auf die Zugspitze hinauf muss man zahlen! Ebenso kostenlos ist die Verbindung während der Sommermonate nach Ehrwald in Tirol. Daneben gibt es kostenfreien Eintritt ins Zugspitzbad, geführte Wanderungen, Loipennutzung oder Kurkonzerte. Ermäßigungen gibt es auch für das Eibseeschiff Reserl und in vielen Museen im Landkreis.

AUF EINEN BLICK

Info

STADT/REGION: Grainau
BESTE REISEZEIT: Mai bis Oktober
OPTIMALE REISEDAUER: 2 Tage
TOURISTINFO: Touristinfo Grainau, Parkweg 8, 82491 Grainau, Tel. 08821/98 18 50, info@grainau.de, www.grainau.de

CAMPING RESORT ZUGSPITZE

ADRESSE: Griesenerstraße 9, 82491 Grainau, Tel. 08821/943 91 15, www.camping-resort-zugspitze.de
ANFAHRT: Autobahn München-Garmisch A 9 und weiter auf der B 2, dann auf die B 23 nach Garmisch-Partenkirchen, Ortsteil Garmisch. Von dort der Beschilderung nach Grainau in Richtung Ehrwald folgen. Der Campingplatz liegt noch vor der Ortseinfahrt nach Grainau auf der linken Seite der B 323.
GPS: 47.477619, 11.051791

Der ganzjährig geöffnete Campingplatz bietet Fünf-Sterne-Luxus vor allem für Wohnmobilisten. Die top ausgestatteten Stellplätze mit Ver- und Entsorgungssäulen und auf Wunsch mit Privatbad verführen zu einem längeren Aufenthalt. Dabei ist der Preisunterschied zu einem reinen Stellplatz gar nicht so groß, wenn man dabei bedenkt, dass man all die Annehmlichkeiten des Platzes damit nutzen kann. So gibt es einen Sauna- und Wellnessbereich, ein Bistro, Ski- und Trockenräume, kostenlosen Skishuttlebus, nicht zu vergessen WLAN, aber auch Hundedusche und Kinderspielplatz. In unmittelbarer Nähe liegen Supermärkte und der Schmölzer Wirt. Und selbstverständlich ist die GrainauCard, die Gästekarte, im Preis mit inbegriffen.

Mit Gratis-Aussicht auf die Felswände des Wettersteins

MITTEN IN DEN ALLGÄUER BERGEN

Von Oberstdorf aus die Hochalpen und Täler erkunden

Rund um Oberstdorf haben Wanderer und Radler eine herrliche Bergsicht.

19

Hier ist schon der Blick aus dem Fenster beeindruckend: Oberstdorf ist auf drei Seiten von den Allgäuer Alpen umschlossen. Nur Richtung Norden öffnet sich das vergleichsweise ebene Illertal. Die Region ist ideal für Naturfreunde und begeisterte Sportler sowie Sportgucker – denn hier steht die berühmte Audi Arena, in der jeden Winter das Auftaktspringen der Vierschanzentournee stattfindet.

Oberstdorf ist einfach schön anzuschauen. Authentische Häuser schmücken die Straßen regelrecht. Vor den Fenstern quellen die bunten Blumen aus ihren Töpfen. Die Fassaden sind mit Schindeln gedeckt oder bemalt. Andere Gebäude stellen ihr Fachwerk zur Schau. In den verkehrsberuhigten Straßen herrscht buntes Treiben. Viele kleine Läden bieten typische Souvenirs oder regionale Spezialitäten an. Auch an Sportgeschäften mangelt es nicht, denn Oberstdorf ist ein Zentrum des Bergsports.

ZUM EINSTIMMEN EIN SEE

An warmen Tagen bietet sich eine Tour zum **Freibergsee** an. Vom Ortszentrum sind es vier Kilometer zum Parkplatz Renksteg, wo der Wanderweg beginnt. Diese kann man entweder zu Fuß, mit dem Fahrrad oder dem Bus zurücklegen. Vom Parkplatz ist man bereits in einer halben Stunde am See, den man auch umrunden kann. Oben gibt es ein Naturbad mit Restaurant. Man kann aber an einigen Stellen auch so einmal kurz ins Wasser hüpfen.

Der See ist schön im Wald gelegen. Besonders macht ihn die Aussicht auf die **Heini-Klopfer-Skiflugschanze**, die über die Bäume herausragt. Steigt man auf der anderen Uferseite über Schwand ab, kommt man direkt an der Schanze vorbei und schließlich nach guten zwei Stunden Fußweg wieder am Parkplatz Renksteg an.

Tipp

Wer einmal von der Skiflugschanze hinabschauen möchte, kann mit dem Aufzug bis ganz nach oben fahren. Montag und Donnerstag um 14 Uhr wird außerdem eine Führung angeboten, für die man sich vorher vor Ort oder online unter www.skiflugschanze-oberstdorf.de/erlebnis/fuehrungen/fuehrung.html anmelden muss.

19

IM ONDERSCH ist auf Allgäuerisch alles etwas »anders«. Im Untergeschoss bekommt man in Streetfood-Manier Burger, Sushi und Kässpatzn, oben wird Gourmetküche serviert. Ludwigstraße 7, 87561 Oberstdorf, Tel. 08322/300 48 85, info@ondersch.de, ondersch.de, Streetfood täglich 15 bis 23 Uhr, Genusswirtschaft Dienstag–Samstag ab 18 Uhr

EINMALIGE BERGSICHT

Einen traumhaften Ausblick hat man vom Nebelhorn. Wer zu Fuß gehen möchte, hat einige Höhenmeter bis zum 2224 Meter hohen Gipfel zu überwinden. Abhilfe schaffen die Gondeln der Nebelhornbahn. Sie halten an drei Stationen: auf der Seealpe, am Höfatsblick und am Gipfel. Die Aussicht auf die Hochalpen ist bereits ab der Mittelstation so schön, dass man sich kaum sattsehen kann. Aus dem Panorama sticht die Höfats (2259 m) mit ihren vier fast gleich hohen Gipfeln hervor, die der Bergstation ihren Namen gibt. Hier kann man eine gemütliche Runde laufen und einfach nur die Berge genießen. Im Winter verlaufen hier die Pisten eines der größeren Skigebiete der Region.

Von der Skiflugschanze können Profis über 200 Meter weit springen.

Der Stuibenfall im Talschluss des Oytals

IM SCHÖNEN OYTAL

Wer Lust auf eine Radtour hat, dem sei als Ziel das **Oytal** empfohlen. Gleich neben der Nebelhornbahn geht es zunächst einmal steil bergauf, danach ist die Steigung gemütlich zu meistern. Beeindruckende Blicke auf die hohen Allgäuer Berge begleiten einen die ganze Zeit. Zunächst fährt man mit Blick ins Trettachtal, bevor man sich ins Oytal wendet. Am Ende der Asphaltstraße begrüßt das beliebte Ausflugslokal Oytalhaus seine Gäste. Anschließend geht es auf einer Schotterstraße weiter bis zum imposanten **Stuibenfall**.

Zum Oytalhaus ist es eine gute Dreiviertelstunde. Zum Wasserfall braucht man doppelt so lang, wobei es zum Ende hin noch einmal steiler hinaufgeht. Die Rückfahrt ist angenehm, weil man die ganze Zeit bergab rollen kann. Als Tagestour kann man die Strecke auch zu Fuß gehen. Die reine Laufzeit beträgt dann rund sechs Stunden. Aber auch Wanderer können sich eine Abfahrt gönnen: Ab 15 Uhr können sie im Oytalhaus einen Bergroller ausleihen und damit zurücksausen. Die Roller werden im Anschluss im Tal abgegeben.

AUSFLUG IN DIE BREITACHKLAMM

Ein Naturschauspiel, das man sich nicht entgehen lassen sollte, gibt es in der **Breitachklamm** zu sehen. Hier tost das Wasser der Breitach zwischen steilen Felswänden hindurch. Es strudelt in Becken und fällt über Absätze. Die Schlucht hat zwei Eingänge: Einer liegt in Tiefenbach, das fünf Straßenkilometer von Oberstdorf entfernt ist. Mit dem Bus kann man von Oberstdorf zum anderen Eingang an der Walserschanz im österreichischen Kleinwalsertal fahren. Ein Besuch lohnt sich auch in der Winterzeit, wenn die Breitachklamm sich von einer ganz anderen Seite zeigt. Gut eingepackt in eine dicke Jacke, mit Handschuhen und Mütze bewundert man glitzernde Eiszapfen, die die kalten grauen Wände in eine märchenhafte Schlucht verwandeln.

ETWAS AUSSERHALB von Oberstdorf gibt es im Restaurant Karatsbichl Gerichte aus eigener Forellenzucht, Brotzeiten und Gutbürgerliches. Karatsbichl 1, 87561 Oberstdorf, Tel. 08322/45 72, info@karatsbichl.de, www.karatsbichl.de, Mittwoch–Sonntag 10–18 bzw. 22 Uhr, warme Küche 11.30–14 Uhr

BERGERLEBNIS FÜR DIE GANZE FAMILIE

Als »Familienberg« bezeichnet sich das Söllereck (1706 m). Hier sind alle richtig, die sich von einem Berg etwas mehr als einfach nur den Berg wünschen. In weniger als zehn Minuten ist man mit dem Auto oder dem Bus vom Ortszentrum an der Talstation der Söllereckbahn. Freilich kann man hier einfach nur zum Wandern herkommen. Es gibt aber noch viel mehr zu entdecken. Jeder, der gern Rodeln geht, kann das hier zu jeder Jahreszeit und bei jedem Wetter tun, denn der Allgäu-Coaster rast auf Schienen den Berg hinunter. Bei Regen bekommen die Gefährte eine Haube, damit die Insassen nicht nass werden.

Wer lieber ein bisschen kraxeln möchte, besucht den Waldseilgarten und überwindet wackelige Hindernisse in schwindeliger Höhe. Kinder ab sechs Jahre können sich hier austoben; die Parcours richten sich aber auch an Erwachsene. Wer seine Kleinen zum Abstieg von der Bergstation motivieren möchte, dem hilft eine Murmelbahn in Riesenformat. In drei Abschnitten rollen kleine Holzkugeln insgesamt über 150 Meter ins Tal. Dabei sehen Jung und Alt zu, wie sich die Murmeln auf verschlungenen Wegen, durch Spiralen und Labyrinthe ihren Weg ins Tal bahnen. Auch am Söllereck wird im Winter ein Skigebiet betrieben.

◀ Leider darf man im Moorweiher nicht baden. ▲ In Oberstdorf sind die Berge nie fern. ▼ Blick auf Oberstdorf von Süden

GESUND UND LECKER ist es im Mandala Café. Unter der Woche werden Mittagsgerichte sowie Kaffee und Kuchen angeboten. Am Samstag bekommt man hier ein köstliches Frühstück. Weststraße 14, 87561 Oberstdorf, Tel. 08322/183 96 62, info@mandala-oberstdorf.de, www.mandala-oberstdorf.de, Mittwoch bis Freitag 10-17 Uhr, Samstag 9–13 Uhr

ÜBER VIER GIPFEL

Vom Söllereck kann man sich auf eine Gratwanderung mit vier Gipfeln begeben. Der Weg ist gut ausgebaut und leicht zu begehen. Dass es auf beiden Seiten bergab geht, macht ihn besonders spannend.

Überall blühen Blumen an den Fenstern.

Zunächst folgen Wanderer ab der Bergstation der Beschilderung auf den Gipfel des Söllerecks. Sobald man den ersten Aufstieg überwunden hat und auf dem Bergrücken angekommen ist, kann man entweder rechts noch den Gipfel besteigen oder gleich nach links in Richtung Fellhorn abbiegen. Nun führt der Weg immer am Grat entlang. Und das bedeutet, man hat in alle Richtungen eine herrliche Aussicht – vorausgesetzt, das Wetter spielt mit. Links sieht man über dem Stillachtal die mächtigen Hochalpen. Hier ist unter anderem der Große Krottenkopf zu sehen, mit 2656 Metern der höchste Berg der Allgäuer Alpen. Rechts liegt das Kleinwalsertal, dessen einzige Straßenverbindung zwar nach Deutschland führt, das aber trotzdem zum österreichischen Vorarlberg gehört. Der markante Gipfel mit der schrägen Steilwand ist der Hohe Ifen (2230 m).
Unterwegs kommen Wanderer am Söllerkopf (1925 m) und am Schlappoldkopf (1968 m) vorbei, bis sie mit dem Fellhorn (2038 m) den Zielgipfel erreichen. Von dort folgt ein kurzer Abstieg zur Bergstation der Fellhornbahn. Man kann also am Anfang und am Ende mit einer Bergbahn fahren. Natürlich gibt es auch jeweils die Möglichkeit, zu Fuß auf- oder abzusteigen. Die Gratwanderung nimmt etwa zwei Stunden in Anspruch. In der beschriebenen Richtung läuft man wesentlich mehr bergauf als bergab. Man kann aber auch andersherum laufen. An den Talstationen fährt jeweils ein Bus zurück nach Oberstdorf. Auf den Hängen des Fellhorns werden im Winter viele Pistenkilometer zum Skifahren präpariert.

19

IDYLLISCHE SEEN IN LAUFNÄHE

Als Ziel für einen gemütlichen Spaziergang eignet sich der **Moorweiher** – egal, ob die Sonne auf grüne Bäume und bunte Blumen scheint oder die Landschaft von Schnee bedeckt ist. Wenn das Wasser still ist, spiegeln sich die Berge im malerischen See. Dieser Anblick ist zu jeder Jahreszeit einen Besuch wert. Man erreicht den Weiher über einen Weg, der an der Brücke neben der Nebelhornbahn beginnt. Zunächst folgt er dem Ufer der Trettach und führt dann auf einen Hügel hinauf. Hier kommt man am **Moorbad** an, dessen Becken von natürlichem Moorwasser gespeist wird. Anschließend umrundet die Route den Moorweiher einmal: teils durch Wald, teils durch offenes Gelände. Die Stationen eines Lehrpfads erzählen unterwegs von den Pflanzen und Tieren, die hier zu Hause sind. Zur Pause laden mehrere Bänke mit Bergsicht ein.

Wer noch ein bisschen weiterlaufen möchte, steigt wieder zum Fluss ab und begibt sich durch das Trettachtal in Richtung Süden, wo die Berge links und rechts des Weges immer höher werden. Hier erreicht man nach rund eineinhalb Stunden den **Christlessee**. In seiner unmittelbaren Nähe entspringen die Quellen, die ihn mit Wasser speisen. Er ist so klar, dass man vom Ufer bis auf seinen Grund sehen kann. Bei Sonnenschein im Sommer strahlt der See in erstaunlichen Farben von Tiefblau bis Grün.

Wer immer noch nicht genug von der Aussicht hat, folgt dem Tal noch weiter bis zur Spielmannsau. Auf dieser Strecke verkehren regelmäßig Busse, die müde Wanderer zurück nach Oberstdorf bringen. Noch ein paar Minuten weiter südlich befindet sich die Alpe Oberau, wo es im Sommer deftige Brotzeiten und Kuchen gibt. Besonders gut schmecken Bergkäse und Butter, die vor Ort aus der frischen Milch von Hornkühen hergestellt werden. Ebenfalls zu empfehlen ist ein Glas Fruchtbuttermilch, das mit Marille am leckersten schmeckt.

DAS JAGDHAUS in Oberstdorf kreiert gehobene bayerische Küche. Im Biergarten geht es bei Brotzeit und Bier gemütlich zu. Ludwigstraße 13, 87561 Oberstdorf, Tel. 08322/98 73 80, info@das-jagdhaus.de, www.das-jagdhaus.de, Restaurant Donnerstag bis Montag 12–23 Uhr, Donnerstag ab 17 Uhr; Biergarten in der warmen Jahreszeit bei schönem Wetter täglich ab 11.30 Uhr

AUF EINEN BLICK

Info

STADT/REGION: Oberstdorf
BESTE REISEZEIT: ganzjährig
TOURISTINFO:
Tourist Information Oberstdorf, Prinzregenten-Platz 1, 87561 Oberstdorf, Tel. 08322/70 00, info@oberstdorf.de, www.oberstdorf.de

AKTIV UNTERWEGS

ORLEN ARENA: Am Faltenbach 27, 87561 Oberstdorf, Tel. 08322/809 03 00, info@svg.ski, www.orlen-arena.de
HEINI-KLOPFER-SKIFLUGSCHANZE: Zimmeroy 1, 87561 Oberstdorf, Tel. 08322/700 52 01, info@skiflugschanze-oberstdorf.de, www.skiflugschanze-oberstdorf.de
NATURBAD FREIBERGSEE: Freibergsee 2, 87561 Oberstdorf, Tel. 08322/606 94 95, info@naturbad-freibergsee.de, www.naturbad-freibergsee.de
BREITACHKLAMM: Klammstraße 47, 87561 Tiefenbach, Tel. 08322/48 87, info@breitachklamm.com, www.breitachklamm.com
NEBELHORNBAHN, FELLHORNBAHN UND SÖLLERECKBAHN: Nebelhornstraße 67, 87561 Oberstdorf, Faistenoy 10, 87561 Oberstdorf und Kornau 58, 87561 Oberstdorf, Tel. 08322/960 00, info@ok-bergbahnen.com, www.ok-bergbahnen.com

CAMPINGPLATZ OBERSTDORF

ADRESSE: Rubinger Straße 16, 87561 Oberstdorf, Tel. 08322/65 25, info@camping-oberstdorf.de, www.camping-oberstdorf.de
ANFAHRT: Auf der B 19 nach Oberstdorf, am Kreisverkehr am Ortsrand dritte Ausfahrt nach Rubi, erster Platz auf der rechten Seite.
GPS: N 47°25‘23“, E 10°16‘37“
Vom Campingplatz Oberstdorf ist man in 15 Minuten zu Fuß im Ortszentrum. Am Kiosk gibt es Brötchen fürs Frühstück, eine Gaststätte serviert warmes Essen. Der Platz ist das ganze Jahr geöffnet. Im

◀ Hier fühlen sich nicht nur Bienen wohl. ▶ Campingplatz mit Bergsicht

Winter sollte man unbedingt reservieren. Der Skibus fährt von hier in die großen Skigebiete der Region. Für die Wintersportler gibt es Skikeller und Trockenraum.

VIELE BUNTE BLUMEN wachsen hier während der warmen Monate vor dem ohnehin schon schönen Bergpanorama. Sie machen den Campingplatz in Oberstdorf besonders bienenfreundlich.

WOHNMOBILSTELLPLATZ OBERSTDORF

ADRESSE: Hermann-von-Barth-Straße 9, 87561 Oberstdorf, Tel. 08322/180, info@wohnmobilstellplatz-oberstdorf.de, www.wohnmobilstellplatz-oberstdorf.de

ANFAHRT: Auf der B 19 nach Oberstdorf, am Kreisverkehr am Ortsrand die dritte Ausfahrt nach links Richtung Rubi und gleich wieder rechts abbiegen. An der T-Kreuzung links und dem Straßenverlauf bis zum Stellplatz folgen.

GPS: N 47°24'31", E 10°17'11"

Der Stellplatz ist vergleichsweise groß mit Raum für 200 Wohnmobile. In fünf Minuten ist man von hier zu Fuß an der Nebelhornbahn und im Zentrum. Es gibt einen Sanitärbereich, Kleidung kann gewaschen und getrocknet werden. Und auch sonst ist alles da, was man so braucht: Stromanschlüsse, Entsorgungsmöglichkeiten, Gas zum Nachkaufen. Die Anmeldung erfolgt im Häuschen am Platz.

KLEINER, TRAUMHAFT SCHÖNER ORT

Viel geboten in Meersburg und Umgebung

Umgeben von Weinbergen liegt das traumhaft schöne Städtchen Meersburg.

20

Kleine Stadt ganz groß – mit gerade einmal 6000 Einwohnern ist der mittelalterliche Ort Meersburg wahrlich keine Großstadt, kann sich mit seinen zahlreichen Sehenswürdigkeiten, dem besonderen Klima, den vielen Museen und dem Mittelalter-Flair aber durchaus sehen lassen. Und auch drumherum gibt es viel zu erleben.

Meersburg mit seiner alles überragenden, malerischen Burg, der schicken Fachwerk-Altstadt, dem barocken Einschlag und dem Fährhafen ist schon alleine einen Ausflug wert. Wenn man noch das stolz am Seeufer platzierte Kloster Birnau besuchen und vom Aussichtsturm Gehrenberg einen sagenhaften Blick über den Bodensee genießen will, hat man ein Wochenende sehr intensiv genutzt.

ROMANTISCHES MEERSBURG

Die Lage an einem Rebhang direkt über dem Bodenseeufer plus die historischen Bauten lassen einen ganz und gar vergessen, dass man in Deutschland und nicht am Mittelmeer ist. Von Weitem blickt man auf die mittelalterliche Burganlage, die das Stadtbild prägt. Diese ist sehr dominant und verdient besondere Aufmerksamkeit: Die **Burg Meersburg**, auch Alte Burg oder Altes Schloss genannt, ist die älteste bewohnte Burg Deutschlands. Sie ist das Wahrzeichen des Bodenseestädtchens und diente vom 16. bis Mitte des 18. Jahrhunderts als Residenz der Bischöfe von Konstanz. Im Burgmuseum sind mehr als 30 Räume und Säle möbliert beziehungsweise originalgetreu eingerichtet und erlauben eine Zeitreise ins Mittelalter – beim Rundgang streift man durch die Burgküche mit Backstube, den Palas, die Wachstube (Dürnitz), und man landet sogar in der unheimlichen Folterkammer. Detailreich wird das Burgleben nachgestellt, ein Erlebnis für jedes Alter.

Die Burg wurde nie zerstört, deshalb war es möglich, dass sie nahtlos bewohnt wurde. Im Laufe der Jahrhunderte kam so mancher Anbau dazu, und damit vereint die Burg auch unterschiedliche Stilrichtungen. Als modernster Anbau gelten das barocke Treppenhaus und das Burg-Café. Im krassen Gegensatz dazu steht die Nordbastion mit dem imposanten megalithischen Mauerwerk. Zum Träumen lädt der abgeschiedene Burggarten ein! Man kann die Räume sowohl selbstständig anschauen, als auch im Rahmen einer von mehreren Themenführungen. Diese dauern etwa 20 Minuten und drehen sich beispielsweise um Essen und Trinken im Mittelalter, über Ritter, oder es kann auch mal die Besteigung eines Burgturms mit Aussicht sein. Von November bis März sind Führungen nur für Gruppen möglich. Übrigens wohnte die Schriftstellerin **Annette von Droste-Hülshoff** von 1846 bis 1848 auf der Burg. Das waren zwar nur zwei Jahre, dennoch steht ihr Arbeits- und Sterbezimmer den Besuchern ebenfalls offen.

Zur Burg gelangt man über die **Oberstadt**. Diese bildet mit der Unterstadt die **historische Altstadt** von Meersburg mit den beiden Stadttoren, der Burg und dem Neuen Schloss sowie dem Hafen. Die Oberstadt ist geprägt von malerischen Gässchen und romantischen Winkeln. Außerdem laden viele Restaurants zur Einkehr ein. Über eine steile Straße, die Steigstraße mit kleinen Läden, Restaurants und historischen Hausfassaden, geht es hinab in die **Unterstadt** und zu den Schiffsanlegestellen.

Das **Neue Schloss** von Meersburg steht seinem betagten Pendant in Sachen Attraktivität in nichts nach. Auch dieses prachtvolle Bauwerk in barocker Architektur liegt oberhalb des Bodensees mit traumhaftem Blick. Die Konstanzer Fürstbischöfe ließen es im 18. Jahrhundert errichten, weil ihnen die Mittelalterburg nicht mehr gut genug war. Nach der Säkularisierung ging es in den Besitz des Landes Baden über und wurde in der Folgezeit für unterschiedliche Zwecke genutzt: Es diente bereits als Kaserne, Gefängnis, Seemannsschule und Taubstummenanstalt.

2012 wurde das Neue Schloss fertig restauriert und erstrahlt jetzt im Glanze vergangener Zeiten. In der Beletage beleuchtet eine Ausstellung die Wohn- und Lebenskultur der Fürstbischöfe. Faszinierend sind die reich mit Stuck und Malereien versehenen Wände und Decken, das monumentale Treppenhaus, aber auch die barocke Außenfassade. Man kann das Schloss selbstständig und/oder mit einem Audioguide erkunden oder an einer Führung teilnehmen. Es gibt auch spezielle Audioguides für Kinder. Der spektakuläre Blick von der Gartenterrasse aus ist das Sahnehäubchen eines Schlossbesuches.

Meersburg gilt als Museumsstadt. Und das ist eigentlich schon ein Wochenendprogramm für sich, denn thematisch bleiben keine Wünsche offen – sei es die Reise ins Mittelalter, der Besuch bei Annette von Droste-Hülshoff oder das Wein-Museum.

▲ Die Mittelalterburg über der Altstadt ▼ Im Kontrast dazu das Neue Schloss

Das Neue Schloss thront über dem Bodensee und bietet einen tollen Blick.

Das moderne **vineum bodensee** wurde erst 2016 eröffnet und präsentiert seinem Publikum alles Wichtige über Wein sowie dessen Kultur und Geschichte. Die Ausstellung in einem schönen historischen Gebäude dreht sich um den Weinanbau weltweit und um Besonderheiten am Bodensee, über Trinkkultur, Etiketten und Sorten. Interaktive Elemente gibt es ebenfalls, wie beispielsweise das Riechen an Amphoren. Originell ist die Verköstigung aus dem Weinprobenautomaten. Führungen finden jeden Sonn- und Feiertag um 15 Uhr und von April bis Oktober zusätzlich um 11 Uhr statt. Über spezielle Themenführungen kann man sich auf der Homepage informieren.
Besondere Aufmerksamkeit an diesem Ort gilt natürlich der Schriftstellerin Annette von Droste-Hülshoff. Das über dem See gelegene **Fürstenhäusle** mit sagenhaftem Blick, das die Dichterin 1843 als persönliches Refugium gekauft hat, beherbergt heute ein Museum mit Bildern, Büchern sowie Originalhandschriften und persönlichen Erinnerungsstücken Droste-Hülshoffs. Die **Galerie Bodenseekreis** im Roten Haus am Schlossplatz zeigt in einem schicken Barockgebäude Ausstellungen moderner und zeitgenössischer Kunst aus der Region. Dass die Auseinandersetzung mit der Bibel ein Erlebnis sein kann, beweist die **Bibelgalerie**. Interaktiv lässt sich die Geschichte dieses einzigartigen Buches erfahren, gleichzeitig ist das Museum ein idealer Ort, um zur Ruhe zu kommen. Die Ausstellung ist auch für Kinder gut geeignet.

Schließlich kann man im **Zeppelinmuseum** etliche Originalexponate dieses außergewöhnlichen Luftfahrtschiffes betrachten. Sie stammen unter anderem aus der Kaiserlichen Marine des Ersten Weltkrieges. Ergänzend zu den historischen Ausstellungsstücken wird ein Film gezeigt.

Tipp

Mit einer Fahrt von nur 15 Minuten kann man zwei Ziele wunderbar miteinander kombinieren: An 365 Tagen im Jahr verkehrt eine moderne Autofähre zwischen Meersburg und Konstanz auf der anderen Seeseite. So kann man aus zwei Trips einen machen und neben dem romantischen Meersburg auch die Konzilstadt Konstanz bequem besuchen. Die Fähre befördert Pkw, Wohnmobile, Fußgänger und Radfahrer. Infos zum Fahrplan und den Preisen findet man unter www.stadtwerke-konstanz.de/schifffahrt/faehre-konstanz-meersburg.

Ein lohnenswertes Ausflugsziel ist der Gehrenbergturm bei Markdorf.

20

IN LUFTIGEN HÖHEN

Ein Blick ins Hinterland von Meersburg lohnt sich genauso, wie der Besuch der Stadt selbst. Nur 14 Kilometer weit geht es über den Ort Markdorf zum **Gehrenbergturm**. Schon alleine die Fahrt dorthin ist landschaftlich höchst reizvoll und lohnt den Ausflug. Der Aussichtsturm aus Stahlgitter steht auf dem 745 Meter hohen Gehrenberg nördlich von Markdorf. Die Turmkonstruktion aus Stahlfachwerk ist etwas abenteuerlich und erinnert ein bisschen an den Eiffelturm, auch wenn der Gehrenbergturm nur 30 Meter hoch ist – dafür aber bereits auf einer Höhe von 704 Metern steht. Wer den Aufstieg in Angriff nimmt, wird auf der Aussichtsplattform mit einem sagenhaften Panoramablick belohnt, der bis zum Bodensee und zu den Alpengipfeln reicht. Ein rundum verlaufendes Relief erläutert, worauf man gerade blickt.
Das Wohnmobil kann man problemlos auf einem etwa 250 Meter entfernten Parkplatz abstellen. Der Turm ist zwar ganzjährig geöffnet, verfügt jedoch über einen Dämmerungsschalter am Eingangstor, sodass dieses nur von Sonnenaufgang bis Sonnenuntergang geöffnet und von 22 bis 5 Uhr grundsätzlich verschlossen ist.

DER PREMIUMWANDERWEG Gehrenberg GuckinsLand ist eine mittelschwere, 15 Kilometer lange Tour mit 525 Höhenmetern, führt rund um den Gehrenberg und integriert auch den Gehrenbergturm. Startpunkt ist der Wanderparkplatz Vogelsang im Markdorfer Stadtteil Möggenweiler. Zunächst steigt der Weg durch den Wald an, bis der Gehrenbergturm mit der tollen Fernsicht erreicht ist. Kurz später gelangen die Wanderer zur sogenannten Rutsche – ein durch ein Erdbeben 1911 30 Meter in die Tiefe reichender Abgrund. Auch von hier eröffnet sich ein Blick bis zum Bodensee. Kurz darauf folgt bereits der nächste Aussichtspunkt, der Linzgaublick mit einer chilligen Liegeschaukel. 1 Kilometer weiter kann man herrlich rasten, natürlich auch hier mit Ausblick. Weiter geht's durch Wald, über Lichtungen, eine Holzbrücke und vorbei an einem weiteren Rastplatz und schließlich durch verlassene Gehöfte hindurch zurück zum Ausgangspunkt.

AUF EINEN BLICK

Info

STADT/REGION: Meersburg/Bodenseekreis
BESTE REISEZEIT: April–Oktober
OPTIMALE REISEDAUER: 2–3 Tage
TOURISTINFO: Gästeinformation Meersburg, Kirchstraße 4, 88709 Meersburg, Tel. 07532/44 04 00, info@meersburg.de, www.meersburg.de

SEHENSWÜRDIGKEITEN

BURG MEERSBURG: Schlossplatz 10, 88709 Meersburg, Tel. 07532/800 00, info@burg-meersburg.de, www.burg-meersburg.de
VINEUM BODENSEE: Vorburggasse 11, 88709 Meersburg, Tel. 07532/440 26 32, info@vineum-bodensee.de, www.vineum-bodensee.de
FÜRSTENHÄUSLE: Stettener Straße 11, 88709 Meersburg, Tel. 07532/60 88, info@fuerstenhaeusle.de, www.fuerstenhaeusle.de
GALERIE BODENSEEKREIS: Schlossplatz 13, 88709 Meersburg, Tel. 07532/49 41 29, galerie.meersburg@bodenseekreis.de, www.galerie-bodenseekreis.de
BIBELGALERIE MEERSBURG: Kirchstraße 4, 88709 Meersburg, Tel. 07532/53 00, info@bibelgalerie.de, www.bibelgalerie.de
ZEPPELINMUSEUM: Schlossplatz 8, 88709 Meersburg, Tel. 07532/79 09, info@zeppelinmuseum-meersburg.de, www.zeppelinmuseum.eu
GEHRENBERGTURM: Gehrenbergstraße, 88677 Markdorf

◀ Den Turm kann man auch erwandern. ▶ Meersburg Altstadt

AUF EINEN BLICK

WOHNMOBILSTELLPLATZ ALLMEND 1

ADRESSE: Allmendweg 24, 88709 Meersburg, Tel. 07532/44 04 00, info@meersburg.de, www.meersburg.de/de/Tourismus/Übernachten/Wohnmobilparkplatz

ANFAHRT: Vom Zentrum Meersburg über die Mesmerstraße Richtung Nordosten fahren, bis links der Allmendweg abzweigt. Auf diesen abbiegen und bis kurz vor einem Kreisverkehr folgen, der Stellplatz ist rechts vor dem Kreisel.

GPS: 47.702211, 9.269879

Oberhalb von Meersburg am Stadtrand gelegener Stellplatz mit Schotteruntergrund, Stromanschlüssen, Frischwasser, Entsorgung und WC. Die Gebühr entrichtet man an einem Automaten. Die 20 Stellplätze liegen recht dicht beieinander, dafür ist der Platz inmitten eines Wohngebietes gepflegt, die Stadtmitte ist in etwa zehn Minuten zu Fuß erreichbar. Auch größere Wohnmobile finden Platz. Zum Übernachtungsticket gibt es mit der Gästekarte ein kostenloses Busticket dazu (Haltestelle Parkplatz Allmend).

Auf dem Wohnmobilstellplatz Allmend 1 ist alles vorhanden, was man braucht.

Mit viel Privatsphäre sind die Stellplätze Alte Brennerei ausgestattet.

WOHNMOBILSTELLPLATZ ALTE BRENNEREI

ADRESSE: Riedetsweilerstraße 5, 88719 Stetten, Tel. 07532/57 09, info@zuraltenbrennerei.de, www.zuraltenbrennerei.de/stellplaetze
ANFAHRT: Über die B33/B31 Richtung Nordosten bis Abfahrt Riedetsweiler Straße fahren, dieser kurz nach links folgen und sofort wieder links abbiegen auf die Landstraße, der Stellplatz folgt rechterhand.
GPS: 47.693268, 9.298281
Etwas mehr Privatsphäre als Allmend 1 bietet dieser Platz mit 20 großen Stellplätzen. Das Wohnmobil steht auf geschottertem Untergrund, voneinander abgetrennt durch Rasenflächen und mit kleinen Bäumchen bepflanzt. Der gepflegte und liebevoll betriebene Stellplatz gehört zur nordöstlich von Meersburg gelegenen Gemeinde Stetten (2 Kilometer von Meersburg entfernt), liegt ruhig und in direkter Nachbarschaft zum Wirtshaus Alte Brennerei (mit leckerem Essen), bei dem man sich als Übernachtungsgast auch anmeldet (montags ist Ruhetag, dann bezahlt man, indem man die Gebühr in den Briefkasten am Eingang der Gaststätte einwirft). Geeignet nur für autarke Camper, da lediglich Stromanschlüsse vorhanden sind und das WC nur bei Öffnung der Gaststätte nutzbar ist.

GÖTTLICHES IM SCHWÄBISCHEN

Grand Canyon

Ausblick vom Knopfmacherfelsen ins Tal der Jungen Donau Richtung Beuron

21

Es gibt sie tatsächlich, die Wanderregion, bei der die Schwierigkeit von Wanderwegen in Donauwellen-Kuchen-Stücken gemessen wird. Im Schwäbischen Grand Canyon, dem Durchbruchstal der jungen Donau, verbinden sich Klosterfeeling, Burgengeheimnisse, Aussichtsfelsen und Kultur mit dem zweitlängsten Fluss Europas.

Felsen ragen rechts und links auf und laden zu ausgiebigen Touren ein. Der Donauradweg, der Teil des EuroVelo 6 ist, wird sehr gern befahren. Um die Kräfte nicht für den Rückweg einplanen zu müssen, steht der Naturpark-Express zur Verfügung. Die Bahn verkehrt Samstag, Sonntag und feiertags zwischen Donaueschingen (Donauquelle) und Sigmaringen. Besonders ist der Fahrradwaggon für bis zu 100 Räder und die Unterstützung beim Ein- und Ausladen. So kann man gemütlich an der Donau entlangradeln und auf dem Rückweg entspannen.

ÜBERNACHTEN AM KLOSTER BEURON

Das Kloster wurde 1097 erstmals urkundlich erwähnt. Beuron war eines der ältesten Augustiner-Chorherrenstifte Deutschlands. Mit der Säkularisation wurde das Kloster zum Militärspital und zu Friedenszeiten entstanden Amtswohnungen. Es ging in den Besitz des fürstlichen Hauses Hohenzollern-Sigmaringen über und wurde auf Initiative der Fürstinwitwe Katharina von Hohenzollern ab 1862 klösterlich wiederbelebt. Der Konvent wuchs rasch und so musste angebaut werden. Zum ursprünglichen Kloster kamen ein Refektoriumstrakt, ein Gästeflügel, ein Kleriker- und Bibliotheksbau. Die Kirche steht für jeden offen und im Klosterladen kann man zum Beispiel in Pilgerliteratur stöbern, denn Beuron liegt am Jakobsweg, der Via Beuronensis. Außerdem steht ein WoMo-Stellplatz zur Verfügung.

WANDERN AUF DONAUWELLEN

Verwaltet über die Tourismusgemeinschaft Donaubergland, wurden sechs Premiumwanderwege unter der Marke der DonauWellen ausgeschildert. Von Beuron aus kann man in die ca. 14 Kilometer lange Wanderung Eichfelsen-Panorama einsteigen. Los geht es mit der Querung der Donau über die 73 Meter lange, 4,2 Meter breite und überdachte hölzerne Brücke. Diese ist bereits seit Mitte des 16. Jahrhunderts in den Büchern

erwähnt. Weil die einstige Brücke vom Hochwasser zerstört wurde, ließ der Prälat Dominik Maier 1801 die heutige Brücke bauen. Man vermutet, dass die Überdachung der Brücke den Zweck hatte, das hölzerne Tragwerk vor der Witterung zu schützen. Bis zum 19. Jahrhundert mussten Gebühren gezahlt werden, um die Brücke zu überqueren. Eine Tafel mit den Gebühren hängt direkt am Eingang. Bis 1975 sind sogar noch Autos über die heute nur für Fußgänger zugängliche Brücke gefahren. Weiter geht es steil hinauf Richtung Irndorf. Hier kann im **Wanderheim Rauher Stein** eingekehrt werden. Bald stößt man auf den Namensgeber der Tour: den **Eichfelsen** mit herrlicher Aussicht. Kurz darauf folgt ein Abstieg ins Donautal und der erneute Aufstieg auf der anderen Flussseite bis zur **Burg Wildenstein**, die als Jugendherberge geführt wird. Über schmale Wege durch den Wald kehrt man nach Beuron zurück.
Eine zweite DonauWelle in der Gegend ist die **Donaufelsen-Tour**. Sie ist 15,4 Kilometer lang und führt vom Berghaus Knopfmacher bei Fridingen auf herrlichen Waldwegen zum **Stiegeles- und Laibfels**. Die Aussichten sind einzigartig und Burgen/Schlösser gibt es auch zu sehen. Nach der ersten Querung des Donautals steigt man hinauf zur **Ruine Kallenberg**. Die Burg wurde um 1200 errichtet und liegt auf rund 776 Metern Höhe. Seit Anfang des 19. Jahrhunderts verfällt die Burg leider, doch der Bergfried

Malerisch gelegen ist das Kloster Beuron mit seiner riesigen Bibliothek.

Eine Holzbrücke führt über den Burggraben zur Burg Wildenstein.

aus behauenen Buckelquadern ist gut erhalten. Einige Kilometer weiter kommt man ans **Schloss Bronnen**, das einer Burg ähnelt. Es entstand um 1100–1150 und wurde durch ein nicht näher bekanntes Freiadelsgeschlecht aus der Fridinger Umgebung erbaut. 1409 ging es in den Besitz der Herren von Enzberg über, denen es auch heute gehört. Für die Öffentlichkeit ist es leider nicht zugänglich. Unterhalb vom Schloss führt der Weg hinab ins Donautal. Unterwegs passiert man die **Bronner Höhle** und die **Jägerhaushöhle**. Im Tal angekommen, lädt das **Jägerhaus** zur Einkehr ein. Es geht erneut über die Donau – dieses Mal über große Trittsteine. Achtung also bei hohem Wasserstand! Nach dem Abstieg folgt der Aufstieg, und zwar zum sagenumwobenen **Knopfmacherfelsen**. Hier oben wieder angekommen, erwartet den Wanderer im Berghaus Knopfmacher ein Stück Donauwellen-Kuchen, zu genießen auf der Aussichtsterrasse als Belohnung für diese Wanderung.

Tipp

Wer die Felsen lieber erklettert, statt erwandert, der findet alle freigegeben Felsen im Donautal unter www.ig-klettern-donautal.de. Hier werden die Felsen und Routen vorgestellt und ebenso aufgeschlüsselt, welche Felsen zu welcher Jahreszeit zum Beispiel wegen der Vogelbrut nicht beklettert werden dürfen. Es gilt, sich im Sinne des Naturschutzes an die Rucksackdepots zu halten, die Felsköpfe nicht zu betreten und auch nur zu erlaubten Zeiten zu klettern.

21

Die 3 300 Einwohner Stadt Fridingen ist auch ein guter Ort für Kunstliebhaber. Im **Künstlerhaus Scharf Eck**, welches in einem der ältesten und schönsten Bürgerhäuser der Stadt untergebracht ist, können auf drei Etagen Werke von Reinhard Bucher - Fotograf (1922–1984) - und Hans Bucher - Landschaftsmaler (1929–2002) - bewundert werden.

IM GASTHAUS SONNE (www.sonne-fridingen.de) bekommt man wunderbare schwäbische Küche und kann gemütlich im Biergarten sitzen. Vater und Sohn stehen hier in der Küche und zaubern zum Beispiel Dinkelspätzle, saure Leberle und geräucherte Forellen. Je nach Jahreszeit wird die Speisekarte an die regional vorhandenen Zutaten angepasst.

Das **Freilichttheater Naturbühne Steintäle** liegt mitten im Wald und führt im Sommer in ganz besonderer Kulisse des engen Felstals Theaterstücke für Groß und Klein auf. Der Weg zur Naturbühne hinauf ist schweißtreibend, doch es lohnt sich. Warme Kleidung und ein Sitzkissen sollte man mitnehmen.

Eingang zur im Wald versteckten Naturbühne Steintäle bei Fridingen

◀ Thermometer auf dem Walderlebnispfad ▶ Wallfahrtskapelle Gnadenweiler

UNTERWEGS AUF DEM WALDERLEBNISPFAD KOLBINGEN

Nicht nur für die Kleinen ist dieser 4,5 Kilometer lange Spazierweg ein Erlebnis. Gleich zum Start am Grill- und Spielplatz Kolbingen warten besondere Waldbewohner im **Wildgehege**. Auf diversen Tafeln wird ihr Leben kindgerecht erklärt. Außerdem gibt es beschilderte Bäume, um die vielen verschiedenen einheimischen Baumarten kennenzulernen. Weitere Spiel- und Lernstationen verkürzen den Weg bis zur **Kolbinger Höhle**, der einzigen Schauhöhle der Südwestalb. Hier kann man in der Felsenhütte einkehren und ca. 90 Meter der Tropfsteinhöhle bei einer Führung besichtigen. In den Wintermonaten dient die Höhle vielen Fledermäusen als Winterquartier und ist daher für Besucher geschlossen.

GNADENWEILER – WO MARIA, DER MUTTER EUROPAS, EIN DENKMAL GESETZT WURDE

Hoch oben über dem Bäratal liegt Gnadenweiler. Hier wurde 2007 die **Wallfahrtskapelle Maria, Mutter Europas** geweiht, die baulich an die Arche Noah erinnert. Der Turm der Kirche ist freistehend und seine Spitze sieht aus wie eine Hand im Segensgestus. Auch für Besucher ohne religiösen Bezug ist der Gnadenweiler ein Ort der Ruhe sowie beliebtes Ausflugsziel zum Wandern und wegen des Cafés Kapellenblick. Mehrere Rundwege sind am Parkplatz ausgeschildert, beispielsweise etwa der 2,2 km lange **Rundweg Glaube, Kunst und Natur** mit diversen Skulpturen und einer Aussichtsplatte ins Bäratal.

AUF EINEN BLICK

Info

LANDKREIS: Tuttlingen und Sigmaringen
BESTE REISEZEIT: Mai–Oktober
OPTIMALE REISEDAUER: 3–4 Tage
TOURISTINFO: Haus der Natur, Wolterstr. 16, 88631 Beuron, Tel. 07466/9 28 00, kontakt@naturpark-obere-donau.de, www.naturpark-obere-donau.de

SEHENSWÜRDIGKEITEN

KLOSTER BEURON: Abteistraße 2, 88631 Beuron, Tel. 07466/1 70, www.erzabtei-beuron.de
KOLBINGER HÖHLE: An der Höhle, 78600 Kolbingen, Tel. 07463/99 18 300, www.albverein-kolbingen.de
KÜNSTLERHAUS SCHARF ECK: Oberes Tor 3, 78567 Fridingen, Tel. 07463/99 12 05 55, www.scharfeck.de
NATURBÜHNE STEINTÄLE: Kirchberg 18, 78567 Fridingen, Tel. 07463/78 14, www.steintaele.de
KAPELLE »MARIA MUTTER EUROPAS«: Gnadenweiler 2, 78580 Bärenthal, www.maria-mutter-europas.de

CAMPING BUCK

ADRESSE: Abteistr. 24, 88631 Beuron, Tel. 0151/ 54 82 18 75, www.camping-buck.de
ANFAHRT: aus Richtung Fridingen L277 Richtung Beuron, in Abteistraße Richtung Kloster Beuron nach rechts abbiegen, Klosterparkplatz rechts liegen lassen und links halten
GPS: 48.0531917, 8.967277‘
Der Wohnmobilstellplatz (Baujahr 2024) bietet 22 sonnige Parzellen mit Blick auf das Felsenpanorama des Naturpark Obere Donau. Strom,

Camping Buck in Beuron

Stellplatz an der Donau auf dem Talhof Beuron

Ver- und Entsorgung sowie Elektro-Ladesäulen sind vorhanden. Moderne Sanitäranlagen mit Spülraum und Waschmaschine, Einzelduschen und privaten Badezimmern sorgen für Komfort. Im direkt am Platz gelegenen Café Drahtesel gibt es Brötchen, Kuchen und kleine Mahlzeiten auf der Sonnenterrasse. Der Platz liegt ideal für Wanderungen, Radtouren oder einem Besuch der Erzabtei.

DER TALHOF

ADRESSE: Talhof 2, 88631 Beuron, Tel. 07579/93 31 43, www.talhof-donautal.de
ANFAHRT: B313 in Sigmaringen verlassen, L277 entlang der Donau für ca. 21 Kilometer folgen
GPS: 48.0700698, 9.006006
Am Rande eines umgebauten und als Eventlocation genutzten Bauernhofes stehen WoMo-Stellplätze auf der Wiese zwischen den Felsen des Donaudurchbruchtals zur Verfügung. Strom, Wasserver- und -entsorgungsmöglichkeiten sind gegeben. ACHTUNG: Hunde sind hier nicht erwünscht.

Wanderer können im hier integrierten **Best-of-Wandern Testcenter** Ausrüstungsgegenstände für einen Tag ausleihen und ausprobieren. Dazu gehören Schuhe, Jacken, GPS Geräte, Spikes, Rucksäcke, Wanderstöcke und vieles mehr.

Auf dem Talhof befindet sich ebenfalls ein **E-Bike Center**, wo man E-Bikes der Marke Flyer sowohl mieten als auch kaufen kann. Wer Kaufambitionen hat, kann hier und auf den Trails und Radwegen der Umgebung ausgiebig testen.

Auf dem Klosterparkplatz in Beuron stehen ebenfalls Stellplätze mit Ver- und Entsorgung zur Verfügung.

TIEFE EINBLICKE UND MALERISCHE AUS-BLICKE

Heidenheim, Giengen, Steinheim

Jakobswegle in Giengen-Hürben: 2500 Kilometer pilgern in unter einer Stunde.

Eine Region für vielfältige Erlebnisse: Im Norden entspringt die Brenz, nach kurzer Fließzeit wird sie zu einem wunderschönen See aufgestaut und im Süden trifft man auf das imposante Schloss Hellenstein, Pilgerwege, eine Tropfsteinhöhle und das Lonetal, wo die Wiege der Menschheit zu stehen scheint.

Rund um Heidenheim wurde der 158 Kilometer lange Albschäferweg angelegt, der in zehn Etappen Einblicke in die Arbeit der Schäfer bietet und an unzähligen (Natur-)Highlights vorbeiführt. Zusätzlich, passend für einen Kurzurlaub, gibt es sogenannte Zeitspuren. Das sind thematische Rundwanderwege mit einer Länge zwischen ca. sechs und 20 Kilometer.

ENTSPANNT ANKOMMEN AM ITZELBERGER SEE

Ein wunderbarer Ort, um nach einer Arbeitswoche die Seele baumeln zu lassen, ist der **Itzelberger See**. Dieser wurde im 15. Jahrhundert von den Mönchen des Königsbronner Klosters als Fischteich angelegt. Heute ist er Naherholungsgebiet und Heimat für viele Vogelarten, zum Beispiel den Eisvogel.

Zur Einstimmung nach der Ankunft bietet sich eine Runde zu Fuß um den See an. Wer in der Abenddämmerung ankommt, hat die Chance auf wunderbare Lichtstimmungen zum Sonnenuntergang. Der Weg um den See ist lediglich 1,5 Kilometer lang. Unterwegs kann man sich über die Freizeitaktivitäten informieren. So passiert man einen Minigolfplatz, einen Spielplatz, einen Biergarten und einen Bootsverleih. Außerdem kommt man am Café Seeblick vorbei.

Wer gleich Lust auf einen längeren Spaziergang hat, kann den Weg erweitern und die Zeitspur **Brenzquellrunde** gehen. Diese ist 5,9 Kilometer lang, führt um den See, zur Ruine Herwartstein und weiter nach Königsbronn zum Brenztopf.

Tipp

Rätselspaß und Informatives über Natur und Kultur am Wegesrand der Brenzquellrunde bietet die Quiztour-App fürs Smartphone. Infos gibt es hier: www.heidenheimer-brenzregion.de/erlebniszeit/die-brenz/quiztouren. Gut vorbereitet ist, wer daheim die App installiert und den Smartphone-Akku auflädt.

◀ Sonnenuntergang am Itzelberger See ▶ Rathaus von Königsbronn

KÖNIGSBRONN, WO DIE BRENZ IHREN URSPRUNG HAT

Entweder auf der Brenzquellrunde oder einfach gemütlich mit dem Rad an der Brenz entlang, kommt man zu dem Ort, an dem die Brenz ihren Ursprung hat. Die **Karstquelle** ist in einem Topf eingefasst. Außerdem sehenswert in Königsbronn sind das **Rathaus** und die **Georg Elser Gedenkstätte**. Letztere ist in dem Haus untergebracht, in dem der einstige Widerstandskämpfer seine Jugend verbrachte. Er war der Mann, der am 8. November 1939 im Münchner Bürgerbräukeller das Attentat auf Hitler verübte. Wandelt man weiter auf historischen Spuren, so kommt man an Gebäuden des ehemaligen Zisterzienserklosters vorbei und lernt, dass die Mönche bereits 1365 das Recht zur Eisenverhüttung erhielten und 1529 mit den Hüttenwerken der heute älteste Industriebetrieb Deutschland entstand.

VOR 15 MILLIONEN JAHREN SAH ALLES ANDERS AUS

... damals schlug nämlich beim heutigen Steinheim ein Meteorit ein. Welche Auswirkungen dies hatte, erfährt man am besten im **Meteorkrater Museum** in Sontheim im Stubental. Besonders an diesem Einschlag ist der heute noch erkennbare Zentralhügel inmitten des Einschlagbeckens. Um das komplette Gebiet zu erkunden, gibt es den 20 Kilometer langen Meteorkrater-Rundwanderweg. Wem die Wanderung zu lang ist oder wer direkt vom WoMo-Stellplatz aus starten möchte, der kann mit dem Fahrrad der **Meteor & Wälder Tour** folgen. Dieser 42 Kilometer lange Radweg führt nicht nur durch Steinheim, sondern auch durch das **Wental** mit seinen bekannten Felsformationen und dem **Felsenmeer**. Eigentlich führt die Tour zwar am Wental vorbei, doch man findet die Alternativroute sehr gut. Auf dem Rückweg passiert man Zang, wo man im Gasthaus Widmann's Löwen traditionell schwäbisch speisen kann.

22

Unterwegs passiert man den Schafhof Smietana (www.schafhof-steinheim.de) am Rande von Steinheim, wo man köstliche Wurst- und Fleischwaren sowie Felle und Socken erwerben kann. Die Familie Smietana züchtet Merinoschafe und gehört der Initiative »Ostalb Lamm« an. Dieses Gütesiegel steht für artgerechte Haltung und ausgezeichnete Fleischqualität. Hat der Hofladen nicht geöffnet, kann man sich am immer zugänglichen Regiomat selbst bedienen.

Tipp

EIN BISSCHEN STADTFEELING IN HEIDENHEIM

Heidenheim ist mit seinen knapp 50 000 Einwohnern die drittgrößte Stadt in der Region Ostwürttemberg. Besonders schön ist es, durch den **Brenzpark** zu flanieren, der im Rahmen der Landesgartenschau 2006 neuen Schwung bekam. Viele Blumen, ein Kulturprogramm und ein Kinderspielparadies laden ein. Nach all der Natur kann man gemütlich durch die Einkaufsstraßen schlendern und schließlich durch die Parkanlage des Schlossberges zum **Schloss Hellenstein** aufsteigen. Von oben lässt sich die Aussicht wunderbar genießen.

Warum das Schloss eher an eine Burg erinnert, erklärt sich damit, dass es ursprünglich in den Jahren zwischen 1130 und 1145 als Stauferburg erbaut wurde. 1530 brannte diese jedoch bis auf den Rittersaal ab. Herzog Friedrich I. von Württemberg ließ vor den mittelalterlichen Gebäudekomplex ein Renaissanceschloss bauen. Im 18. Jahrhundert verfiel die Festungs-

◀ Brenztopf – eine der stärksten Quellen Deutschlands ▶ Felsenmeer im Wental

anlage und wird seit 1837 saniert. Im Fruchtkasten des Schlosses kann man heute Kutschen, Chaisen und Karren ansehen. Auf vier Etagen wird hier die Geschichte des südwestdeutschen Landverkehrs dargestellt. Im Rittersaal mit Buckelquadermauerwerk finden jährlich Oper-Air-Aufführungen der Opernfestspiele Heidenheim statt. Auch Informationen zum 1666 erbauten Kindlesbrunnen gibt es nachzulesen.

DIE WIEGE DER TEDDYBÄREN

Wer von Giengen an der Brenz hört, denkt sicherlich gleich an Teddybären, denn hier hat das **Unternehmen Steiff** seinen Sitz. Seit 2005 kann man sich im Museum in einen Zoo aus Kuscheltieren begeben, bei der Schaufertigung zusehen und nach Herzenslust einkaufen. Ganz in der Nähe an der Brenz bietet Giengen seit 2020 auch einen WoMo-Stellplatz an.

PILGERN IM SAUSESCHRITT – 2 500 KM/H

In Giengen-Hürben befindet sich das **Jakobswegle**. Dieser 2,5 Kilometer lange »Streckenwanderweg« stellt den 2500 Kilometer langen Jakobsweg von Giengen nach Santiago de Compostela im Maßstab 1:1000 mit 14 Schautafeln dar. Eine schöne Einstimmung für alle, die sich einmal auf den Weg machen wollen. Von der Reisemobilstation Charlottenhöhle kann man direkt in den Rundwanderweg einsteigen, der insgesamt 4,2 Kilometer lang ist. Auf den ersten Metern bis zum Start des Jakobswegles erfährt man einiges über die Geschichte des Weges und des Pilgerns.

EINTAUCHEN IN DIE TIEFEN DER ALB

Die Alb ist von Höhlen durchzogen. Wie diese entstanden, welche Tiere darin leben und viel mehr über die Vergangenheit der Menschen in der Region erfährt man in der **HöhlenErlebnisWelt**. Möchte man die Ausstellung ansehen und später die längste Schauhöhle Süddeutschlands mit einem Höhlenführer erkunden, lohnt sich ein Kombiticket. Die **Charlottenhöhle** wurde nach Königin Charlotte von Württemberg benannt und bietet einen Einblick in die Tropfsteinwelt. Der Höhlen- und Heimatverein Giengen-Hürben hat die Höhle mit Lichtinstallationen besonders hübsch in Szene gesetzt, und an heißen Sommertagen bieten die konstanten 9 °C eine willkommene Abkühlung.

◀ Schloss Hellenstein thront über der Stadt Heidenheim. ▶ Eselsburger Tal

Tipp

Wem es nach der Höhle kalt ist, der sollte die ca. 500 Meter zur Ruine der Kaltenburg aufsteigen. Diese wurde erstmals 1356 urkundlich erwähnt und Teile von ihr bis zur Zeit um 1900 bewohnt. Von hier oben hat man eine wunderbare Aussicht zum Beispiel auf den Zusammenfluss der Hürbe und der Lone. Anschließend lockt ein kühles Bier im HöhlenHaus. Kinder können dort auf dem Abenteuer- und Wasserspielplatz ausgiebig toben.

AUF DEN SPUREN DER EISZEIT

Wie lebten die Menschen vor Zehntausenden von Jahren? Antworten darauf geben die Themenwege **„Eiszeitspuren"** im Lonetal. Die kurzen Wege führen vom jeweiligen Parkplatz zu den Höhlen Vogelherd, Bockstein und Hohlenstein. Unterwegs informieren große, illustrierte Tafeln über das Leben in der Eiszeit, die Landschaft und die Höhlen. Für Kinder gibt es Erlebnisstationen mit lebensgroßen Holzklettertieren, Trampolinen und Spielplätzen. So lässt sich die Eiszeitgeschichte spielerisch entdecken. Weitere Infos und Tourenbeschreibungen: www.heidenheimer-brenzregion.de/touren

ABSTECHER MIT AUSSICHT

Wer vom Wental verzaubert ist, der sollte unbedingt noch im **Eselsburger Tal** einen Stopp einlegen. Oberhalb vom Ort Eselsburg befindet sich ein großer Parkplatz, von dort aus kann man der Ortsstraße folgend ins Tal hinabsteigen, in der Talschenke einkehren und dann, am besten bei Sonnenuntergang, am Fluss entlang zu den Felsformationen seinen Verdauungsspaziergang machen. Hier ist sogar das Klettern an einigen Felsen erlaubt, obwohl man sich im Naturschutzgebiet befindet.

AUF EINEN BLICK

Info

LANDKREIS: Heidenheimer Brenzregion
BESTE REISEZEIT: April–Oktober
OPTIMALE REISEDAUER: 3–4 Tage
TOURISTINFO:
Hauptstr. 34, 89522 Heidenheim an der Brenz,
Tel. 07321/32 12 593,
www.heidenheimer-brenzregion.de

SEHENSWÜRDIGKEITEN

METEORKRATERMUSEUM: Hochfeldweg 5, 89555 Steinheim-Sontheim im Stubental, Tel. 07329/960 60, www.steinheim.de
SCHLOSS HELLENSTEIN: 89522 Heidenheim, Tel. 07321/275 896
HÖHLENERLEBNISWELT UND HÖHLENHAUS: Lonetalstr. 61, 89537 Giengen an der Brenz, Tel. 07324/98 71 46, www.hoehlenerlebniswelt.de

WOHNMOBILSTELLPLATZ ITZELBERGER SEE

ADRESSE: Kapellenstr., 89551 Königsbronn-Itzelberg, Tel. 07328/9 62 50, www.koenigsbronn.de

◀ Im Schloss Hellenstein kann man Kutschen und Karren aus vergangener Zeit bewundern. ▲ Stellplatz in Heidenheim ▼ Stellplatz an der Charlottenhöhle

ANFAHRT: Von der B19 aus Richtung Königsbronn kommend nach dem Ort rechts in Richtung Itzelsberger See abbiegen und links halten
GPS: N 48°44‘3.879“, E 10°8’0.054“
Der WoMo-Stellplatz liegt direkt am See, jedoch versperren Büsche den Blick. Vier Stellplätze mit Stromanschlüssen stehen zur Verfügung. Ver- und Entsorgungsstation für Strom, Wasser und Abwasser sind vorhanden. Hier kann man entweder am See die Seele baumeln lassen oder man radelt zum Beispiel zum Steinheimer Becken oder erkundet Königsbronn.

WOHNMOBILSTELLPLATZ IN DEN SEEWIESEN

ADRESSE: In den Seewiesen, 89520 Heidenheim
ANFAHRT: Von der B19 kommend in die Straße In den Seewiesen einbiegen; gegenüber von Industrieanlagen befindet sich der Stellplatz hinter Hecken.
GPS: N 48°41‘41.037“, E 10°9’49.785“
22 WoMos finden hier auf dem Schotteruntergrund Platz. Die Strom- und Frischwasserversorgung sowie die Abwasser-, Müll- und Fäkalienentsorgung werden durch einen Automaten geregelt. Der Stellplatz eignet sich perfekt zur Erkundung der Stadt Heidenheim oder für eine Radtour.

REISEMOBILSTATION CHARLOTTENHÖHLE

ADRESSE: Lonetalstr. 61, 89537 Giengen-Hürben, Tel. 07324/98 71 46, www.hoehlenerlebniswelt.de
ANFAHRT: Auf der Lonetalstraße K3020 aus Richtung Giengen-Hürben kommend nach dem Parkplatz der HöhlenErlebnisWelt links auf den schmalen Feldweg abbiegen und links halten
GPS: N 48°35‘4.356“, E 10°12’39.614“
Der Stellplatz ist sehr ruhig gelegen und optimaler Ausgangspunkt zur Erkundung der HöhlenErlebnisWelt und des Lonetals. 15 geschotterte Stellplätze stehen zur Verfügung. Während der Öffnungszeiten kann man die sanitären Einrichtungen im HöhlenHaus nutzen. Es gibt Stromanschlüsse sowie eine Wasserver- und -entsorgungsstation.

UNTERWEGS IM NATIONALPARK SCHWARZWALD

Am Ruhestein

Charakteristisch für das Nationalparkgebiet ist die Grindenlandschaft.

Der erste Nationalpark in Baden-Württemberg war lange Zeit politisch umstritten. 2014 wurde der 100 Quadratkilometer große Park am Hauptkamm des Nordschwarzwaldes schließlich gegründet. Das Nationalparkzentrum befindet sich am Ruhestein, der auch geografisch den Mittelpunkt der Parkfläche bildet.

Zwischen Murgtal und der Schwarzwaldhochstraße liegt der Nationalpark im Naturpark Schwarzwald Mitte/Nord. Zwar gehen Teile des Nationalparks auch bis zum Mehliskopf und bis zur Schwarzenbachtalsperre, aber der größere Teilbereich des Nationalparks erstreckt sich rund um den Ruhestein – bis hinüber zum Dreifürstenstein in der Gipfelregion der Hornisgrinde und zum Schliffkopf.
Hinweis: Auf dem Gebiet des Nationalparks ist nach 20 Uhr das Abstellen von Wohnmobilen auf den Parkplätzen grundsätzlich nicht gestattet.

AUSFLUGSZENTRUM RUHESTEIN

Was genau aber stellt man sich nun vor unter dem mehrfach genannten **Ruhestein**? Zunächst einmal bezeichnet der Ruhestein eine Passhöhe auf 912 Metern ü. NN. zwischen dem Murgtal und dem Achertal an der Kreuzung der Schwarzwaldhochstraße mit der Verbindungsstraße zwischen Baden-Baden und Freudenstadt.
Der Ruhestein als Ausflugszentrum ist deshalb so beliebt, weil er ein Ganzjahresziel darstellt. Im Sommer bietet er unzählige Wandermöglichkeiten zu teils verwunschenen und abgelegenen Orten wie dem **Wildsee** (auch **Wilder See**), der auf einer Höhe von 910 Metern fernab jeder Zivilisation einsam in einen Bannwald eingebettet liegt.
Eine Wanderung führt vom Parkplatz des Ruhesteins (problemloses Parken für ein Wohnmobil) zunächst steil den Hang hinauf, denn auf einer Hochebene entlang mit einem Ausblick auf den tief unten liegenden Wildsee bei der Euting-Grabstätte. Schließlich geht es über einen schmalen, steilen und teils unwegsamen Pfad hinab zum See, an dessen Ufer man innehalten und vielleicht ein mitgebrachtes Vesper einnehmen sollte. Vom Ruhestein aus sind das 3,2 Kilometer einfache und sehr lohnenswerte Wegstrecke. Wer den etwas steileren Aufstieg gleich am Beginn der Wanderung scheut, kann hierfür den **Sessellift** in Anspruch nehmen – im Winter fungiert er

als Schlepplift für Skifahrer und Snowboarder, an der Talstation gibt es ein gastronomisches Angebot. Der Wildsee wird oft als Aushängeschild des Nationalparks bezeichnet; die Stimmung, die der eiszeitliche Karsee inmitten des 100 Jahre alten Baumbestandes ausstrahlt, ist von einer wohltuenden Ruhe und Stille geprägt.

Etwas weiter und anspruchsvoller, aber dafür mit einer sehr schönen Einkehrmöglichkeit verbunden ist der Weg über die **Darmstädter Hütte** (auch vom Seibelseckle aus möglich). Mit der schönen Aussichtsterrasse ist das Gasthaus inmitten der Bergwelt nicht nur für sich alleine ein schönes Ziel – die Hütte ist eine Institution in der Region. Neben leckeren Speisen, Kaffee und Kuchen bietet sie auch Übernachtungsmöglichkeiten. Vom Ruhestein aus ist die Darmstädter Hütte auf direktem Weg in 2,2 Kilometern erreicht. Sie liegt außerdem inmitten einiger Wanderwege, darunter auch der Fernwanderweg Westweg.

◀ Beliebtes Ausflugsziel Darmstädter Hütte ▲ Schilder weisen darauf hin, wo der Nationalpark beginnt. ▼ Das neue Nationalparkzentrum

NATIONALPARKZENTRUM

»Eine Spur wilder« – das ist das Motto des neuen Nationalparkzentrums am Ruhestein. Das dieses Motto symbolisierende Gebäude wurde im Oktober 2020 nach knapp vierjähriger Bauzeit offiziell übergeben und öffnete im Frühjahr 2021 (Corona-bedingt) schrittweise seine Pforten für Besucher. Das ehemalige Informationszentrum, das in dem fotogenen, denkmalgeschützten Jugendstilgebäude Villa Klumpp untergebracht ist, beherbergt nun nur noch die Verwaltung des Nationalparks.

Im Rahmen einer Dauerausstellung erhalten Besucher im Nationalparkzentrum Einblick in die Geologie sowie die Tier- und Pflanzenwelt der Region. An interaktiven Stationen lernen nicht nur Kinder die Welt des Nationalparks kennen. Mitarbeiter geben Tourentipps, Besucher erhalten außerdem Informationen zu Veranstaltungen, die meist von Rangern durchgeführt werden und können sich mit Flyern und Kartenmaterial einen Überblick über den Nationalpark verschaffen.

Nicht zuletzt dient das Nationalparkzentrum mit seiner Erlebnisausstellung, der Wechselausstellung, dem Café und dem Kino als Anlaufpunkt bei schlechtem Wetter.

Schon rein äußerlich ist das Gebäude, an dem lange gebaut wurde, ein Blickfang – es stellt übereinanderliegende Stämme und Äste mit Holz aus Schwarzwaldtannen und damit eine natürliche Waldsituation dar. Das Konzept ist der Gewinnerentwurf eines Architektenwettbewerbs mit 160 Vorschlägen.

Zum Programm des Nationalparkzentrums gehören Führungen, mehrtägige Veranstaltungen mit Übernachtung, Seminare, Vorträge, Wanderungen sowie Kinder-, Jugend- und Familien-Veranstaltungen. Die Angebote gibt es das ganze Jahr über.

SÜDLICH GELEGENE KLEINODE

An der Schwarzwaldhochstraße und auf dem Gebiet des Nationalparks liegt der 1054 Meter hohe Berg **Schliffkopf**. Oben thront ein Vier-Sterne-Wellness-Hotel, das mit einer schönen Aussicht punktet. Für Naturliebhaber interessant ist die typische urwüchsige, nicht bewaldete Landschaft des Grindenschwarzwaldes. Ein großer Bereich der Gipfelregion des Schliffkopfes besteht aus Hochmoor und ist als Naturschutzgebiet ausgewiesen.

23

Auf dem Schliffkopf finden sich Spuren des Orkans Lothar, der 1999 durch den Wald fegte und einen großen Teil der uralten Bäume umriss. Der 2003 eröffnete **Lotharpfad**, ein Walderlebnis- und Naturlehrpfad, führt auf die Spuren der Verwüstung des Orkans. Denn die Natur wurde hier sich selbst überlassen, nachdem der Sturm eine tiefe Schneise in den Wald geschlagen hat. Der Lotharpfad zeigt, mit welcher Kraft der Wald neu entsteht und Flora und Fauna sich neue Lebensräume schaffen. Dabei geht es über Stege, Leitern und Treppen und auf eine Aussichtsplattform, von der aus man Fernblicke über die Höhenrücken des Schwarzwaldes genießen kann. Der Weg ist nur 900 Meter lang und beinhaltet wenige Höhenmeter. Startpunkt ist der Parkplatz Lotharpfad etwa 3 Kilometer südlich des Hotels Schliffkopf an der B500; der Weg ist ausgeschildert.

Tipp

Bei einer Führung über den Lotharpfad mit einem Nationalpark-Ranger erleben Sie die neu entstandene Natur nicht nur intensiver, sondern Sie erfahren auch viel Interessantes über den Orkan und das Schutzgebiet. Informationen erhält man beim Nationalparkzentrum am Ruhestein oder unter www.nationalpark-schwarzwald.de.

Folgt man der Schwarzwaldhochstraße weiter in südöstliche Richtung, gelangt man zum Ausgangspunkt einer kurzen Wanderung zum **Buhlbachsee**. Er ist neben dem Wildsee ein weiterer Karsee auf Nationalparkgebiet. Neben dem Zugang von der Schwarzwaldhochstraße (zwei Kilometer langer Fußmarsch mit steilen Etappen ab dem Parkplatz Schwarze Lache auf der gegenüberliegenden Straßenseite) ist der Buhlbachsee auch von Baiersbronn-Buhlbach auf einem traumhaft schönen Weg oder auch vom Parkplatz Lotharpfad im Rahmen einer größeren Wanderung erreichbar. Der romantische See liegt im südlichen Nationalparkgebiet im Buhlbachtal am obersten Talschluss des Buhlbachs. Der fast kreisrunde See wird umrahmt von bis zu 120 Meter hohen Karwänden. Das Besondere am Buhlbachsee ist eine kleine Moorinsel. Im Sinne des Nationalparkkonzepts ist das Begehen von Wegen, die nicht explizit als Wander- oder Radwege ausgewiesen sind, nicht erlaubt. Ein ganz neues Wegekonzept zeigt den Besuchern, welche Wege wann begangen werden dürfen und welche

▲ Grindenlandschaft auf dem Schliffkopf ◀ Über Stock und Stein geht es auf dem Lotharpfad ... ▶ ... mit Blick auf die Verwüstungen durch den Orkan.

nicht. Damit sollen unter anderem Rückzugsorte für Vögel geschaffen werden – von Ruheliegen aus kann man sie dann beobachten.

Vom Ruhestein aus Richtung Südwesten trifft man mit den **Allerheiligen-Wasserfällen** auf etwas ganz Besonderes. Sie rauschen über sieben Kaskaden fast 90 Meter in die Tiefe und zählen zu den schönsten und höchsten naturbelassenen Wasserfällen des Schwarzwaldes. Der Weg durch die von Bergen eingerahmte und vom Lierbach geschaffene Schlucht ist ebenso malerisch wie abenteuerlich – er führt über zahlreiche, mitunter lange Treppen und über Brücken an den Wasserfällen entlang beziehungsweise über sie hinweg. Schroffe Felswände, mitgerissene Baumstämme und

23

verstreute Steinblöcke verleihen der Szenerie etwas Wildes, Unberührtes. Im Sommer ist die kühle Klamm ein besonders beliebtes Ausflugsziel. Am oberen Ende der Schlucht befindet sich mit der **Klosterruine Allerheiligen** ein weiteres Highlight. Das zwischen 1191 und 1196 gegründete Stift war zeitweise Wallfahrtsort, 1657 wurde es zur Abtei erhoben. Im Jahr 1804 wurde das Gebäude von einem Blitz getroffen und dabei fast völlig zerstört. Die heutige Ruine ist das malerische Relikt der Folgen des Blitzeinschlages. Sehenswert und einen geruhsamen Spaziergang wert sind auch die Klostergärten mit ihren angelegten Wasserbecken.

Tipp

Die Klosterruine ist jährlich Spielort für Freilicht-Aufführungen der Freien Bühne Oppenau. Vor dieser außergewöhnlichen Naturkulisse stehen von Stücken für Kinder und Familien bis hin zu Krimis und den Klostergemäuern angemessenen sakralen Stücken eine große Vielfalt an Darbietungen auf dem Programm. Dieses findet man unter www.freie-buehne.de, wo man auch Karten reservieren kann.

Auf dem Schliffkopf liegt einem der Nordschwarzwald zu Füßen.

Mitten in der Ursprünglichkeit der Natur: der Buhlbachsee, ein Karsee

Im indes völlig intakten Klosterhof Allerheiligen kann man einkehren und sich stärken und/oder im Informationszentrum unterhalb der Ruine im ehemaligen Gesindehaus Antworten auf alle Fragen erhalten. Außerdem erhalten sind Teile des Langhauses, der Vorhalle und auch die ehemalige Sakristei und der Kreuzgang sind zum Teil unversehrt.

UM ALLERHEILIGEN-WASSERFÄLLE UND KLOSTERRUINE perfekt in einer Wanderung zu kombinieren, empfiehlt sich der Sagenrundweg. Startpunkt ist der Wanderparkplatz unterhalb der Wasserfälle in einer Kehre der K5380 zwischen Oppenau und dem Kloster Allerheiligen (das nah an dieser Straße liegt). Der Wanderer steigt hier direkt ein in die Schlucht, es geht stetig bergauf, streckenweise auch steil. Oberhalb der Wasserfälle und nach einer Holzbrücke führt der Weg dann beschaulich etwa 1 Kilometer am Grindenbach entlang, der hier geruhsam fließt und gut zugänglich ist. Dann ist die Klosterruine erreicht, der Umkehrpunkt der Wanderung. Der Rückweg führt über die Engelskanzel parallel zum westlichen Ufer des Lierbachs und vorbei an der Rossgrundhütte zurück zum Parkplatz. Der ganze Rundweg ist mit mehreren Tafeln versehen, die von verschiedenen Sagen erzählen.

AUF EINEN BLICK

Info

STADT/REGION: Ruhestein/Nationalpark Schwarzwald
BESTE REISEZEIT: Ganzjährig
OPTIMALE REISEDAUER: 2 Tage
TOURIST-INFO: Nationalparkzentrum Schwarzwald, Schwarzwaldhochstraße 2, 77889 Seebach, Tel. 07449/92 99 80, info@nlp.bwl.de, www.nationalpark-schwarzwald.de

SEHENSWÜRDIGKEITEN

DARMSTÄDTER HÜTTE: Schwarzwaldhochstraße 5, 77889 Seebach, Tel. 0173/32 27 486, info@pension-heimat-de, www.darmstaedter-huette.de
KLOSTER ALLERHEILIGEN: Allerheiligen 6, 77728 Oppenau

CAMPINGPLATZ MURHOF

ADRESSE: Murhof 1, 77883 Ottenhöfen, Tel. 0174/615 38 31, campingplatz.murhof@gmail.com, www.campingplatz-murhof.de
ANFAHRT: Von Sasbachwalden nach Kappelrodeck fahren, dort der Hauptstraße folgen bis Ottenhöfen. In der Ortsmitte rechts auf die Allerheiligenstraße abbiegen, der Campingplatz befindet sich leicht erhöht an der linken Straßenseite.
GPS: N 48°33'35", E 08°09'13"

Der Campingplatz Murhof liegt erhöht am Rand von Ottenhöfen.

Kleiner, überschaubarer Campingplatz am Waldrand an zahlreichen Wanderwegen und gegenüber dem Ottenhöfener Naturschwimmbad. Parzellierte Stellplätze. Anmeldung via Ticketautomat, daher Anreise jederzeit möglich. Neues Sanitärgebäude und viele Modernisierungen bzw. gerade abgeschlossene Umbauarbeiten. Die Gebühren für Strom, Wasser und die Dusche sind separat und per Wertmarken zu entrichten. Sehr sauberer, ordentlicher Platz, Stellplätze mit viel Privatsphäre und dank erhöhter Lage schönen Ausblicken.

Naturbelassener Stellplatz beim Hotel Zuflucht

WOHNMOBILSTELLPLATZ HOTEL ZUFLUCHT

ADRESSE: Zuflucht 1, 72250 Freudenstadt, www.hotel-zuflucht.de
ANFAHRT: Der Schwarzwaldhochstraße vom Ruhestein aus 10,5 km in südliche Richtung folgen, dann Abzweig zum Hotel nach rechts.
GPS: N 48°29'33", E 8°14'38"
Zwar schon auf der Gemarkung der Stadt Freudenstadt, aber nahe dem Buhlbachsee befindet sich beim Hotel Zuflucht dieser unasphaltierte Stellplatz im hinteren Bereich des Parkplatzes des Skiliftes Zuflucht (ausgeschildert). Tagsüber viel Verkehr, nachts jedoch ruhig. Maximaler Aufenthalt 48 Stunden. Keine Ausstattung (und daher nur für autarke Camper geeignet), dafür viel Natur und Vogelgezwitscher. Bei Bedarf kann man im Hotel frühstücken.

DOLCE VITA, MILDES KLIMA UND MALERISCHE DÖRFER

Südliche Weinstrasse

Zugang zum Kalmitwingert an der Südwestseite der Kleinen Kalmit

Weinberge, so weit das Auge reicht, wunderschöne Weindörfer und paradiesische Bedingungen für Weinliebhaber und Aktive – das beschreibt den Startpunkt der Südlichen Weinstraße, deren Erkundung wir in der Kulturstadt Landau starten.

In Landau selbst gibt es keinen Campingplatz, aber nur zehn Kilometer entfernt ist Camping im Klingbachtal eine gute Ausgangslage für Aktivitäten an der Südlichen Weinstraße. Und stellvertretend für die vielen schönen Stellplätze auf Weingütern ist das Weingut Loretz nur wenige Kilometer nördlich des Stadtgebietes von Landau eine Empfehlung.

KULTUR AN DER SÜDLICHEN WEINSTRASSE

Landau hat viele Namen und Bezeichnungen – es ist eine ehemalige Festungs- und heutige Universitätsstadt und wird aufgrund ihrer zahlreichen Parkanlagen auch Gartenstadt genannt. Außerdem schreibt sich Landau auf die Fahnen, das mildeste Klima Deutschlands zu haben. Und eins zeichnet die drittgrößte Stadt der Pfalz (nach Kaiserslautern und Neustadt an der Weinstraße) besonders aus: Sie ist eine Kulturstadt.
Das offenbart sich bereits bei einem ersten Blick – denn durch die verschiedenen Baustile der Gebäude der Stadt aus vergangenen Jahrhunderten und die Nostalgie, die diese ausstrahlen, fühlt man sich in die Vergangenheit zurückversetzt. Besonders erwähnenswert ist die nahezu pompöse **Jugendstil-Festhalle**, ein denkmalgeschütztes Gebäude aus der Jugendstilzeit (frühes 20. Jahrhundert), das heute als Veranstaltungsstätte dient. Highlights sind auch das **Französische Tor** und das **Deutsche Tor**. Beide sind Relikte der ehemaligen Festung Landau und waren im Mittelalter die einzigen Zugangsmöglichkeiten zur Stadt. Sie sind im Stil römischer Triumphbögen erbaut und zeigen das Wappen der Bourbonen und des Sonnenkönigs Ludwig VIX. Das Deutsche Tor am Untertorplatz markierte früher die nördliche Grenze der Stadt und wird von einem riesigen, steinernen Löwen bewacht. Das Französische Tor am Obertorplatz beherbergt das empfehlenswerte Restaurant Mio.
Zwischen beiden Toren, die 900 Meter voneinander entfernt stehen, spielt sich das Innenstadtleben Landaus ab. Da ist vor allem der historische **Rathausplatz** mit seinen schicken Gebäuden (zum Beispiel das Alte

Kaufhaus, heute Kulturzentrum), den Cafés und Restaurants und einem wunderbaren mediterranen Flair. Die **Marienkirche**, nicht weit entfernt vom Rathausplatz, ist ein gewaltiger Kirchenbau, der dem Dom zu Speyer durchaus das Wasser reichen kann. Die beiden jeweils 60 Meter hohen Türme sind weithin sichtbar.

PIZZA, PASTA UND EIS gibt es im **Mio Landau** im Französischen Tor – alles super lecker und mit einem wunderbar entspannten Ambiente. Auch der Außenbereich ist vor allem an Sommertagen sehr schön. mio-landau.de

Nach der Kultur kommt die Natur – 30 Naturdenkmale und Parkanlagen bilden die grüne Lunge der Stadt. Sie alle aufzuzählen, würde den Rahmen sprengen. Besonders zentral liegt in der Nähe des Hauptbahnhofs eine kleine Parkanlage mit dem **Schwanenweiher** im Mittelpunkt. Südwestlich vom Zentrum ist der **Goethepark** mit seinem Springbrunnen ein beliebtes Ziel nicht nur an heißen Tagen. Der im englischen Stil angelegte Park ist das Herzstück der Landauer Grünflächen. Ein Besuch in Landau ist besonders im Frühjahr schön, wenn überall Narzissen, Tulpen und Krokusse sprießen und blühen.

Tipp

Wer sich intensiver mit den Parkanlagen beschäftigen möchte, dem sei der im Landauer Knechtverlag erschienene Parkführer »Die Gartenstadt Landau und ihre Parks« empfohlen. Neben Geschichte und Besonderheiten der Parkanlagen beschreibt dieser Führer auch fünf Rundgänge durch die Parks.

Auch die Tierwelt ist rege in Landau. Zwei Besonderheiten hat die Stadt zu bieten, das ist einmal der **Zoo Landau**, der nur wenige Gehminuten von der Innenstadt entfernt 900 exotische Tierarten in naturnah gestalteten Gehegen beherbergt. Von der Stadt aus weisen Straßenschilder mit drei orangefarbenen Dromedaren den Weg dorthin. Mit Streichelzoo, Spielplatz, Führungen für alle Altersklassen und Ferienprogramm ausgestattet, ist er ein beliebtes Ausflugsziel. Hunde an der Leine sind erlaubt.

◀ Der Rathausplatz ist das Zentrum der Landauer Innenstadt.
▲In schickem Gewand: das Deutsche Tor … ▼… und das Französische Tor

Dann gibt es das **Reptilium Landau**, der größte Reptilienzoo Deutschlands. Hier können neben verschiedenen Reptilien- und Amphibienarten auch wirbellose Tiere wie exotische Spinnen bestaunt werden. Es gibt außerdem ein Außengelände, eine Brut- und Jungtierstation sowie eine 600 Quadratmeter große Wüstenhalle. Stündliche Schaufütterungen und Tierpräsentationen sind im Tagesprogramm enthalten.
Wer vom sperrigen Wohnmobil auf einen schnittigen Rennflitzer umsteigen will, der ist im **Kart Center Landau** richtig. Auf der 450 Meter langen Indoorkartbahn können sich Anfänger und Fahrprofis, Kinder und Erwachsene miteinander messen. Wetterabhängig kann auch eine 250 Meter lange Außenstrecke befahren werden. Über ein schummelsicheres Zeitabnahmesystem werden die Rundenzeiten gemessen. Im Bistro kann man sich im Anschluss an die Challenge bei Pfälzer Spezialitäten stärken.

EBENFALLS AUSTOBEN KANN man sich im **Freizeitbad LA OLA**. Mit Wasserwelt, Wellenbecken, Saunalandschaft, Wellness, Whirlpools, Kinderbereichen und Riesenrutschen ist für jede Wasserratte und jedes Alter etwas dabei.

▲ Beliebtes Ausflugsziel: die Kleine Kalmit ◀ Das historische Stadttor von Billigheim-Ingenheim ▶ Zu Besuch im Zoo Landau

SEHENSWERTES RUND UM LANDAU

Als Auftakt an der Südlichen Weinstraße ist **Ilbesheim** mit dem bezeichnenden Motto »Verlieb' dich in Ilbesheim« ein Paradebeispiel für ein schnuckeliges Weindorf. Nur sechs Kilometer vom Zentrum Landaus entfernt, präsentiert sich der Ortskern mit historischen Winzerhäusern und einem schmucken Rathaus. Rad- und Wanderwege erschließen die Umgebung. Der **Kalmitwingert**, ein historischer Weinberg mit 19 verschiedenen Reberziehungsformen von der Antike bis in die Neuzeit, beschreibt die Entwicklungsgeschichte des Weinbaus. An Picknickbänken kann man den besonderen Charme des Plätzchens genießen. Der Ausblick von hier aus wurde 2020 zur schönsten Weinsicht der Pfalz gekürt!
Absolutes Highlight des Ortes ist jedoch das **Naturschutzgebiet Kleine Kalmit** (an dessen Südwesthang sich der Kalmitwingert befindet). Es ist ein von Weinreben umsäumter Hügel, auf dessen Kuppe malerisch eine Kapelle thront. Picknick- und Ruhebänke sowie verschiedene Aussichtspunkte machen einen Rundgang auf diesem ganz besonderen Pfälzer Berglein zu einer Attraktion.

RUND UM DIE KLEINE KALMIT mitsamt Kapelle geht es auf dem sehr schönen, 4,8 Kilometer langen Rundweg, der sowohl den Ort Ilbesheim als auch den **Kalmitwingert** integriert. Er startet am Parkplatz in der Arzheimer Straße und folgt der Wegmarkierung 5 durch den Ort und vorbei am Rathaus. Dann wandern wir aus dem Ort hinaus und hinein in die Weinberge. Nach herrlichen Ausblicken folgt schließlich die Mater-Dolorosa-Kapelle auf der Spitze der Erhebung mit Bänken und einer sagenhaften 360-Grad-Aussicht über Pfälzerwald, Odenwald und Schwarzwald. Links vor der Kapelle geht es wieder hinab. Der Weg führt dann unterhalb der Kapelle entlang und schließlich zum Kalmitwingert mit der schönen Weinsicht. Die Wanderung ist besonders im Herbst ein Erlebnis, wenn die ganze Umgebung in leuchtenden Farben erstrahlt. Picknick und vielleicht einen Wein nicht vergessen!

Tipp

Wer Ende Juli in der Gegend ist, sollte sich auf keinen Fall das ganz besondere Event Kalmitweinfest entgehen lassen. Mitten in den Weinbergen begrüßen die Ilbesheimer Weingüter die Gäste mit ausgewählten Weinen und leckeren Köstlichkeiten – zuzüglich einem wunderschönen Blick auf die Weinberge der Südlichen Weinstraße. Es gilt als eines der schönsten Weinfeste der Pfalz.

Ein weiteres charmantes Weindorf an der Südlichen Weinstraße ist **Billigheim-Ingenheim**. Hier ist insbesondere das **historische Stadttor** sehenswert – mit einem Wohnmobil kann man gerade noch so durchfahren. Das »Obere Tor« ist das Wahrzeichen Billigheims, eine der ältesten Gemeinden der Südpfalz. Es entstammt der mittelalterlichen Stadtbefestigung, ist sehr gut erhalten und im Turm befindet sich eine Weinstube. Reste des Stadtgrabens sind ebenfalls noch erhalten und markieren den ursprünglichen Verlauf der Stadtmauer.
Von Landau aus gut erreichbar ist ein besonderes, geschichtsträchtiges Relikt ganz anderer Art: die **historische Walddusche** am Hainbach in Gleisweiler. 1848 von einem ortsansässigen Arzt errichtet, trafen sich hier an

heißen Sommertagen tapfere Kaltduscher. Patienten wurden für Dusch-, Sturzbad- und Wellenbad-Anwendungen mit der Pferdekutsche hierher transportiert. Es ist die einzige noch existierende Anlage dieser Art in ganz Deutschland. Sie wurde in den 90er-Jahren wieder instandgesetzt, sodass man sich heute sowohl im Kneipp-Becken die Beine vertreten kann, als auch – dazu gehört aber einiges an Überwindung! – das zwischen acht und zwölf Grad kalte Wasser unter dem drei Meter hohen Duschstrahl »genießen« kann. Ein entspannter, etwa ein Kilometer langer und nahezu ebener Spaziergang durch den Wald (mit »Walddusche« ausgeschildert) führt zu diesem besonderen Platz.

Nach so viel Kultur und Natur gibt es noch einen Leckerbissen für alle aktiven Urlauber, die sich gerne in luftigen Höhen bewegen: Der **Kletterpark Fun Forest** in Kandel bietet Spaß und Action für alle Altersstufen auf unterschiedlichen Kletter-Parcours, auf schmalen Wackelbrücken und an rasanten Seilrutschen.

Der Kletterpark ist in die Baumwipfel des **Bienwaldes** integriert, einem Landschaftsschutzgebiet im äußersten Süden der Pfalz, das zu Wanderungen und Radtouren auf ebenen Wegen einlädt. Es ist ein ursprüngliches, 12 000 Hektar großes Waldgebiet, bestehend aus knorrigen alten Eichen und durchzogen von idyllischen Bächen. Fast schon mystisch mutet der Niederungswald an, der sich dank eines Schutzprojektes wieder zum Urwald zurückentwickelt.

Aussichtspunkt mit Blick über die Umgebung von Ilbesheim

◀ Die malerischen Rheinauen ▶ Besondere Erfrischung: historische Walddusche

DURCH DEN URWALD EINES ALTRHEINARMES

Östlich vom Bienwald befindet sich mit den **Rheinauen** ein weiteres Natur-Kleinod. Sowohl zu Fuß als auch mit dem Fahrrad kann man sehr schön vom Goldgrund die urwaldartigen Rheinauen durchstreifen/durchradeln. Start ist das Ende der Goldgrundstraße in Maximiliansau. Von dort machen wir uns auf den Weg in südliche Richtung und über eine Brücke hinein in den Dschungel, den eine Altrheinschleife gebildet hat. An einer Kreuzung orientieren wir uns nach Westen und nach einem Damm erreichen wir die südliche Seite des Rheinarms. Wir treffen auf das Rheinufer, folgen dem Fluss gen Süden und gelangen an einen kleinen Badestrand. Zurück geht es anschließend in nordwestliche Richtung und durch dichten Wald, mitten durch die Rheinauen, an denen alte Kähne liegen, die wohl bei Hochwasser hierher gespült wurden.

Wer die ganze Schönheit der Südpfalz eindrucksvoll und auf einen Schlag kennenlernen möchte, dem sei ein ganz besonderes Erlebnis empfohlen: eine Fahrt mit der **Südpfalz -Draisinenbahn**. Mit Startpunkt in der Hornbachstraße 11 in Bornheim, nur wenige Kilometer nordöstlich von Landau, geht es mit mehreren Stopps und Rastmöglichkeiten nach Westheim und wieder zurück. Insgesamt sind 24 Kilometer Wegstrecke zu strampeln, gemütlich durch Wiesen und Felder. Es gibt Draisinen für vier, fünf oder sieben Personen.

AUF EINEN BLICK

Info

STADT/REGION: Landau/Südliche Weinstraße
BESTE REISEZEIT: Ganzjährig
OPTIMALE REISEDAUER: 2 Tage
TOURISTINFO: Südliche Weinstraße – Büro für Tourismus Landau in der Pfalz e.V., Marktstraße 50, 76829 Landau in der Pfalz, Tel. 06341/13 83 10, landau-tourismus.de

SEHENSWÜRDIGKEITEN

ZOO LANDAU IN DER PFALZ: Hindenburgstraße 12, 76829 Landau in der Pfalz, Tel. 06341/13 70 10, zoo-landau.de
REPTILIUM TERRARIEN- UND WÜSTENZOO GMBH: Werner-Heisenberg-Straße 1, 76829 Landau in der Pfalz, Tel. 06341/ 943 303 600, reptilium-landau.de
KART CENTER LANDAU: Im Justus 4, 76829 Landau, Tel. 06341/96 26 99, kartcenter-landau.de
FREIZEITBAD LA OLA: Horstring 2, 76829 Landau in der Pfalz, Tel. 06341/13 92 00, la-ola.de
FUN FOREST KANDEL: Badallee 8, 76870 Kandel, Tel. 07275/61 80 32, kandel.funforest.de
SÜDPFALZ-DRAISEINENBAHN: Tel. 06344/9 44 26 70, suedpfalz-draisine.de

◀ Stimmungsvolles Kalmitweinfest ▶ Draisinenfahrt durch die Südpfalz

◀ Idyllisch: Stellplatz am Weingut Lorentz ▶ Camping im Klingenbachtal

WOHNMOBILSTELLPLATZ WEINGUT LORENTZ

ADRESSE: Lindenbergstraße 76, 76829 Landau in der Pfalz,
Tel. 06341/6 32 24, weingut-lorentz.de
ANFAHRT: Von Landau Richtung Norden nach Nußdorf fahren. An der T-Kreuzung im Ort links über die Lindenbergstraße bis zum Ortsausgang, rechterhand folgt das Weingut mit Stellplatz
GPS: 49.222778, 8.102778
Idyllisch am Ortsrand von Nußdorf gelegenes Weingut mit sechs großzügigen Stellplätzen für Wohnmobile. Rasenuntergrund. Mit Strom, Wasser und Entsorgung. Sehr gutes Preis-Leistungsverhältnis. Mit dem Fahrrad 15 Minuten bis Landau. Campen eingerahmt von Rebstöcken und ruhig gelegen (vor allem die Plätze hinter dem Weingut) – sehr empfehlenswert.

CAMPING IM KLINGBACHTAL

ADRESSE: Klingener Straße 52, 76831 Billigheim-Ingenheim,
Tel. 06349/61 45, camping-klingbachtal.de
ANFAHRT: Von Landau über die B38 bis Ingenheim fahren, im Ort rechts auf Klingener Straße, dieser folgen, bis es rechts zum Campingplatz und Freibad geht
GPS: 49.135833, 8.072222
Der gepflegte und überschaubar große Platz liegt direkt neben dem schmucken Weindorf Klingen beim Sportplatz und direkt neben dem Freibad (Eintritt im Übernachtungspreis inbegriffen). Saubere, moderne Sanitärgebäude. Vor dem Campingplatz befinden sich Kurzzeit-Wohnmobilstellplätze (nicht reservierbar), die Einrichtungen des Platzes können mitbenutzt werden.

REICHES KULTUR- UND NATURERBE

Darmstadt und Kühkopf-Knoblochsaue

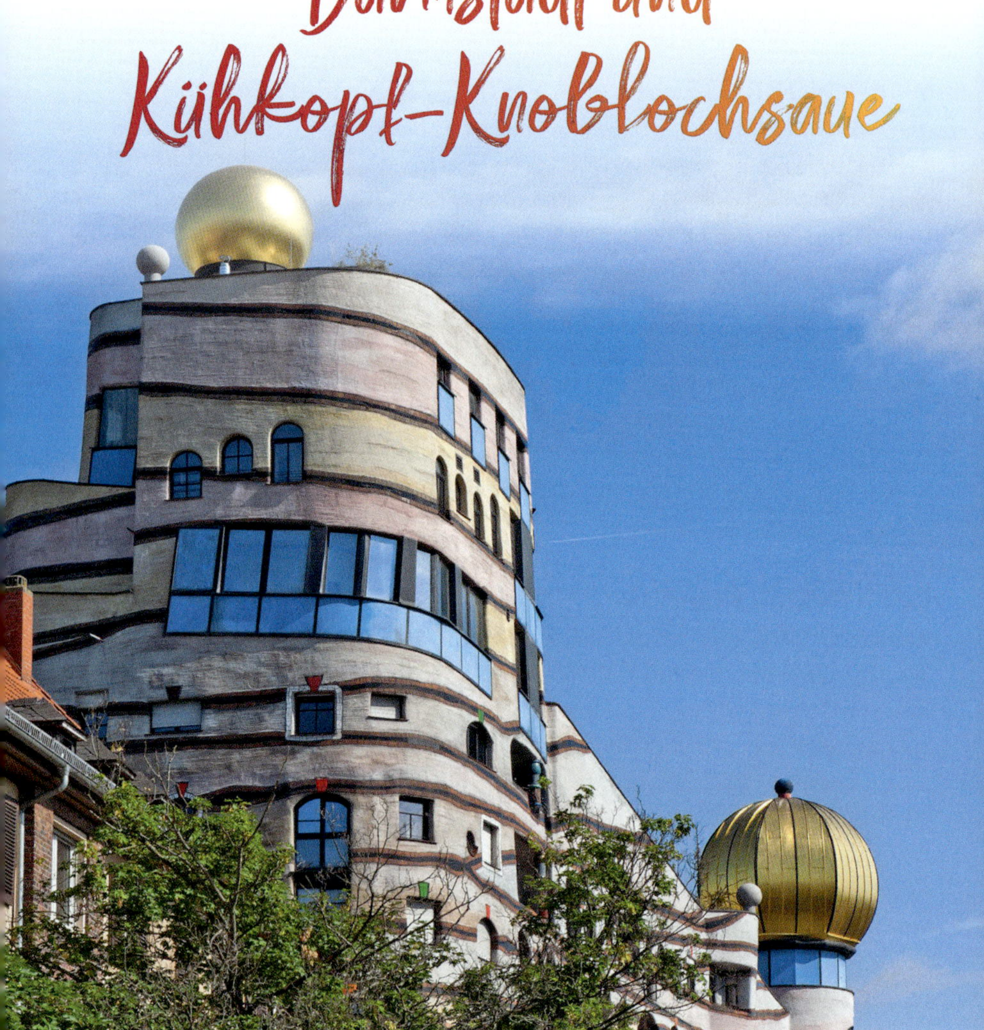

Die Waldspirale ist eines der letzten Werke von Friedensreich Hundertwasser.

Die ehemalige Residenzstadt Darmstadt zwischen Barock und Jugendstil ist reich an Sehenswürdigkeiten und die Mathildenhöhe Welterbestätte in spe. Die Grube Messel mit ihren sensationellen Fossilienfunden hat den Status schon inne. Im Naturschutzgebiet am Altrhein kann man wandern, radeln und die Natur genießen.

Darmstadt entstand aus einer mittelalterlichen fränkischen Siedlung. Nach der Teilung Hessens im 16. Jahrhundert wurde Darmstadt Residenzstadt der Landgrafschaft Hessen-Darmstadt und im 19. Jahrhundert Hauptstadt des Großherzogtums Hessen und bei Rhein. Unter Großherzog Ernst Ludwig erlebte die Stadt im letzten Jahrzehnt des 19. Jahrhunderts wirtschaftlichen Wohlstand und Bevölkerungswachstum und ein Aufleben von Kunst und Kultur. Letzteres stieß bei der Bevölkerung und Lokalpolitik auf wenig Gegenliebe. Die Bedeutung, die die Künstlerkolonie auf der Mathildenhöhe für die weitere Entwicklung der Kulturgeschichte haben würde, ahnten damals die wenigsten. Heute hofft man berechtigt auf die größte Ehrung durch die UNESCO als Weltkulturerbestätte.

EINSTIGE RESIDENZSTADT ÜBER JAHRHUNDERTE

99 Prozent der Altstadt und 78 Prozent der Stadt insgesamt wurden in der Bombennacht vom 11. auf den 12. September 1944 zerstört, 11 500 Menschen starben. Da die Altstadt vorwiegend aus Fachwerkgebäuden bestand, blieb von ihr nach dem Feuersturm nichts übrig, was erklärt, warum heute die Innenstadt von Nachkriegsarchitektur beherrscht wird. Trotzdem sind viele wichtige Gebäude wiederaufgebaut worden und ein Besuch der Innenstadt lohnt sich durchaus.

Am Markt befindet sich das **Residenzschloss**. Im 13. Jahrhundert entstand hier eine Wasserburg. Nachdem im 16. Jahrhundert das Landgrafenamt Hessen-Darmstadt gegründet worden war, wurde der Bau eines Renaissanceschlosses begonnen, ab 1715 mit dem Bau einer barocken Vierflügelanlage, die jedoch nie fertig wurde. Heute beherbergt das Schloss Teile der TU und das **Schlossmuseum**, das mit seiner Sammlung Einblick in das Leben der Hessen-Darmstädter Landgrafen und Großherzöge bietet. Gegenüber vom Marktplatz steht das **Alte Rathaus**, ein Renaissancebau von 1568, der in späteren Jahrhunderten umgebaut und erweitert wurde.

25

Westlich vom Marktplatz befindet sich der **Luisenplatz** mit dem **Langen Ludwig**, wie das Denkmal Ludewigs I. Großherzog von Hessen und bei Rhein auf der hohen Säule von den Darmstädtern genannt wird. Das **Kollegiengebäude** war damals der Regierungssitz und ist heute Sitz des Regierungspräsidiums.

GEGENÜBER DEM SCHLOSS BETREIBT DAS BEKLEIDUNGSHAUS HENSCHEL seit Kurzem ein modernes Café-Restaurant im obersten Stock mit tollem Ausblick auf Schloss und Friedensplatz (www.henschel-darmstadt.de/gastronomie).

MUSEEN IM ZENTRUM

Hinter dem Schloss am Friedensplatz steht das **Hessische Landesmuseum**, eines der ältesten öffentlichen Museen Deutschlands, heute noch ein Universalmuseum mit umfangreichen ständigen Sammlungen. Es wurde vor wenigen Jahren aufwendig und wunderschön restauriert und ist unbedingt einen Besuch wert. Nebenan steht das ehemalige **Landestheater**, ein klassizistischer Bau von Georg Moller, der im Krieg ausgebrannt und in den 1980ern entkernt wurde, um das Hessische Staatsarchiv unterzubringen. Dahinter erstreckt sich der Herrngarten mit dem schönen **Herrngartencafé** mit Biergarten, eine Oase in der Großstadt (www.herrngartencafe.de). Im hinteren Teil schließt sich rechts der **Prinz-Georgs-Garten** an, ein im 18. Jahrhundert nach französischen Vorbildern formal angelegter Lustgarten. Der barocke Garten schließt mit dem **Prinz-Georg-Palais** ab, in dem das **Porzellanmuseum** mit der von Ernst Ludwig gegründeten Großherzoglichen Porzellansammlung untergebracht ist.

Knapp 700 Meter nördlich von hier steht eine der wenigen architektonischen Sehenswürdigkeiten der Neuzeit. Friedensreich Hundertwasser hat sich hier mit einem seiner letzten Werke verewigt und die Wohnanlage **Waldspirale** erbauen lassen.

Folgt man vom Luisenplatz der Fußgängerstraße Wilhelminenstraße nach oben, kommt man zum Wilhelminenplatz mit dem im Jugendstil erbauten **Alice-Denkmal** vor der Runden Kirche, der **Kuppelkirche St. Ludwig**, 1827 von Georg Moller erbaut. Westlich erhebt sich der monumentale Bau des **Hessischen Staatstheaters Darmstadt** von 1972, der 2006 umfangreich

Das barocke Stadtschloss nutzt heute die Technische Universität.

saniert wurde. Das Theater hat drei Häuser und ein riesiges Foyer. In der Landgraf-Georg-Straße steht seit 1909 das **Jugendstilbad**, das als Städtische Badeanstalt gebaut wurde und seit der umfangreichen Sanierung 2008 um eine moderne Saunalandschaft erweitert wurde.

GESAMTKUNSTWERK DES JUGENDSTILS

Östlich der Innenstadt erhebt sich die berühmte **Mathildenhöhe**, die als Zentrum des Jugendstils als UNESCO-Weltkulturerbe anerkannt ist. Der **Hochzeitsturm** mit seinen fünf Fingern ist von Weitem sichtbar und zeigt den Weg zur Künstlerkolonie, die von Ernst Ludwig 1899 ins Leben gerufen wurde. Ziel der Künstler sollte die Entwicklung neuzeitlicher und zukunftsweisender Bau- und Wohnformen sein. 1901 eröffneten sie die erste Ausstellung, bis 1914 gab es insgesamt vier Ausstellungen. 1833 wurde auf der Höhe ein Park im englischen Stil angelegt, von dem heute noch der **Platanenhain** existiert. 1897 wurde die russische Kapelle erbaut. 1880 wurde ein Wasserreservoir errichtet, auf dem sich heute die 1908 erbaute **Ausstellungshalle** befindet. Ebenfalls 1908 wurde der von Joseph Maria Olbrich entworfene Hochzeitsturm eröffnet, in dessen Jugendstilambiente heute standesamtliche Trauungen stattfinden. Im **Ernst-Ludwig-Haus**, dem gemeinschaftlichen Ateliergebäude der Künstlergruppe, befindet sich heute das **Museum Künstlerkolonie**. Am Südhang der Mathildenhöhe stehen heute noch einige der von Olbrich und Behrens erbauten **Künstlerhäuser** und weitere Jugendstilvillen.

◀ Jugendstil-Portal auf der Mathildenhöhe ▶ Das Löwentor auf der Rosenhöhe

Tipp

Mit der kostenlosen App »Mathildenhöhe Darmstadt«, die in den App Stores erhältlich ist, kann man sich nicht nur zu den einzelnen Standorten navigieren lassen, sondern vor Ort auch aus dem aktuellen Blickwinkel mithilfe von Augmented Reality die reale Ansicht mit historischen Bildern überblenden.

KLASSIZISTISCHER GARTENTRAUM

Folgt man dem Olbrichweg in östlicher Richtung, erreicht man die **Rosenhöhe**. Den Zugang bildet seit den 1920er-Jahren das **Löwentor**, das ursprünglich als Eingangsportal zur Weltausstellung 1914 auf der Mathildenhöhe geschaffen wurde. Auf einem ehemaligen herrschaftlichen Weinberg wurde ab 1810 die Rosenhöhe als englischer Landschaftsgarten angelegt. Im Park befinden sich u. a. ein **Mausoleum** im klassizistischen Stil, ein Tee- und ein Gartenhaus und das **Rosarium**, das mit seinem Rosendom um 1900 von Ernst Ludwig angelegt wurde. Ein wichtiges Gestaltungselement des Parks ist die sich östlich erstreckende **Obstwiese**. An diese schließt sich das riesige, unbebaute **Oberfeld** an, hinter dem der wunderschöne, endlos erscheinende Stadtwald beginnt.
Mitten im Wald an der Dieburger Straße haben die Darmstädter ein kleines Naherholungsgebiet rund um den **Steinbrücker Teich** mit dem um 1901 erbauten und auch heute immer noch beliebten Ausflugslokal **Oberwaldhaus**.

Durch den prächtigen und abwechslungsreichen Mischwald kann man wunderschöne Fahrradtouren fast ohne Steigungen machen. Empfehlenswert ist auch die 60 Kilometer lange Rundtour »Rund um Darmstadt«, die vorwiegend durch Wald führt.

400 JAHRE JAGDVERGNÜGEN

Im Nordosten Darmstadts dokumentiert das 1580 im Renaissancestil erbaute **Jagdschloss Kranichstein** 400 Jahre fürstliches Jagdvergnügen und Repräsentationsbedürfnis der Landgrafen und Großherzöge. 1918 ließ Ernst Ludwig aus seiner jagdhistorischen Sammlung ein **Jagdmuseum** einrichten, das man heute noch in den **historischen Räumen** des Jagdschlosses besichtigen kann. Dort befindet sich auch ein Hotel mit Restaurant. Im **Jagdzeughaus** ist ein modernes Mitmachmuseum untergebracht. Das **Bioversum** will der Öffentlichkeit am Beispiel des Buchenwaldes die Bedeutung der biologischen Vielfalt als Existenzgrundlage allen Lebens näherbringen.
Für Eisenbahnfans ist das **Eisenbahnmuseum Kranichstein** im ehemaligen Bahnbetriebswerk mit Lokschuppen samt Drehscheibe auf jeden Fall einen Besuch wert. Es ist das größte in Hessen. Besichtigungen sind nur im Rahmen von Führungen möglich (www.bahnwelt.de).

Tipp

Wer sich näher mit dem Thema Jagd beschäftigen mag, für den ist sicher der 2011 angelegte **Jagdhistorische Lehrpfad** interessant, der beim Jagdschloss beginnt und auf dem man unter anderem an historischen Jagdschirmen aus dem 18. Jahrhundert vorbeikommt.

FOSSILIENSCHÄTZE IM ÖLSCHIEFER

Weiter östlich mitten im Wald befindet sich die Fossilienfundstätte **Grube Messel**, die es schon 1995 auf die Welterbeliste der UNESCO geschafft hat. Jährlich werden in der Grube Messel etwa 3000 Fossilien geborgen, die fast 50 Millionen Jahre im Ölschiefer überdauert haben. Dabei handelt es sich um Pflanzen und Skelette von Tieren, die im Vulkansee lebten oder in ihm ertrunken und zu Boden gesunken sind.

25

Die preisgekrönte Architektur des **Besucherzentrums** bietet den Gästen eine ausgesprochen interessante Ausstellung. Über unterschiedlich lange und ausführliche Führungen ist es auch möglich, die Grube zu betreten. Noch in den 1980er-Jahren wollten Darmstädter Kommunalpolitiker die Grube als Mülldeponie missbrauchen, was die Bürger aber verhinderten. Stattdessen wurde sie schon wenig später als erstes deutsches Naturdenkmal in die UNESCO-Welterbeliste aufgenommen.

NATURIDYLL AUENLANDSCHAFT AM ALTRHEIN

Am Altrhein bietet das Naturschutzgebiet **Kühkopf-Knoblochsaue** ein riesiges naturbelassenes Auengebiet zum Wandern und Radeln. Seit 1978 ist es für den Autoverkehr gesperrt. Durch die Rheinbegradigung ist 1828 die Insel **Kühkopf** entstanden, die über zwei Brücken zugänglich ist. Die besten Parkmöglichkeiten bietet der Parkplatz an der Brücke in Stockstadt (GPS: 49.81351, 8.46305).
In den behutsam restaurierten Stallungen des 1580 erbauten **Hofguts Guntershausen** gleich hinter der Brücke befindet sich das Informationszentrum für das Naturschutzgebiet, in dem man in der Dauerausstellung »Mitten im Fluss« sehr anschaulich mehr über die Kultur und Geschichte dieser Auenlandschaft erfahren kann (www.hofgut-guntershausen.de).
Die **Knoblochsaue**, der andere Teil des Naturschutzgebietes, ist am besten mit dem Fahrrad über die Brücke in Erfelden zum Festland und dann links entlang des Altrheins zu erreichen. Es gibt aber auch einen Parkplatz am Rande der Knoblochsaue (GPS: 49.82735, 8.4154). Das Gebiet ist vorwiegend von Auenwald bedeckt, in dem sich die Schwedensäule versteckt, ein Obelisk aus dem Jahre 1632.

Eine ganze Reihe abwechslungsreicher Wanderwege mit diversen Schwierigkeitsgraden in unterschiedlichen Längen führen durch das wunderschöne Gebiet rund um den Fluss. Ausführliche Tipps und Empfehlungen für markierte Wanderwege über den Kühkopf findet man auf der Internetseite: www.kuehkopf.de/anfahrt/wanderungen.

AUF EINEN BLICK

Info

STADT/REGION: Darmstadt
BESTE REISEZEIT: Frühling bis Herbst
OPTIMALE REISEDAUER: 2 bis 3 Tage
TOURISTINFO: Touristinformation
im Darmstadt Shop im Luisencenter, Luisenplatz 5,
64283 Darmstadt, Tel. 06151/13 45 13,
www.darmstadt-tourismus.de

SEHENSWÜRDIGKEITEN

SCHLOSSMUSEUM: Schlossmuseum Darmstadt, Residenzschloss, Marktplatz 15, 64283 Darmstadt, Tel. 06151/240 35, info@schlossmuseum-darmstadt.de, www.schlossmuseum-darmstadt.de
HESSISCHES LANDESMUSEUM: Friedensplatz 1, 64283 Darmstadt, Tel. 06151/3 601 200, info@hlmd.de, www.hlmd.de
PORZELLANMUSEUM: Schlossgartenstr. 10, 64289 Darmstadt, Tel. 06151/71 32 33, www.porzellanmuseum-darmstadt.de
STAATSTHEATER DARMSTADT:
Georg-Büchner-Platz 1, 64283 Darmstadt, Tel. 06151/281 16 00, www.staatstheater-darmstadt.de

◀ Im Besucherzentrum der Grube Messel ▶ Mosaik im Hochzeitsturm

AUF EINEN BLICK

JUGENDSTILBAD: Mercksplatz 1, 64287 Darmstadt, Tel. 06151/95 15 60, info@jugendstilbad.de, www.jugendstilbad.de
MUSEUM KÜNSTLERKOLONIE: Olbrichweg 15, 64287 Darmstadt, Tel. 0615/13 28 08, mathildenhoehe@darmstadt.de, www.mathildenhoehe.eu
JAGDSCHLOSS KRANICHSTEIN: Kranichsteiner Str. 261, 64289 Darmstadt, Tel. 06151/13 06 70, info@hotel-jagdschloss-kranichstein.de, www.hotel-jagdschloss-kranichstein.de
EISENBAHNMUSEUM KRANICHSTEIN: Steinstr. 7, 64291 Darmstadt, Tel. 06151/37 64 01, info@bahnwelt.de, www.bahnwelt.de
GRUBE MESSEL: Roßdörfer Str. 108, 64409 Messel, Tel. 06159/71 75 90, service@welterbe-grube-messel.de, www.grube-messel.de

Vor dem Zeughaus in Kranichstein befindet sich ein großer als Wanderparkplatz beschilderter Platz, der sich auch für Wohnmobile eignet.

◀ Das Alice-Denkmal vor der runden Kirche
▲ Das Jugendstilbad in Darmstadt ▼ Wohnmobilstellplatz Messel

CAMPINGPLATZ AM STEINRODSEE

ADRESSE: Triftweg 33, 64331 Weiterstadt, Tel. 06150/535 93, www.camping-steinrodsee.de

ANFAHRT: Von Süden A 5 Ausfahrt Weiterstadt, auf die B 42 Richtung Darmstadt, Abzweigung nach links nach Gräfenhausen, dort an der Kreuzung rechts in die Schneppenhäuser Straße, links abbiegen Richtung Steinrodsee und Campingplatz. Von Norden A 5 Ausfahrt Langen/Mörfelden Richtung Mörfelden-Walldorf, an der Kreuzung links auf die B 44, am Kreisverkehr links nach Gräfenhausen, dort links abbiegen Richtung Ortsmitte, links abbiegen zu Campingplatz und Steinrodsee.

GPS: 49.94437, 8.60452

Von Dauercampern geprägter netter Campingplatz an einem Baggersee ohne Bademöglichkeit in Hörweite der Autobahn. Ebenes Wiesengelände mit einigen Bäumen. 124 Dauercamper, 59 Plätze für Urlauber. Imbiss und Café, gut ausgestattete, saubere Sanitäranlagen, kostenlose Duschen mit abnehmbaren Brausen, Haartrockner. Spielplatz, Brötchenservice. Keine Ver- und Entsorgungsstation für Wohnmobile. April bis Oktober geöffnet.

WOHNMOBILSTELLPLATZ MESSEL

ADRESSE: Am Sportplatz 1, 64409 Messel

ANFAHRT: A 5 Ausfahrt Weiterstadt, auf B 42 Richtung Darmstadt, der B 42 folgen bis kurz vor Messel, dort rechts auf L 3317 abbiegen, nächste Abzweigung links nach Messel, im Ort erste Straße links, dann rechts auf Bornweg und wieder links zum Sportplatz.

GPS: 49.9389, 8.73808

Netter kleiner, kostenloser Stellplatz für vier Wohnmobile beim Sportplatz. Wenn sie belegt sind, kann man auf benachbarte Flächen ausweichen. Stromanschlüsse, Ver- und Entsorgung, Müllentsorgung. Wiesenstreifen kann für Aufenthalt genutzt werden. Vier Kilometer zum Besucherzentrum Grube Messel, 5,5 Kilometer nach Kranichstein, mit Linienbus nach Darmstadt Stadtmitte in 30 Minuten. Zwei Restaurants in Messel. Ruhige Lage am Ortsrand. Ganzjährig nutzbar.

DIE RHEINLAND-PFÄLZISCHE METROPOLE

Sehenswertes in Mainz von den Römern bis heute

Renaissance-Marktbrunnen und mittelalterlicher Dom St. Martin

Mainz als größte Stadt in Rheinland-Pfalz hat viel zu bieten: einen bedeutenden Dom, eine wunderschöne Altstadt, einen lebendigen Markt, eine Kirche mit Chagall-Fenstern, die Mainzer Fastnacht, die Rheinpromenade, tolle Museen, schöne Geschäfte, einladende Lokale und die Mainzelmännchen.

Mainz hat eine lange Geschichte. Schon zur letzten Eiszeit vor 20 000 Jahren rasteten hier Jäger. Die ersten, die sich hier niederließen, waren Kelten. 500 Jahre gehörte Mainz zum Römischen Reich. 782 wurde Mainz zum Erzbistum erhoben, 1440 erfand Gutenberg den Buchdruck, 1477 Gründung der Universität, 1885 Bau der ersten festen Rheinbrücke seit der Antike, 80-prozentige Zerstörung im Zweiten Weltkrieg, 1946 wurde Mainz Hauptstadt von Rheinland-Pfalz.

Am Markt gegenüber dem Domeingang findet man den modernen mainz STORE, der weit mehr als eine Tourist-Info ist. Hier gibt es außer Infomaterial und Tickets auch Mainzer Geschenk- und Designartikel und Bücher, sowie regionale Weine und Spezialitäten. Ein Highlight sind Souvenirs mit den Mainzelmännchen, die längst ein Wahrzeichen der Stadt sind und dort auch als Ampelmännchen zu sehen sind.

Tipp

RUND UM DEN DOM

Im historischen Zentrum steht der **Dom St. Martin** am Markt. Er wurde bereits 975 erbaut und ist nach dem Dom zu Speyer der älteste monumentale Kuppelbau Deutschlands. Der Innenraum mit seinen drei Schiffen besticht durch seine klaren romanischen Formen und die beiden Chöre. Sehenswert ist auch der zweistöckige Kreuzgang aus dem 15. Jahrhundert. In den daran angrenzenden Gebäuden ist das **Dom- und Diözesanmuseum** untergebracht. An der Außenseite zum Markt hin kleben barocke **Domhäuser**. Sie sind die einzigen, die den Krieg überlebt haben. Alle anderen historischen Fassaden, die den **Markt** so schön schmücken, sind ab 1979 wiederaufgebaut worden. Hinter einer befindet sich das ausgesprochen beliebte Café Wilma Wunder mit Balkon im ersten Stock. In einer Ecke des Marktplatzes steht der prächtig verzierte **Marktbrunnen**

Häuserfassaden in Mainz

von 1526, der älteste und wahrscheinlich schönste Renaissancebrunnen Deutschlands. Den Liebfrauenplatz schließt die prächtige Renaissancefassade des **Palais Zum Römischen Kaiser** ab, der erste große Neubau nach den Zerstörungen des Dreißigjährigen Kriegs. Nach Abschluss des Neubaus wird das **Gutenberg-Museum** hier wieder präsent sein. Derzeit ist ein Großteil seiner Ausstellung im Naturhistorischen Museum untergebracht. Hier sieht man, wie Gutenberg arbeitete, auch sind einige seiner gedruckten Bücher ausgestellt, die ältesten gedruckten Bibeln der Welt. Wenn man rechts des Palais Zum Römischen Kaiser durch die Rotenkopfgasse geht, stößt man auf das spätromanische **Heilig-Geist-Spital**. Seit 1863 dient es als Gaststätte. Der Innenraum wirkt mit seinen Gewölben wie ein Sakralbau. Ein kleines Stück weiter in derselben Richtung steht der um 1240 erbaute, rot-weiße **Eisenturm** etwas deplatziert zwischen Gewerbebauten und der Rheinstraße als Hauptverkehrsader. Er ist einer von drei noch existenten Toren der mittelalterlichen Stadtbefestigung. Heute beherbergt er den Kunstverein Eisenturm Mainz.

Tipp

Auf den malerischen Plätzen am Dom findet dreimal wöchentlich (Dienstag, Freitag und Samstag) einer der ältesten und wohl auch schönsten Wochenmärkte statt. Am Liebfrauenplatz gibt es das Marktfrühstück, das unzählige Menschen anzieht, die hier Weck, Worscht und Woi und die einmalige Atmosphäre genießen wollen. www.diemainzerwinzer.de.

26

SCHÖNSTES ALTSTADTVIERTEL

Auf der anderen Seite des Doms beginnt rund um die **Augustinerstraße** das schönste Stadtviertel der Mainzer Innenstadt. Es ist im Krieg von Bomben verschont worden und deshalb reich an schönen Gebäuden, romantischen Gassen und alten Fachwerkhäusern. Ein besonders malerischer Platz ist der **Kirschgarten**. Auf der linken Seite der Augustinerstraße fällt zwischen den Häusern die sandsteinrote barocke Fassade der **Augustinerkirche** auf. Das Innere der ehemaligen Klosterkirche des Bettelordens strahlt in glanzvollem Rokoko, erbaut 1768 bis 1772. Die Ausstattung der Kirche ist so reich, weil der Kurfürst keine »Bauernkirche« in seiner Stadt haben wollte. Wenn man links in die Weintorstraße abbiegt, findet man etwas versteckt das **Haus zum Stein**, das älteste Wohnhaus der Stadt, Wohnturm einer mittelalterlichen Patrizierfamilie. In der Kapuzinerstraße erhebt sich die hohe, mit Säulen und Statuen geschmückte schlanke Sandsteinfassade von **St. Ignaz**. Sie wurde zwischen 1763 und 1774 erbaut.

Ein Stück weiter trifft man auf die Rheinstraße und dort an der Kreuzung Holzhofstraße auf den imposanten Backsteinbau eines ehemaligen Lokschuppens, der das sehr interessante **Museum für Antike Schifffahrt** mit seiner 2026 völlig neu gestalteten Ausstellung beherbergt. Nebenan steht der Neubau des **Römisch-Germanischen Zentralmuseums**, in den das Museum mit seinen 200 000 Exponaten vom Kurfürstlichen Schloss umgezogen ist.

WENIGE HÄUSER WEITER SOLLTE MAN VERSUCHEN, einen Platz in der kleinen, urigen und holzvertäfelten **Weinstube Zum Beichtstuhl** zu bekommen. Angeblich stammt das Holz von einem Küster, der seine Zeche nicht bezahlen konnte und deshalb einen Beichtstuhl in Zahlung gab. Hier kann man u. a. die Mainzer Spezialitäten Fleischwurst, Spundekäs und Handkäs mit Musik bekommen. Kapuzinerstr. 30, 55116 Mainz, beichtstuhl-mainz.chayns.site

NOCH MEHR SEHENSWERTES

Weiter westlich in der Altstadt ragt die gotische **Kirche St. Stephan** aus den Häusern heraus. Sie wurde im Krieg fast völlig zerstört. Nachdem Marc Chagall die Fenster für die Kirche gestaltet hat, zieht sie jährlich 200 000

Besucher aus aller Welt an. Ein wenig weiter in nordwestlicher Richtung lohnt sich eine Besichtigung der Sektkellerei Kupferberg, die allerdings nur mit Voranmeldung möglich ist (g.bals@sektkellerei-kupferberg.de, www.restaurant-kupferberg.de).
Von hier Richtung Altstadt ist der Schillerplatz nicht weit. Monumentaler Abschluss dieses Platzes ist der 1747 bis 1752 für den Kurfürsten erbaute Osteiner Hof. In unmittelbarer Nähe steht ein weiteres Palais aus derselben Zeit, der Bassenheimer Hof. Der Fastnachtsbrunnen auf dem Platz wurde 1967 enthüllt und zeigt die typische Mainzer Lebensfreude. Ein Stück in nordwestlicher Richtung liegt das Mainzer Fastnachtsmuseum, das sich mit dem Thema Fasching ausführlich beschäftigt.
Geht man vom Schillerplatz die baumbestandene Ludwigstraße hinunter, kommt man zum Gutenbergplatz mit dem Gutenberg-Denkmal des dänischen Bildhauers Thorwaldsen. Der Erfinder schaut auf das Staatstheater Mainz, das als Großherzogliche Nationalbühne Mainz 1833 Architekturgeschichte schrieb. Georg Moller hat sie entworfen und dabei die Rundung des Zuschauerraums auf die Fassade übertragen. Es war damals das vierte große Theaterhaus in Deutschland. 1910 bis 1912 gab es wesentliche Erweiterungen am Bau, die ihn stark veränderten.
Seit dem Jahr 2000 ist Mainz um eine antike Stätte reicher. Bei Bauarbeiten stieß man auf Reste eines Isis- und Mater Magna-Heiligtums, das man heute bei kostenlosem Eintritt und sehr schön präsentiert im Untergeschoss des Shoppingcenters Römerpassage besichtigen kann. In der Großen Bleiche 49–51 im modern erweiterten Komplex des Kurfürstlichen Marstalls befindet sich das Landesmuseum, eines der ältesten Museen Deutschlands.

ZWISCHEN ALTSTADT UND NEUSTADT

In der Neustadt am Synagogenplatz (Ecke Hindenburgstraße/Josefsstraße) steht ein spektakuläres Beispiel moderner Architektur, die Neue Synagoge Mainz, ein Werk des Architekten Manuel Herz. Glasierte, handgefertigte Keramikprofile bilden die Oberfläche dieses ungewöhnlichen Baus, der so viele Perspektiven bietet und Fragmente des zerstörten Vorgängerbaus mit einbezieht. Besichtigung von innen ist nur nach Absprache möglich (www.jgmainz.de).

Osteiner Hof, Bassenheimer Hof und Fastnachtsbrunnen am Schillerplatz

Die baumbestandene Kaiserstraße führt auf den domartigen Bau der evangelischen **Christuskirche** zu. Der 80 Meter hohe Kuppelbau (1896–1903) ist als Gegenstück zum katholischen Dom zu verstehen und steht für das Selbstbewusstsein der Protestanten. Er prägt heute noch die Stadtkulisse. Am Rheinufer in der Nähe der Theodor-Heuss-Brücke steht das **Kurfürstliche Schloss**, einer der schönsten und größten Renaissancebauten. Im Krieg völlig ausgebrannt dient es heute als Eventlocation mit großem Veranstaltungssaal. Direkt am Ende der Brücke steht die heutige rheinland-pfälzische **Staatskanzlei**, ebenfalls ein Bau mit nur historischer Hülle, als **Neues Zeughaus** im Barock 1748 bis 1740 erbaut. Etwa 200 Meter flussaufwärts steht die rot-weiße Karmeliterkirche aus dem 14. Jahrhundert. Sie wurde kaum verändert. 1924 bekamen die Karmeliter ihr Kloster zurück, seit 1964 leben hier wieder Mönche.
Die **Theodor-Heuss-Brücke** wurde 1885 eingeweiht. Der Bau von Friedrich von Thiersch galt als technisches Wunderwerk. In den 1930er-Jahren wurde sie wegen des zunehmenden Autoverkehrs verbreitert. Auf der Kasteler Seite befindet sich gleich rechts die **Bastion Schönborn** mit dem schönen Sandstrand, Strandbar und Liegestühlen, wo man mit einem Drink in der Hand den Blick auf die Stadtsilhouette von Mainz und den Sonnenuntergang über dem Rhein genießen kann. Direkt neben dem Strand hat das Restaurant Bastion von Schönborn eine traumhaft über dem Wasser gelegene Terrasse, die wegen der guten Küche und ihrer Lage stets gut besucht ist. Ein perfekter Ort, um den Tag nach einem Stadtbesuch ausklingen zu lassen.

AUF EINEN BLICK

Info

STADT/REGION: Mainz
BESTE REISEZEIT: Frühling bis Herbst
OPTIMALE REISEDAUER: 2 Tage
TOURISTINFO: mainz STORE, Markt 17 (Domplatz)
Tel. 06131/242-888, tourist@mainzplus.com,
www.mainz-store.com

SEHENSWÜRDIGKEITEN

DOM ST. MARTIN: bistummainz.de/mainzer-dom
DOM- UND DIÖZESANMUSEUM: Eingang im Kreuzgang des Doms, www.dommuseum-mainz.de
NATURHISTORISCHES MUSEUM UND GUTENBERG-MUSEUM: Reichklarastraße 1, 55116 Mainz, www.gutenberg-museum.de
MUSEUM FÜR ANTIKE SCHIFFFAHRT: Neutorstr. 2b, 55116 Mainz, Tel. 06131/8885 400
RÖMISCH-GERMANISCHES ZENTRALMUSEUM: Neutorstraße, 55116 Mainz, Tel. 06131/888 50, web.rgzm.de
MAINZER FASTNACHTSMUSEUM: Proviant-Magazin (Westeingang), Neue Universitätsstr. 2, 55116 Mainz, Tel. 06131/144 40 71, www.mainzer-fastnachtsmuseum.de
STAATSTHEATER MAINZ: www.staatstheater-mainz.com
ISIS- UND MATER MAGNA-HEILIGTUM: Römerpassage 1, 55116 Mainz, Tel. 06131/600 74 93, roemisches-mainz.de
LANDESMUSEUM: Große Bleiche 49–51, 55116 Mainz, Tel. 06131/28 57-0, www.landesmuseum-mainz.de

CAMPINGPLATZ MAARAUE

ADRESSE: Maaraue 48, 55246 Mainz-Kostheim, Tel. 06134/257 59 22, info@campingplatz.maaraue.de, www.campingplatz-maaraue.de
ANFAHRT: A 671 Ausfahrt Hochheim-Süd nach Mainz-Kostheim, dort von der B 43 auf die Maaraustraße abbiegen und der Beschilderung ca. 1,6 Kilometer folgen (Google-Navigation ab hier fehlerhaft).
GPS: 50.00146, 8.28583

Wohnmobilstellplatz Mainz und direkt gegenüber der Altstadt gelegener Campingplatz Maaraue

Sehr schön und ruhig im Grünen gelegener Campingplatz auf einer Halbinsel am Rhein gegenüber von Mainz. Zwei Kilometer zu Fuß oder per Rad nach Mainz. Ebenes Wiesengelände mit alten, hohen Bäumen. Durch Uferweg vom Rheinufer getrennt. 20 Dauercamper und 80 Plätze für Urlauber. Kleines Bistro mit Snacks, Frühstück auf Vorbestellung, Brötchenservice, Getränke. Saubere, ordentliche Sanitäranlage mit Standardausstattung, Ver- und Entsorgung für Wohnmobile. 700 Meter Entfernung zum Freibad Maaraue. Der Campingplatz ist von Mitte Mai bis Mitte Oktober geöffnet.

WOHNMOBILSTELLPLATZ MAINZ

ADRESSE: Dr.-Martin-Luther-King-Weg 21, 55122 Mainz,
Tel. 01573/194 97 11, www.wohnmobil-stellplatz-mainz.de
ANFAHRT: A 60, Ausfahrt Mainz-Finthen Richtung Innenstadt auf Saarstraße, dann Abfahrtschild SWR/Eissporthalle/Parkplatz, links über Brücke, nach ca. 200 Metern links auf Parkplatz, Hinweis Wohnmobilstellplatz.
GPS: 49.99837, 8.24649
Der Wohnmobilstellplatz befindet sich am Rande des Großparkplatzes Stadion am Bruchweg. Für Dickschiffe geeignet. 56 ebene Stellplätze. Auf einer Seite von Erdwall begrenzt. Schranke an der Zufahrt. Ver- und Entsorgung mit Bodeneinlass an der Zufahrt, viel Rangierplatz. Strom, nachts beleuchtet, freies WLAN. Keine Sanitäranlage. Einkaufsmöglichkeiten fußnah. Zu Fuß oder per Rad zwei Kilometer zum Schillerplatz, 2,6 Kilometer zum Dom. Zentrum auch per Bus erreichbar. Ganzjährig geöffnet.

ÄLTESTE STADT DEUTSCHLANDS

Auf römischen Spuren in Trier

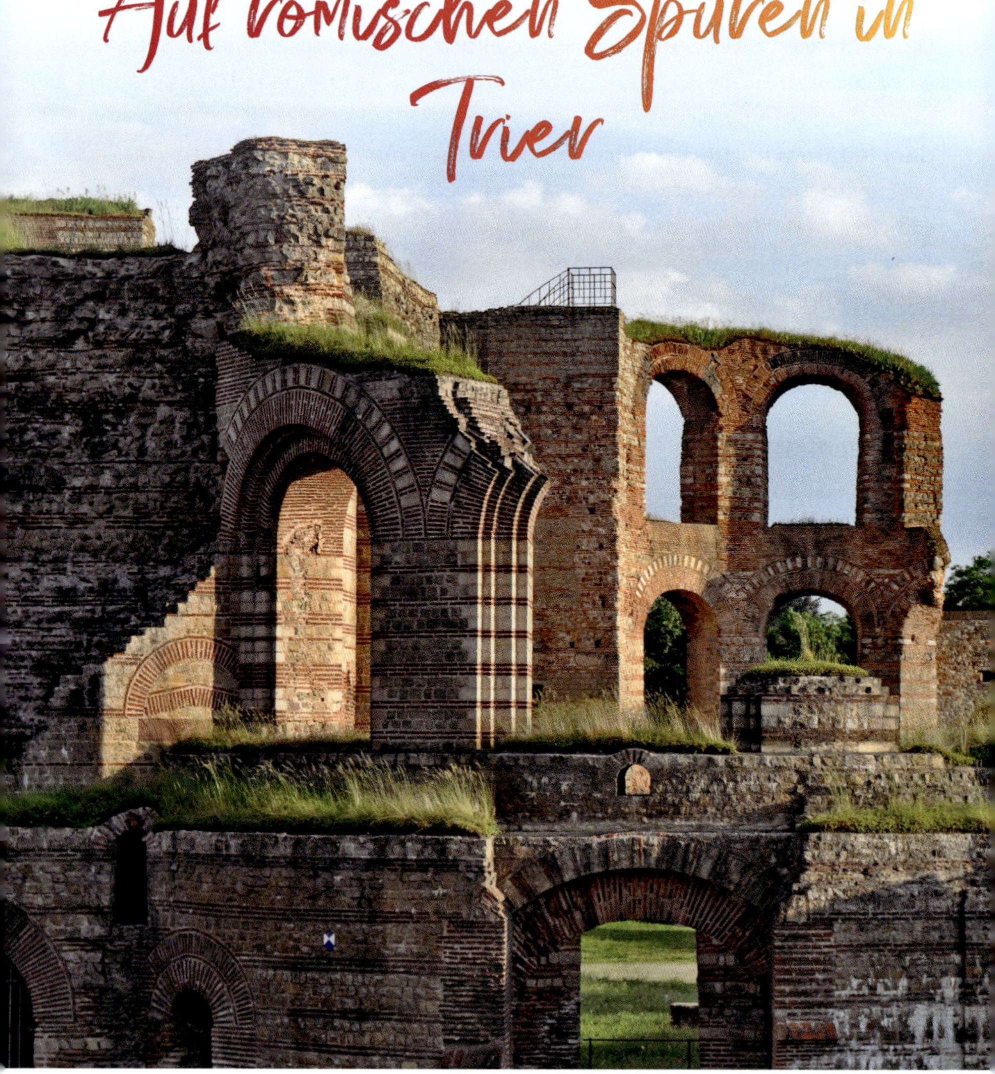

Die Römer hinterließen beeindruckende Bauten, sie können besichtigt werden.

Trier ist nicht einfach nur eine Stadt, die zu einem Besuch und Rundgang einlädt. Vielmehr wandelt man hier zwischen den Überbleibseln der Römer, die hier die Stadt Augusta Treverorum anlegten und Trier zu einem heute lohnenswerten Wochenendziel machten.

Das Wahrzeichen der Stadt, die Porta Nigra, ist nur eine von vielen Sehenswürdigkeiten Triers. Die alte Römerstadt hat jede Menge Attraktionen zu bieten, von denen sich die meisten kompakt in der Innenstadt befinden, die wiederum leicht von den Camping- und Wohnmobilstellplätzen aus zu erreichen ist. Spaziert man vom Reisemobilpark an der Mosel am Fluss entlang, gelangt man ganz automatisch zur **Römerbrücke**. Sie gilt als die älteste Brücke Deutschlands und wurde von den Römern im 2. Jahrhundert n. Chr. erbaut. Dabei ist sie schon die dritte Brücke an dieser Stelle. Zuvor wurde eine hölzerne Brücke errichtet, deren Pfahl heute im Rheinischen Landesmuseum zu sehen ist. Später folgte eine kleinere erste Steinbrücke, von der man sagt, man könne ihre Pfeiler bei Niedrigwasser erkennen. Das Prinzip der Römerbrücke war einfach: Massive Steinquader wurden entgegen dem Strom zugespitzt, damit Hochwasser und Eis keinen Schaden anrichten konnten, und auf diesen Quadern wurde in 14 Metern Höhe eine hölzerne Konstruktion errichtet, auf der die Straße verlief. Diese Höhe reichte aus, damit die damaligen Schiffe noch unter der Straße hindurch

Die Römerbrücke ist die älteste Brücke im Land und trägt auch Wohnmobile.

kamen. Zur Brücke gehörte ebenfalls ein Stadttor, ähnlich der Porta Nigra, und bis heute ist nicht zweifelsfrei geklärt, auf welcher Moselseite sich dieses befunden hat. Selbstverständlich ist die Brücke seit ihrem Bestehen verbreitert worden, doch ist es sehr beachtlich, dass eine zweitausend Jahre alte Brücke dem heutigen Straßenverkehr gewachsen ist.
Auf der Römerbrücke schauen wir, wie sich das Wasser der Mosel unter unseren Füßen seinen Weg in Richtung Koblenz sucht und wenden uns am rechten Moselufer wieder nach rechts. Keine 100 Meter hinter der Brücke biegen wir links in die Südallee ein und erreichen schon nach wenigen Augenblicken die Barbarathermen.

DEN RÖMERN AUF DER SPUR

Man kann Trier auch als das Rom des Nordens bezeichnen. Nicht nur, dass die Stadt im 3. Jahrhundert n. Chr. die größte nördlich der Alpen war und ein Amphitheater besaß, das sich vor heutigen Arenen nicht zu verstecken braucht. Auch die **Barbarathermen** waren nach den Trajansthermen in Rom die zweitgrößten römischen Thermalanlagen überhaupt. Sie wurden bis zum 4. Jahrhundert genutzt und verfielen erst mit dem Verschwinden der Römer und den damit verbundenen Zerstörungen der Stadt. Sie waren stattliche 170 x 240 Meter groß und wurden daher unter anderem als Steinbruch genutzt und teilweise zu Wohnhäusern umgebaut.
Auf dem Grünstreifen zwischen Kaiserstraße und Südallee erreicht man kurz darauf auf der linken Seite die **Kaiserthermen**. Auch die Kaiserthermen stammen natürlich aus römischer Zeit. Sie waren zwar kleiner als die Barbarathermen, aber dass es sich um einen repräsentativen Bau han-

Ausblick von der Römerbrücke flussaufwärts in Richtung Luxemburg

Der Dom ist nur ein Grund für den Unesco-Welterbestatus in Trier.

delte, ist auch heute noch anhand der Ruinen gut zu erahnen. Vermutlich waren die Kaiserthermen jedoch nie als solche in Betrieb gegangen, wie die Innenausstattung vermuten lässt. So handelte es sich eigentlich nur um einen Rohbau, der zunächst verfiel, später jedoch zu einer Kaserne umgewandelt wurde. Als die Römer sich zurückzogen, wurden die Kaiserthermen zunächst noch als Burg benutzt, verfielen aber immer weiter, da sich die Einwohnerzahl Triers stark minimierte und die Thermen dadurch irgendwann außerhalb des Zentrums lagen. Zusammen mit zahlreichen anderen römischen Bauten befinden sich aber auch die Kaiserthermen auf der Liste der schützenswerten Güter der UNESCO.

STADTRUNDGANG DURCH TRIER

Steht man an den Kaiserthermen, so ist es auf der Olewiger Straße nur ein Katzensprung bis zum beeindruckenden **Amphitheater**. Es wurde im 1. Jahrhundert n. Chr. fertiggestellt und befindet sich auch wegen seines gut erhaltenen Zustands auf der Welterbeliste der UNESCO. Das Theater hatte ein Fassungsvermögen von rund 18 000 Besuchern. Zum Vergleich: Das Moselstadion, in dem die Mannschaft von Eintracht Trier zu Hause ist, fasst lediglich etwas über 10 000 Zuschauer. Allerdings war Trier im 3. Jahrhundert n. Chr. die einwohnerstärkste Stadt nördlich der Alpen

Einladend: die Trierer Altstadt zwischen Dom und Porta Nigra

und hatte fast genauso viele Einwohner wie heute. Das änderte sich nur zwischendurch mit dem Verschwinden der Römer. Die Architektur der Arena ist clever gelöst. Einerseits befindet sie sich direkt am Hang des Petribergs, wodurch nur eine Hälfte des Theaters für Zuschauerplätze aufgeschüttet werden musste, andererseits ist sie zugleich mit in die damalige Stadtmauer integriert worden. Darüber hinaus gab es Aufzüge in der Mitte der Arena, über die Gladiatoren und Tiere auf das Gelände gebracht werden konnten. Der dazu notwendige Keller ist bis heute erhalten geblieben. Neben den Kämpfen diente das Amphitheater aber auch öffentlichen Verkündigungen und Hinrichtungen. Somit war es ein wichtiger Anlaufplatz für die damalige Stadtbevölkerung. Die heutigen wichtigen Anlaufplätze erreicht man über die nördlich angrenzenden Grünanlagen an den Kaiserthermen. Sie sind Teil des Kurfürstlichen Parks, an dessen Seite die Möglichkeit besteht, hinter der Stadtmauer das Rheinische Landesmuseum zu besichtigen.
Bei einer solch interessanten und bedeutenden Geschichte wie der der

Stadt Trier ist es natürlich eine Selbstverständlichkeit, dass sie in einem entsprechenden Rahmen präsentiert und vorgestellt wird. Das Rheinische Landesmuseum Trier übernimmt diese Aufgabe in vorbildlicher Weise und befasst sich mit seinen Ausstellungen nicht nur mit der Zeit der Römer, sondern entführt seine Besucher auch in die Vorgeschichte, in das Mittelalter und auch in die Barockzeit. Zu den Höhepunkten zählen neben einem Stadtmodell Triers zur Römerzeit auch der bereits erwähnte Pfahl der ersten Römerbrücke, der die Gründung der Stadt markiert, sowie der bisher größte gefundene römische Goldschatz, bestehend aus 2 558 Goldmünzen. Aber auch sakrale Werke wie die wertvollen Glasmalereien aus dem Trierer Dom zählen zu den Exponaten.

Durch den Palastgarten spaziert man genau auf das Kurfürstliche Palais zu.

27

SAKRALE SEHENSWÜRDIGKEITEN

Während man am Museum vorbeispaziert, blickt man zugleich auf das stolze **Kurfürstliche Palais**, welches auf der linken Seite von der **Konstantinbasilika** flankiert wird. Die Konstantinbasilika stammt aus dem 4. Jahrhundert n. Chr. und gilt mit ihren Ausmaßen als größter Einzelraum, der seit der Antike erhalten geblieben ist. Sie gehört ebenfalls zum UNESCO-Weltkulturerbe Römische Baudenkmäler, Dom und Liebfrauenkirche in Trier und diente von Anbeginn an repräsentativen Zwecken. Sie war mit Marmor verkleidet, beherbergte zahlreiche Marmorsäulen und war darüber hinaus auch beheizt. Zu Beginn des 17. Jahrhunderts wurde gleich nebenan das Kurfürstliche Palais erbaut und an die Konstantinbasilika angebunden, die hierfür umgebaut wurde. Die Kurfürsten nutzen den Palast bis zum ausgehenden 18. Jahrhundert, als die napoleonischen Truppen einmarschierten. Sowohl die Konstantinbasilika als auch der Palast erlebten in den Jahrhunderten ihres Bestehens zahlreiche Umbauten und haben heute ein deutlich anderes Aussehen als bei ihrer Fertigstellung. Der Palastgarten im Süden des Palais ist ein beliebter Ruhepol in der Stadt und wird von hohen Hecken und mehreren Skulpturen flankiert, was den öffentlichen Park würdevoll erscheinen lässt.

Gerade einmal 200 Meter von der Konstantinbasilika entfernt, beeindrucken am Domfreihof gleich zwei weitere sakrale Bauwerke. Der **Dom** steht seit 1986 zusammen mit weiteren Baudenkmälern auf der Welterbeliste der UNESCO und ist darüber hinaus die älteste Bischofskirche in Deutschland. Wie archäologische Ausgrabungen in den Jahrzehnten nach dem Zweiten Weltkrieg herausfanden, steht das Gotteshaus auf den Resten eines vornehmen römischen Wohnquartiers aus dem 2. und 3. Jahrhundert n. Chr. Dieses verschwand jedoch im 4. Jahrhundert und wich einer Doppelkirche mit zwei dreischiffigen Basiliken. Das nördliche dieser beiden Kirchenschiffe wurde noch im selben Jahrhundert von den Franken zerstört und wieder aufgebaut. Die Normannen folgten im 9. Jahrhundert mit einer weiteren Zerstörung. Im Mittelalter ging es dann aufwärts mit der Kirche, auch im wörtlichen Sinne. Denn erst wurden die Westtürme der neu erbauten Basilika erhöht, im 16. Jahrhundert dann auch der Südwestturm, weil die Türme der St. Gangolfkirche mittlerweile höher waren. Nur wenige Meter neben dem Dom erhebt sich die ebenfalls

◀ Trier zeigt sich sakral ▶ und mit profanen Bauten – Hauptsache historisch.

zum Weltkulturerbe zählende **Liebfrauenkirche**. Mit ihrem Bau wurde im 13. Jahrhundert begonnen.

IM ZENTRUM UNTERWEGS

Über den Hauptmarkt und durch das Zentrum gelangt man am Ende der Straße zum Wahrzeichen Triers – die **Porta Nigra**. Im Jahr 180 n. Chr. begannen Arbeiter mit der Errichtung eines Stadttores, die der Stadt Augusta Treverorum einen Zugang durch die Stadtmauer von der Nordseite aus ermöglichen sollte. Die Porta Nigra besteht aus über 7 000 Steinquadern, von denen die größten bis zu sechs Tonnen wiegen. Und dennoch haben Untersuchungen ergeben, dass für den Bau vermutlich nur zwei bis vier Jahre benötigt wurden. Allerdings ist dieses Stadttor, welches vermutlich auch repräsentativen Zwecken dienen sollte, niemals ganz fertiggestellt worden. Der lateinische Name Porta Nigra, also Schwarzes Tor, ist schon im Mittelalter erwähnt worden und leitet sich vermutlich vom verwitterten Sandstein ab, der auch beim Trierer Dom und einigen anderen Sakralbauten Verwendung fand.

AUSFLÜGE RUND UM DIE STADT

Übrigens: Der Reisemobilpark befindet sich im Trierer Stadtbezirk West-Pallien. Das klingt ein wenig nach römischer Region und ganz so falsch würde man mit der Vermutung nicht liegen. Innerhalb Palliens sollen im 19. Jahrhundert römische Grabanlagen zerstört worden sein und die alte Römerstraße zwischen Trier und Bitburg verläuft nicht weit von hier, weshalb man Mauersteine, Ziegel und Keramiken aus römischer Zeit finden

◀ Der Georgsbrunnen im Rokokostil gehört genauso zu Trier ▲ wie das berühmte Wahrzeichen der Stadt, die Porta Nigra, ▼ und die Barbarathermen.

konnte. Bis zum Jahr 1913 war das Dorf Pallien noch selbstständig, wurde dann jedoch nach Trier eingemeindet und mit dem Ortsteil Trier-West zusammengelegt. Darauf ist schließlich auch der Name West-Pallien zurückzuführen, ein Ost-Pallien existiert hingegen nämlich nicht. West-Pallien ist ein guter Ausgangspunkt für diejenigen, die Wanderungen rund um Trier unternehmen und dabei den Ausblick auf die Stadt genießen möchten. Denn hier geht es hinauf auf den **Markusberg**. Er erhebt sich am Nordufer der Mosel und scheint über die Stadt Trier zu wachen. Er fällt besonders von der Südseite auf, wenn man von der Mosel oder der Stadt auf ihn blickt. Dabei ist es aber nicht der Hügel alleine, sondern die **Mariensäule**, die als weithin sichtbare Landmarke den Markusberg markiert. Die Marienfigur ist mitsamt dem Sockel, auf dem sie sich befindet, rund 40 Meter hoch und wurde im 19. Jahrhundert errichtet. Die Quader aus Sandstein für den Sockel wurden vermutlich aus Teilen der alten römischen Stadtmauer entnommen. Sieben Jahre dauerte die Errichtung, die fast ausschließlich aus Spenden der katholischen Bevölkerung finanziert wurde. Auch heute wird die nächtliche Illumination mit Spendengeldern bezahlt.

AUF EINEN BLICK

Info

STADT/REGION: Trier
BESTE REISEZEIT: Ganzjährig
OPTIMALE REISEDAUER: 3–4 Tage
TOURISTINFO:
Trier Tourismus und Marketing GmbH,
Simeonstraße 60, 54290 Trier, Tel. 0651/97 80 80,
www.trier-info.de

SEHENSWÜRDIGKEITEN

BARBARA-THERME: Südallee, 54290 Trier, Tel. 0651/4 60 89 65, www.trier-info.de/sehenswuerdigkeiten/barbarathermen
KAISERTHERME: Weberbach 41, 54290 Trier, Tel. 0651/977 42 12, www.zentrum-der-antike.de
AMPHITHEATER: Olewiger Straße 25, 54295 Trier, Tel. 0651/7 30 10
LANDESMUSEUM TRIER: Weimarer Allee 1, 54290 Trier, Tel. 0651/9 77 40, www.landesmuseum-trier.de
KURFÜRSTLICHES PALAIS: Willy-Brandt-Platz 3, 54290 Trier
KONSTANTINBASILIKA: Konstantinplatz 10, 54290 Trier, Tel. 0651/99 49 12 00, www.ekkt.ekir.de
LIEBFRAUENKIRCHE: Liebfrauenstraße 2, 54290 Trier, Tel. 0651/17 07 90, www.liebfrauen-trier.de
DOM UND DOMINFORMATIONSZENTRUM: Liebfrauenstraße 12, 54290 Trier, Tel. 0651/9 79 07 90, www.dominformation.de
FRIEDRICH-EBERT-STIFTUNG MUSEUM – KARL-MARX-HAUS: Brückenstraße 10, 54290 Trier, Tel. 0651/97 06 80, www.fes.de
PORTA NIGRA: Porta-Nigra-Platz, 54290 Trier, Tel. 0651/4 60 89 65, www.zentrum-der-antike.de
STADTMUSEUM SIMEON STIFT: Simeonstraße 60, 54290 Trier, Tel. 0651/7 18 14 59, www.museum-trier.de
MUSEUM AM DOM TRIER: Platz d. Menschenwürde 1, 54290 Trier, Tel. 0651/7 10 52 55, www.museum-am-dom-trier.de

AUF EINEN BLICK

REISEMOBILPARK TREVIRIS

ADRESSE: In den Moselauen, 54294 Trier, Tel. 0651/8 69 21, www.camping-treviris.de

ANFAHRT: Auf der Bundesstraße 49 oder 51 bis in den Süden Triers und der Ausschilderung zur Messe folgen. Am Messepark wiederum der Ausschilderung zum Stellplatz folgen

GPS: N 49°44‘24“2, E 6°37‘27“9

Der dreieckig angelegte Wohnmobilstellplatz erstreckt sich auf der linken Seite der Mosel direkt am Ufer und ist nur durch den Radweg vom Wasser getrennt. 70 bis 80 Wohnmobile passen auf den Stellplatz, eine frühe Anreise ist empfehlenswert. Denn einerseits ist Trier natürlich beliebt, andererseits reichen die Stromanschlüsse bei Vollbelegung nicht aus. Neben der Ver- und Entsorgung ist auch ein Sanitärcontainer vorhanden. Betrieben wird der Platz vom nahegelegenen Campingpark Treviris.

CAMPINGPARK TREVIRIS

ADRESSE: Luxemburger Straße 81, 54294 Trier, Tel. 0651/8 69 21, www.camping-treviris.com

ANFAHRT: Von der Bundesstraße 49 auf die Bundesstraße 51 wechseln und durch das Gewerbegebiet bis zur Luxemburger Straße. Dort rechts abbiegen und bis zur Einfahrt an der Mosel durchfahren

GPS: N 49°44‘39“9, E 6°37‘29“7

Stadtcampingplatz in zentraler Lage. Das Umfeld mit benachbarten Schrottplätzen ist optisch nicht wahrzunehmen, aber unter Umständen akustisch. Auf der anderen Seite fließt die Mosel idyllisch am Platz vorbei. Entlang des Ufers hat man bereits nach 800 Metern die Römerbrücke erreicht und ist anschließend auch recht schnell im Stadtzentrum.

WOMOSTELLPLATZ AM WEINGUT NELL

ADRESSE: Im Tiergarten 12, 54295 Trier, Tel. 0651/3 23 97, www.vonnell.de

ANFAHRT: Die Bundesstraße 49 in etwa bei der Römerbrücke im Zentrum verlassen und auf der Südallee stadtauswärts in Richtung

◀ Schöne Skulpturen im Palastgarten ▲ Vom Wohnmobilstellplatz gelangt man leicht in die Altstadt. ▼ Karl Marx stammt aus Trier.

Ortsteil Olewig. Am Kreisverkehr geradeaus, am Amphitheater vorbei und an der Haltestelle Tiergarten scharf rechts in die Straße Am Tiergarten bis zum Weingut
GPS: N 49°44‘18“6, E 6°39‘32“N
15 Stellflächen außerhalb des Stadtzentrums in einem kleinen Tal in den Weinbergen des Weingutes Vonnell. In der Weinstube des Guts sind Weinverköstigungen möglich. Bis zum Dom im Stadtzentrum sind es knapp drei Kilometer beziehungsweise etwas mehr als eine halbe Stunden Fußweg. Aber auf dem Weg kommt man bereits am Amphitheater, den Kaiserthermen, dem Landesmuseum und der Konstantinbasilika vorbei.

DIE GESELLIGE MITTELMOSEL

Es gibt viel zu erleben in Cochem

Die Reichsburg erhebt sich stolz auf einem Weinberg oberhalb von Cochem.

Geselliges Treiben auf der Moselpromenade, der Duft von Grillfleisch und Bratwürstchen steigt in die Nase und Musik ertönt aus den zahlreichen Gastronomiebetrieben – in Cochem ist immer etwas los. Zahlreiche Veranstaltungen und Weinfeste machen die Stadt das gesamte Jahr hindurch zu einem beliebten Ausflugsziel.

An dem sehr einfachen Wohnmobilstellplatz am Moselufer blickt man auf den Bahnhof von Cochem. Klingt nicht spannend, aber immerhin kann er sich als teilweiser Fachwerkbau und mit einem Rundturm ausgestattet sehen lassen. Um ins Stadtzentrum zu gelangen, kann man natürlich den Weg am Moselufer wählen oder man biegt direkt vor dem Bahnhofsgebäude in die Ravenéstraße ein.

STADTRUNDGANG DURCH COCHEM

Es dauert nicht lange, bis sich die Straße verbreitert, und man die Altstadt von Cochem erreicht. Lebhaftes Treiben umringt einen auf dem Endertplatz, während man zunächst auf das mächtige, steinerne **Enderttor** zusteuern. Das Enderttor ist eines der mächtigen Stadttore Cochems und wurde in der ersten Hälfte des 14. Jahrhunderts am Ausgang des Enderttals auf Geheiß des Kurfürsten Balduin errichtet. Das Tor war der nördliche Zugang zur Stadt und schützte Cochem vor Angriffen aus dem Tal heraus. Heute ist das noch vollständig erhaltene wuchtige, steinerne Bauwerk ein Teil der Fußgängerzone. An das Tor angebaut wurde die Alte Thorschenke, die schon zu Balduins Zeiten Reisende aufnahm, denn am Tor hielten die Postkutschen, welche nach Köln und Frankfurt zogen. Dem 22 Kilometer langen Endertbach, der durch die moderne Bebauung im Umfeld des Tores kaum wahrnehmbar ist, verdankt das Stadttor seinen Namen.
Kurz dahinter erheben sich auf einem Hügel gegenüber der weithin sichtbaren Reichsburg die Gebäudeflügel des ehemaligen **Kapuzinerklosters**. Die Kapuziner gründeten 1623 das Kloster in Cochem in einem verlassenen Anwesen auf dem heutigen Klosterberg, das sie von Kurfürst Lothar von Metternich als Schenkung erhielten. Nach dem Abriss des baufälligen Gebäudes errichtete der Orden ein neues Klostergebäude, welches 1634 eingeweiht und bis zur Säkularisation bewohnt wurde. Anschließend diente es viele Jahre als Schulgebäude und heute als Veranstaltungsgebäude.

MIT DEM SESSELLIFT ZUM AUSSICHTSPUNKT

Alternativ kann man zunächst am Enderttor der Enderstraße folgen. Es sind nur wenige Gehminuten bis zur Talstation eines Sessellifts. Dieser Sessellift überwindet in gemütlicher Fahrt die 155 Höhenmeter zum **Pinner-Kreuz**, einer Felsspitze am südlichen Ortsrand. Das wunderbare Panorama – mit Blick sowohl auf die Reichsburg als auch weit in die waldreiche Landschaft von Eifel und Hunsrück – und das Terrassencafé mit einem breiten Speiseangebot laden zum Verweilen ein.
Ansonsten führt der Weg am Enderttor geradewegs durch schmale Gassen in das quirlige Zentrum von **Cochem** hinein. In Restaurants wie dem Landsknecht oder der Hubertusklause oder in einem der vielen Cafés und Restaurants in der Fußgängerzone kehrt man gerne ein. Mit dem historischen Marktplatz, der von zahlreichen Fachwerkhäusern umrahmt ist, erreicht man den beliebtesten Platz der Stadt. Hier lauscht

◀ Das Rathaus und die St. Martinskirche am ▲ Marktplatz in Cochem
▼ sowie die Moselpromenade machen die Stadt zu einem beliebten Ausflugsziel.

Schöner Ausblick bereits vom Tummelchen unterhalb der Reichsburg

man Straßenmusikern, taucht seine Hände in das Wasser des Brunnens und genießt den Duft frisch gebackener Waren. Zugleich scheinen der hohe, schlanke Turm der St. Martinkirche sowie die lachsfarbene Fassade des Rathauses über den Platz zu wachen. Durch eine der Seitengassen gelangt man mit wenigen Schritten ans Moselufer, wo man in einem der ältesten Häuser der Stadt in der Weinstube Beim Weinbauer bei einem Glas Wein entspannen kann.

AUF DEM WEG ZUR REICHSBURG

Doch das Highlight Cochems und damit das Wahrzeichen der Stadt ist die **Reichsburg**, die sich zwischen Weinreben auf einem Hügel am Südrand der Altstadt erhebt. Je nachdem, welchen Weg man einschlägt, um nach oben zu gelangen, passiert man zuvor noch auf einem kleineren Hügel den Aussichtspunkt namens Tummelchen. Auch hier sollte man kurz innehalten, denn auf der einen Seite blickt man bereits über die Dächer der Stadt, während sich auf der anderen Seite die Reichsburg in voller Pracht präsentiert. Mehrere Türme ragen in die Höhe, von denen der markante quadratische Bergfried im Zentrum der Burg das Augenmerk auf sich lenkt. Von fast jedem Punkt der Stadt aus – vom Moselufer sowieso – ist die wuchtige Burganlage zu sehen.

▲ In Cochem flaniert man am Ufer. ▼ Oder man startet zur Schifffahrt.

WO DIE D-MARK MILLIARDENFACH WEILTE

Doch Cochem bietet auch außerhalb der Altstadt interessante Sehenswürdigkeiten und Freizeitvergnügen. Zu den jüngeren Attraktionen gehört ein Bauwerk, das eigentlich schon länger bestand, allerdings lange Zeit der Geheimhaltung unterfiel. Gemeint ist der **Bundesbankbunker**, der im Jahr 2016 durch einen Privatinvestor der Öffentlichkeit zugänglich gemacht wurde. Die Bunkeranlage entstand in den frühen 1960er-Jahren und diente der Aufbewahrung einer Notstandswährung während des Kalten Krieges. Bis zu 15 Milliarden Deutsche Mark wurden in dem Bunker aufbewahrt, die das Land vor einer nationalen Wirtschaftskrise hätten schützen sollen. Man nahm an, dass eine große Menge an Falschgeld, hergestellt in den damaligen Ostblockstaaten, zu einer Geldentwertung hätte führen können. Abgesehen von Kontrolleuren der Bundesbank, die einmal im Quartal stichprobenartig den Bestand prüften, wurde der Bunker nie von anderen Personen betreten. Der Zugang zur Bunkeranlage erfolgte durch Wohnhäuser in einem ganz gewöhnlichen Wohnviertel im Cochemer Stadtteil Cond, die nur zur Tarnung gebaut wurden.

AUF EINEN BLICK

Info

STADT/REGION: Cochem
BESTE REISEZEIT: Ganzjährig
OPTIMALE REISEDAUER: 3–4 Tage
TOURISTINFO:
Tourist-Information Ferienland Cochem, Endertplatz 1, 56812 Cochem, Tel. 02671/6 00 40, www.ferienland-cochem.de

SEHENSWÜRDIGKEITEN

BUNDESBANKBUNKER COCHEM: Am Wald 35, 56812 Cochem, Tel. 02671/9 15 35 40, www.bundesbank-bunker.de
WILD- UND FREIZEITPARK COCHEM: Wildparkstraße 1, 56818 Klotten, Tel. 02671/60 54 40, www.klotti.de
SESSELLIFT COCHEM: Endertstraße 44, 56812 Cochem, Tel. 02671/98 90 65, www.cochemer-sesselbahn.de

◀ Blick auf die Reichsburg vom Ufer aus ▶ Das Torhaus im Fachwerkstil

AUF EINEN BLICK

REICHSBURG COCHEM: Schlossstraße 36, 56812 Cochem, Tel. 02671/2 55, www.reichsburg-cochem.de
EDELSTEINMUSEUM: Unterbachstraße 5, 56812 Cochem, Tel. 02671/42 67
HISTORISCHE SENFMÜHLE: Endertstraße 18, 56812 Cochem, Tel. 02671/60 76 65, www.senfmuehle.net
ST. MARTINKIRCHE: Moselpromenade 8, 56812 Cochem, Tel. 02671/74 17, www.kirche-cochem.de
KULTURZENTRUM KAPUZINERKLOSTER: Klosterberg 5, 56812 Cochem, Tel. 02671/6 09 40, www.kulturzentrum-kapuzinerkloster.de
BURGRUINE WINNEBURG: 56812 Cochem
MOSELRUNDFAHRT: Abfahrten um 11, 12.30, 14, 15.30 und bei Bedarf 17 Uhr, Tel. 02673/15 15, www.moselrundfahrten.de

MOSEL-CAMPING COCHEM

ADRESSE: Stadionstraße 11, 56812 Cochem-Cond, Tel. 02671/44 09, www.campingplatz-cochem.de
ANFAHRT: Auf der Bundesstraße 49 bis Cochem und über die Nordbrücke bis zum Abzweig nach links zum Supermarkt. Hinter dem Supermarkt erneut nach links und hinab zum Moselufer
GPS: N 50°09'28"2, E 7°10'26"2
Langgezogener Campingplatz, im Norden von Cochem unmittelbar am Moselufer. In rund 20 Minuten Fußweg ist man direkt in der Altstadt von Cochem. In direkter Nachbarschaft befindet sich das Freizeitzentrum Cochem mit Freibad, Minigolfanlage und Saunalandschaft.

WOHNMOBILSTELLPLATZ COCHEM

ADRESSE: Moselstraße, 56812 Cochem
ANFAHRT: Auf der Bundesstraße 49 bis Cochem. Der Platz befindet sich zwischen den beiden Brücken direkt am Ufer.
GPS: N 50°09'11"4, E 7°10'06"2
Einfacher Parkstreifen für ca. 15 Reisemobile direkt neben der Straße. Nachts kostenlos, außerdem sehr nah an der Altstadt. Ansonsten jedoch keine weitere Ausstattung und kein Flair

Zum Campingplatz in Cochem fährt man über die Brücke.

CAMPINGPLATZ POMMERN

ADRESSE: Moselweinstraße 12, 56829 Pommern, Tel. 0173/570 814 8, www.moselwunder.com

ANFAHRT: Der Bundesstraße 49 ab Cochem in Richtung Treis-Karden bzw. Koblenz folgen. Der Platz befindet sich bei Pommern auf der rechten Seite.

GPS: N 50°10‘07“7, E 7°15‘56“5

Mit einem eigenen Schwimmbecken befindet sich dieser Campingplatz zwar mehr bei Treis-Karden als bei Cochem. Dafür lässt sich das Dortebachtal ab hier ebenfalls gut erreichen und erwandern. Ein Großteil der Parzellen erstreckt sich direkt am Moselufer.

CAMPINGPLATZ SCHAUSTEN

ADRESSE: Endertstraße 124, 56812 Cochem, Tel. 02671/75 28, www.camping-cochem.de

ANFAHRT: Die südliche Skagerrak-Brücke in Cochem unterqueren und durch die Ravenestraße und Brückenstraße in das Enderttal hineinfahren. Nach kurzer Zeit erscheint der Campingplatz auf der rechten Seite.

GPS: N 50°09‘05“0, E 7°09‘18“5

Kleiner, enger Campingplatz im Enderttal, von dem aus man in wenigen Gehminuten in der Altstadt von Cochem steht. Guter Ausgangspunkt für Wanderungen oberhalb des Moseltals, so zum Beispiel zur Reichsburg oder zum Wild- und Freizeitpark Klotten

GENUSS ZWISCHEN WALD, WASSER UND WILDNIS

Im Nationalpark Eifel

Burg Hengebach wacht über Heimbach.

29

Ausgedehnte Wälder und offene Landschaften sind im Nationalpark auf dem Weg zurück zur Wildnis. Eingebettet in diese Natur aus zweiter Hand lockt das glitzernde Blau des Rursees. Der Stausee ist das ideale Gebiet für Wassernixen und Wassersportler um einen erholsamen Urlaub zu erleben.

NATIONALPARK EIFEL

Im Jahr 2004 wurde der einzige Nationalpark in Nordrhein-Westfalen gegründet. Er umfasst eine Fläche von 107 Quadratkilometern, von denen fast ein Drittel die kahle Dreiborner Hochfläche einnimmt. Das Schutzgebiet grenzt im Nordwesten an den Rurstausee und umfasst die Urfttalsperre, aber nicht die NS-Ordensburg Vogelsang und den Rurstausee. Es bestehen durchaus Interessenskonflikte zwischen Naturschutz, Tourismus und Kommerz. Besucher werden auf 240 Kilometern Wanderwege und 100 Kilometern Radwege verwiesen, um der Natur Raum zu geben. Außer den Rundwanderwegen mit bestimmten Themen führt der 85 Kilometer lange **Wildnis-Trail** durch den gesamten Nationalpark (wildnis-trail.de). Wanderer bekommen einen Eindruck davon, wie die Entwicklung der Natur ohne Einfluss des Menschen vor sich geht. Das Gebiet besteht aus Laub- und Nadelwäldern, Seen, Bächen und offenen Grasflächen. Ein großes, zusammenhängendes Waldgebiet mit hohem Buchenanteil ist der **Wilde Kermeter**. Bei den Wäldern handelt es sich überwiegend um den Waldtyp Hainsimsen-Buchenwald, der ursprünglich große Teile Mitteleuropas bedeckte. Darin leben unter anderem Rothirsche, Wildkatzen, Schwarzstörche und Uhus. Im Nationalpark Eifel wurden 10 549 Tier- und Pflanzenarten nachgewiesen.

STERNENPARK

Weil es im Nationalpark Eifel nachts richtig dunkel wird, kann man die Sterne deutlich sehen kann. Daher bekam der Nationalpark von der International Dark-Sky-Association die Anerkennung als **Internationaler Sternenpark Nationalpark Eifel**. Eins der Ziele ist es, die Natur vor den Belastungen durch künstliches Licht zu schützen (sternenpark-nationalpark-eifel.de).

29

BESUCHEREINRICHTUNGEN

Das **Nationalparkzentrum** mit der **Erlebnisausstellung Wildnis(t)räume** befindet sich am Vogelsang IP (IP = Internationaler Platz) in der ehemaligen NS-Ordensburg Vogelsang. Die Ausstellung bietet vielfältige Sinneseindrücke und lädt dazu ein, mehr über den Nationalpark-Gedanken und die Dynamik der Natur zu erfahren. Die fünf **Nationalpark-Tore** Rurberg, Gemünd, Heimbach, Höfen und Nideggen fungieren als Touristinformationen. Sie bieten neben Grundinformationen in Form einer Nationalpark-Ausstellung unterschiedliche Schwerpunktthemen an. Sowohl im Nationalparkzentrum als auch in den Nationalpark-Toren können Führungen mit Nationalpark-Rangern gebucht werden. Außerdem gibt es einige **Nationalpark-Infopunkte**, die umfangreich Auskunft geben (nationalpark-eifel.de).

GEMÜND

Gemünd ist Ortsteil von Schleiden und liegt am Rand des Nationalparks am südlichen Ausläufer des Kermeter Waldes. Der Ort ist Erholungs- und Urlaubsort und bildet mit seinem Nationalpark-Tor ein Eintrittsportal zum Nationalpark. Gemünd wurde im Zweiten Weltkrieg weitgehend zerstört und zeigt sich heute in einer Bausubstanz aus dem 20. Jahrhundert.

◀ Das Dürener Tor in Nideggen ▶ Fachwerkhäuser in Heimbach

◀ Treppenturm an der Burg Nideggen ▶ Burg Hengebach über Heimbach

HEIMBACH

Die Stadt Heimbach liegt ebenfalls am Rand des Nationalparks, aber am nördlichen Ende des Kermeter. Die Stadt ist Erholungs- und Urlaubsort und verfügt auch über ein Nationalpark-Tor. Heimbach besitzt zudem einige Bauwerke und Gassen aus der Vergangenheit und ist auch deshalb ein beliebter Ausflugsort. Die mittelalterliche **Burg Hengebach** wacht seit dem 11. Jahrhundert über die Straße durch das heutige Heimbach. Teile der Burg können besichtigt werden.

Tipp

Das Kraftwerk Heimbach wurde 1905 im Jugendstil erbaut und ist bis heute in Betrieb. Messing, Marmor und Mahagoni sind die Materialien der Armaturen auf der Leitwarte. Von Heimbach fährt auch ein Touristenzug zum Kraftwerk. Zur Besichtigung meldet man sich unter Tel. 0800/883 38 30 an (Kleestraße, 52396 Heimbach).

ABTEI MARIAWALD

Ein strenges Klosterleben für die Mönche des Trappistenordens spielte sich einst im Kermeter Wald hoch über dem Staubecken Heimbach ab. 1470 hatte ein frommer Mann aus Heimbach im Wald ein Marienbild aufgestellt und später eine Einsiedelei gegründet. Bald wurde eine erste Kirche gebaut und Zisterzienser übernahmen in dem erstandenen Kloster die Betreuung der Wallfahrt. 1795 wurde unter französischer Herrschaft das Kloster aufgehoben und verfiel. 1861 kamen Trappistenmönche nach Mariawald und begannen mit dem Wiederaufbau der Klosteranlage. Im

Das Kraftwerk Heimbach ist ein Industriedenkmal.

Zweiten Weltkrieg wurde das Kloster weitgehend zerstört, später aber wiederaufgebaut. Oberhalb des Klosters befindet sich die Kriegsgräberstätte Heimbach, in der über 400 Tote aus den Kämpfen am Westwall begraben liegen. Im Jahr 2018 wurde das Kloster mangels Mönchen geschlossen. Heute gehört es dem Verein Trappistenkonvent Mariawald, der eine Gaststätte, Klosterladen und eine Likörfabrik betreibt. Jeden Sonntag wird um 14 Uhr eine Führung angeboten (kloster-mariawald.de). Die Abtei ist auch mit dem Bus Linie 231 von Heimbach oder von Schleiden aus zu erreichen.

EINE SCHÖNE WANDERUNG führt von Heimbach und vorbei an der Burg Hengebach auf dem Kreuzweg hinauf zur Abtei Mariawald. Die Runde lässt sich mit dem Jugendstil-Kraftwerk von 1905 am Staubecken Heimbach verbinden. Auf einem schönen Uferweg verläuft der Weg zurück nach Heimbach. So werden in etwa drei Stunden neun Kilometer auf einem Höhenunterschied von 280 Metern überwunden.

EIFELER SEENPLATTE

Die Rurtalsperre oder Eifeler Seenplatte wird durch den Rursee, den Obersee und den Urftsee gebildet. Der Obersee ist ein Trinkwassersee. Für Urlauber gibt es vor allem am Rurstausee Wasserspaß in vielen Formen. Neben Badestränden, Bootsverleih und Ausflugsgaststätten erfreuen sich Touristen an der **Schiff-Fahrt** auf der Eifeler Seenplatte. Die Schiffe verkehren auf dem Rursee zwischen Schwammenauel vor Heimbach und Rurberg im Westen. Die Linie auf dem Obersee fährt zwischen Rurberg, Einruhr und Urftstaumauer. Außerdem gibt es noch verschiedene Rund- und Themenfahrten (rursee-schifffahrt.de).

29

VOGELSANG IP

Die ehemalige Ordensburg Vogelsang wurde von den Nationalsozialisten als Schulungsstätte für den Nachwuchs des NSDAP-Führungskaders gebaut und mit 16 Bunkern des Westwalls gesichert. Nach dem Zweiten Weltkrieg war das Gelände belgischer Truppenübungsplatz. Zu diesem Zweck musste das Dorf Wollseifen geräumt werden. In dem Dorf stehen heute nur noch die Kirche und die Schule. Der Truppenübungsplatz ist nun Teil des Nationalparks und durch Rad- und Wanderwege erschlossen. Seit 2006 ist die NS-Ordensburg wieder der Öffentlichkeit als Vogelsang IP (Internationaler Platz) zugänglich. Der Gebäudekomplex wurde neuen Nutzungen zugeführt, die als Internationaler Platz für Toleranz, Vielfalt und friedliches Miteinander stehen. Heute ist Vogelsang IP ein Ausstellungs-, Kultur- und Bildungszentrum und ein Tagungs- und Veranstaltungsort. Inmitten des historischen Adlerhofes wurde ein modernes Forum gesetzt, über das Besucher in die Ausstellungen gelangen. Dazu gehört zum einen die NS-Dokumentation **Bestimmung: Herrenmensch. NS-Ordensburgen zwischen Faszination und Verbrechen** und zum anderen die Erlebnisausstellung **Wildnis(T)räume** des Nationalparkzentrums Eifel. Es werden auch Führungen über das Gelände und ein Aufstieg auf den ehemaligen Wasserturm angeboten (vogelsang-ip.de).

Morgenstimmung über der Abtei Mariawald

29

ZUR WÜSTUNG WOLLSEIFEN. Auf dem ehemaligen Truppenübungsplatz um die Wüstung Wollseifen ist ein gutes Wandergebiet in ausgedehnter Landschaft mit Weitblick entstanden. Vom Parkplatz Walberhof an der B 266 gehen wir in Richtung Wollseifen und kommen dann zu den Gebäuden der Vogelsang IP mit Blick bis zum Urftstausee. Dann geht es über den Aussichtshügel Modenhübel zum Dorf Morsbach mit guter Einkehrmöglichkeit. Der Rundweg hat eine Länge von zehn Kilometern.

IN EINEM SCHÖNEN FACHWERK-BAUERNHAUS aus dem Jahr 1720 gibt es ein empfehlenswertes Bauerncafé. Der Morsbacher Hof ist authentisch eingerichtet und glänzt mit einer urigen Atmosphäre, Kuchenkreationen und kleinen Speisen. Eine Reservierung ist notwendig (Morsbach 20, 53937 Schleiden-Morsbach, Tel. 02444/91 29 65).

SCHLEIDEN-OLEF

Südlich des Nationalparks ist das kleine Dorf Olef ein Juwel für Freunde des Fachwerks. Der Ort und die Kirche existieren seit dem 13. Jahrhundert. Die Fachwerkhäuser stammen aus dem 17. und 18. Jahrhundert. Die Schienen der Museumsbahn Oleftalbahn verlaufen direkt über den Dorfplatz, sodass bei der Durchfahrt ein Rangierer mit Warnflagge vorausgehen muss.

NIDEGGEN

Nördlich des Nationalparks ist in der Stadt Nideggen ein Besuch ratsam. Die ehemalige Herzogstadt und ihre **Burg** aus dem 12. Jahrhundert stehen auf mächtigen Buntsandsteinfelsen. Der **historische Stadtkern** besteht aus sehenswerten Fachwerk- und Buntsandsteinhäusern und strahlt Gemütlichkeit aus. Die Stadt ist eingerahmt von **Stadttoren** und Stadtmauer. Allerdings sind die meisten Gebäude nach dem Zweiten Weltkrieg neu aufgebaut worden, denn die Bausubstanz der Stadt war zu 90 Prozent zerstört. Eine der romantischen Gassen führt vom Marktplatz zur starken Burganlage mit ihrem Bergfried hinauf. Vor der Burg fällt aber zunächst die **romanische Pfarrkirche Sankt Johannes Baptist** aus dem

Die Abtei Mariawald wurde mehrfach wiederaufgebaut.

13. Jahrhundert auf. Sehenswert sind die restaurierten Fresken, die zu den ältesten Deutschlands zählen. Von der Burg hat man einen tollen Blick auf das Rurtal. Die Festung hat gewaltige Ausmaße und beherbergt ein **Burgenmuseum**.

DIE WUNDERBARE BUNTSANDSTEINROUTE ist fast 40 Kilometer lang. Die Pfade führen durch märchenhafte Felsenwelten in urigen Wäldern mit vielen Aussichten. Da sie in etwa parallel zur Rurtalbahn verläuft, sind individuelle Touren mit Rückfahrt planbar. So könnte auch eine Tour am Nationalpark-Infopunkt in Zerkall beginnen und nach Nideggen hinaufführen. Als Rundtour werden in 7,5 Kilometern 200 Höhenmeter überwunden und dabei kann noch Nideggen mit der Burg besichtigt werden.

DER RURUFER-RADWEG verläuft über 162 Kilometer durch drei Länder entlang der Rur. Die Quelle ist im Hohen Venn bei Botrange in Belgien. Die Mündung in die Maas liegt in den Niederlanden. Die Wegstrecke ist sowohl landschaftlich als auch kulturell abwechslungsreich. Monschau und Nideggen liegen an der Strecke (rurufer-radweg.de).

AUF EINEN BLICK

Info

STADT/REGION: Nationalpark Eifel
BESTE REISEZEIT: April–Oktober
OPTIMALE REISEDAUER: 2–3 Tage
TOURISTINFO: Rureifel Tourismus GmbH, Matthias-Zimmermann-Straße 14a, 52152 Simmerath, Tel. 02473/55205 0, nationalpark-eifel.de, rureifel-tourismus.de

STELLPLATZ HEIMBACH

ADRESSE: An der Laag 4, 52396 Heimbach, Tel. 02446/809990, wohnmobilhafen-heimbach.de
ANFAHRT: Von der A 1 Ausfahrt 111 Wißkirchen und auf der B 266 und B 265 nach Heimbach
GPS: 50.636583 6.473222
Der ganzjährig geöffnete, gepflasterte Platz liegt zwischen Straße und Bahnlinie am Bahnhof und Nationalparktor Heimbach. Restaurants und Geschäfte sind nahe. Wasser, Strom und Entsorgung möglich. Zentrum und Burg Hengebach sind einen Kilometer entfernt. Zum Rursee sind es vier Kilometer. Guter Ausgangspunkt für Wanderungen zur Abtei Mariawald oder um das Staubecken Heimbach.

STELLPLATZ VOGELSANG

ADRESSE: Burg Vogelsang, Vogelsang 40, 53937 Schleiden, Tel. 02473/94900, www.eifelpark-vogelsang.de
ANFAHRT: Von der A 1 Ausfahrt 113 Nettersheim und auf der B 477 und B 266 nach Vogelsang
GPS: 50.579556 6.444444
Der ganzjährig geöffnete, gekieste Platz ist von Wald umgeben. Wasser und Entsorgungseinrichtungen sind vorhanden. Zur Bushaltestelle sind es 500 Meter und zu den Museen in der NS-Burg Vogelsang 1 Kilometer. Restaurants und Geschäfte befinden sich im 8 Kilometer entfernten Gemünd oder Schleiden. Guter Ausgangspunkt für Wanderungen zur Wüstung Wollseifen und Urftstausee im Nationalpark Eifel. Der Wildnistrail des Nationalparks führt direkt am Platz vorbei.

◀ Der Stellplatz Heimbach liegt am Bahnhof. ▲ Der Stellplatz Vogelsang im Nationalpark ▼ Auf dem Uferweg am Staubecken Heimbach

CAMPINGPLATZ HETZINGEN

ADRESSE: Campingweg 1, 52385 Nideggen, Tel. 02427/5 08, campingplatz-hetzingen.com

ANFAHRT: Von der A 1 Ausfahrt 111 Wißkirchen und auf der B 266 und B 265 nach Nideggen

GPS: 50.685111 6.469889

Der Campinglatz an der Rur mit Blick zur Burg Nideggen verfügt über parzellierte und mit Stromanschluss ausgestattete Plätze. Komfortstellplätze bieten überdies Wasser- und Abwasseranschluss. Die Sanitärgebäude sind mit WC, Duschen und Waschkabinen ausgestattet. Außerdem gibt es Entsorgungseinrichtungen, Waschmaschinen und Wäschetrockner. Auf dem Platz befinden sich ein kleiner Supermarkt und ein Restaurant. Im 2 Kilometer entfernten Nideggen gibt es Restaurants und Geschäfte. Guter Ausgangspunkt für Wanderungen und Radtouren entlang der Rur oder auf der Sandsteinroute. Zum Rursee sind es 11 Kilometer und zur NS-Burg Vogelsang 30 Kilometer. In Hetzingen befinden sich weitere Campingplätze. In Nideggen ist ein Wohnmobilstellplatz in Planung.

REICH DES NEANDERTALERS

Im Niederbergischen Land

Rheinisch-Deutsche Kaltblutpferde vor Haus Bürgel am Rhein

30

Der Kreis Mettmann vermarktet sich seit einigen Jahren ganz im Sinne seines berühmtesten Bewohners und Namensgebers als »neanderland«. Zum Ende des Frühjahrs erblüht die sanft gewellte Landschaft des nordwestlichen Ausläufers des Bergischen Landes zu einem gelbgrünen Flickenteppich, der sich bis hinunter an den Rhein zieht.

Nach einem entspannten wie ereignisreichen Tag im neanderland sorgt der unverstellte Blick vom Womo aus über den Rhein auf einen romantischen Sonnenuntergang für den gebührenden Ausklang. Nicht von ungefähr nennt sich der gemütliche Platz nahe der Grenze zu Düsseldorf-Urdenbach auch »Rheinblick«. Unser Fahrzeug kann hier gerne einmal pausieren, denn in unmittelbarer Umgebung sind gleich mehrere spannende Ziele zu Fuß oder mit dem Rad machbar.

RÖMISCHE GESCHICHTE

Nur fünf Minuten Spaziergang am Rheinufer nordwärts erreichen wir die Auenlandschaft der Urdenbacher Kämpe und den Anleger der kleinen Fähre zur **Feste Zons**, rechts gelangen wir zur biologischen Station **Haus Bürgel**. Die alten Römer hatten an dieser Stelle vor 2000 Jahren eine Wehrburg errichtet, deren Fundamente später Grundlage für einen Gutshof wurden. Im Eckturm und Herrenhaus berichtet ein römisches Museum mit Fundstücken und Dokumenten über diese Zeiten. Die Vermittlung eines nachhaltigen Umgangs mit der Natur und ihren Ressourcen hat sich das ebenfalls ansässige Naturschutzzentrum zur Aufgabe gemacht. Auf der Wiese vor dem Gutshaus genießen seltene, aber stattliche Rheinisch-Deutsche Kaltblutpferde die bewundernden Blicke der Spaziergänger.

RHEINAUFWÄRTS

Folgt man dem Rheinufer südwärts ist bald das Fischerboot »Fiat **Voluntas**« erreicht. Der historische Aalschokker, ein Fischereisegelschiff, sitzt in voller Schönheit auf dem Trockenen und behandelt auf Schautafeln und in seinem Inneren die Geschichte der Flussfischerei, die sich bis zu Beginn der 1990er-Jahre hielt, als es in Monheim und Baumberg noch Räuchereien gab. Weiter Richtung Süden, also flussaufwärts, kommen wir zum **MonBerg**.

30

DER MONBERG ERHEBT SICH über einem modernen Gewerbegebiet auf einer früheren Abraumhalde. Neben toller Aussicht über den Rheinbogen lockt nach langem Treppenaufstieg eine abwechslungsreiche Gastronomie, mit Strandkörben, Beachbar und Liegestühlen (www.monberg.de).

Am Rheinufer liegt unterhalb des Deiches noch ein weiterer Aalschokker vor Anker. Landeinwärts befindet sich das Städtchen Monheim mit dem sehenswerten Heimatmuseum **Deusser Haus**, dem geschichtsträchtigen **Schelmenturm** und der zauberhaften, von einer öffentlichen Parkanlage umgebenen Villa **Marienburg**.

DER ÄLTESTE BEWOHNER DES NEANDERLANDS

Über die Bundesstraße 228 fahren wir durch die Stadt **Hilden** in einer knappen halben Stunde dorthin, wo vor mehr als 160 Jahren die Gebeine des berühmten Urzeitmenschen zufällig beim Abbau von Kalkstein entdeckt wurden. Wirtschaftliche Interessen machten damals dem wildromantischen Tal der Düssel, das Künstlern der renommierten Düsseldorfer Malerschule gern als Motiv diente, den Garaus. Fast exakt auf der Grenze zwischen den Städten Erkrath und Mettmann rekonstruierte man den Fundort auf einem Wiesengelände, vom **Neanderthal Museum** über einen kurzen Fußweg zu erreichen. Das türkisgrüne Äußere des Gebäudes erinnert entfernt an ein Schneckenhaus. Im Inneren spaziert man auf einem Spiralgang aufwärts durch die reichhaltig präsentierte Evolutionsgeschichte und begegnet dabei auch Nachbildungen des Neandertalers mit Smartphone und im Businessoutfit.

EIN KLEIN WENIG von der früheren Romantik des Neandertals wird erlebbar, wenn wir auf der Entdeckerschleife des Wanderwegs »**neanderland STEIG**« dem Verlauf der Düssel folgen, die hier fröhlich im Wald mäandrierend vor sich hinplätschert. An einer Lichtung öffnet sich das Tal und wir erreichen das **Eiszeitliche Wildgehege** mit friedlich grasenden Auerochsen, Wisenten und Tarpanen. Der gesamte Rundweg ist mit 19,1 Kilometern recht lang (www.wildgehege-neandertal.de).

◀ Romantische Ecke im Dorf Gruiten ▲ Gänse und Aalschokker am winterlichen Monheimer Rheinufer ▼ Liegestühle mit Aussicht auf dem MonBerg

FACHWERK AUS DEM BILDERBUCH

Keine zehn Minuten vom Neanderthal Museum entfernt liegt in einer weitläufigen Talsenke am Düsselbach das entzückende **Dorf Gruiten**. Eine Symphonie aus malerischem Fachwerk und hübschen Gärten, jedoch völlig ohne Freilichtmuseumsattitüde. Auf dem Dorfanger wird traditionell ein Maibaum aufgestellt und es gehören lebhafte Sommerfeste zum alljährlichen Veranstaltungsprogramm. Einen typisch bergischen Kirchplatz finden wir in **Wülfrath** mit verschieferten Fachwerkhäusern, Sprossenfenstern und grünen Blendläden rund um die evangelische Kirche. Dem Sakralbau zugewandt haben die Häuser mit so seltsamen Namen wie »Große Klaus und Kleine Klaus«, »Scholle«, »Aufm Haus«, »Aufm Keller«, »Frythof« oder »Damenhaus«, meist zwei Geschosse, auf ihrer Rückseite aber bis zu vier, denn der Platz wurde auf einer Anhöhe angelegt.

Tipp

Der Kalkabbau ist für Wülfrath von großer ökonomischer Relevanz. Die bereits aufgelassenen Steinbrüche bieten viel Raum für naturkundliche Forschungen. In einem Fördertunnel des ehemaligen Bochumer Bruchs wurde der **»Zeittunnel«** eingerichtet, der auf einer Länge von fast 200 Metern einen eindrucksvoll inszenierten Spaziergang durch die Erdgeschichte ermöglicht.

◀ Lichtkunst im Wülfrather Zeittunnel ▶ Auf Wanderschaft in den Rheinauen

KONTRASTE

Den Ort Neviges, seit 1975 zur Stadt Velbert gehörend, machte der Baumeister Gottfried Böhm bekannt. Im Mai 1968 erfolgte die Einweihung des **Wallfahrtsdoms** »Maria, Königin des Friedens«, dessen Architektur von außen betrachtet zu den moderaten Formen des brutalistischen Baustils gehört. Asymmetrisch unförmig und ästhetisch eher fragwürdig ragt grauer Beton in den niederbergischen Himmel. Doch das Innere, das man durch eine unscheinbare Pforte betritt, verfehlt seine außerordentliche Wirkung nicht. Haben sich die Augen erst an die plötzliche Dunkelheit gewöhnt, erkennt man einen gigantischen Kirchenraum, einer Kathedrale gleich, mit Emporen, Terrassen und Balkonen und schmalen hohen Fenstern mit charakteristischem Rosenmotiv.

AUF DER HÖHE

Am Nizzabad in **Velbert-Langenberg** ist ein Stellplatz fürs Fahrzeug vorhanden. Von hier aus heißt es dann: Es geht aufwärts mit uns, und zwar auf den Hordtberg! Auf der östlichen Talseite zeigt der filigrane rot-weiße Sendemast des WDR eindrucksvoll, wer hier der Größte ist. Gut 300 Meter ist er hoch, aufgestellt 1989 überragt er seinen Vorgänger von 1927 um ein Vielfaches. Geradezu bescheiden kommt der **Bismarckturm** von 1906 mit einer Höhe von knapp 28,5 Metern aus. Dafür verfügt er aber über eine Aussichtsplattform, die mit einem wunderschönen Blick über die Altstadt Langenbergs zu reizen weiß.

Tipp

Der Kletterpark **Wald-Abenteuer** gleich neben dem Bismarckturm sorgt für zusätzliche Adrenalinschübe. Kinderparcours, Adventureparcours und die sogenannte Todesschleuder locken Wagemutige in luftige Höhen. Hasenfüße bleiben auf dem Boden der Tatsachen und vergnügen sich auf dem Minigolfplatz und im Kletterbistro Baumhaus (www.wald-abenteuer.de/park/velbert-langenberg).

30

GANZ SCHÖN BELESEN

2020 jährte sich die urkundliche Erwähnung Langenbergs zum 800. Mal. Das Dörfchen von einst, das sich am Zusammenfluss von Deilbach und Hardenberger Bach und an der Grenze zwischen dem Rheinland und Westfalen schon bald zum wichtigen Handelsplatz entwickelte, bekam 1831 Stadtrechte, auf die man bis heute sehr stolz ist. Trotz der Eingemeindung zum Stadtgebiet von Velbert 1975 und dem Verlust der Eigenständigkeit fühlt sich der Langenberger noch stets unabhängig. So fiel die Entscheidung, den Ort mit seinem typisch Bergischen Ambiente zur **Bücherstadt** zu veredeln. Gemütliche Antiquariate laden zum Verweilen, gerne auch bei Kaffee und Kuchen, es gibt Einblick in die Kalligrafie oder ins Buchbinden.

AN DER RUHR IN ESSEN-KETTWIG beginnt bzw. endet der **PanoramaRadweg niederbergbahn**, der auf einer ehemaligen Bahntrasse bis nach Solingen führt, wo er in den **Bergischen Panorama-Radweg** übergeht. Er tangiert im neanderland Haan, Gruiten, Wülfrath, Neviges, Velbert und Heiligenhaus und fasziniert durch seine tollen Aussichten über die niederbergische Landschaft. Dabei darf man in Heiligenhaus die einzigartige Waggonbrücke nicht verpassen, die aus einem kompletten Güterzugwagen besteht (www.neanderland.de/radfahren).

Abenteuer für Groß und Klein in luftiger Höhe des Langenberger Waldes

AUF EINEN BLICK

Info

STADT/REGION: Bergisches Land, Region Niederberg, Kreis Mettmann/neanderland
BESTE REISEZEIT: März–November
OPTIMALE REISEDAUER: 1–3 Tage
TOURISTINFO: Kreis Mettmann, Team Tourismus, Goldberger Str. 30, 40822 Mettmann, Tel. 02104/99 11 99, www.neanderland.de

SEHENSWÜRDIGKEITEN

FESTE ZONS: Touristinfo Zons, Schlossstr. 2–4, 41541 Dormagen, Tel. 02133/25 76 47, www.dormagen.de
HAUS BÜRGEL: Urdenbacher Weg, 40789 Monheim am Rhein, Tel. 0211/996 12 12, www.hausbuergel.de
FIAT VOLUNTAS: Aalfischerei-Museum, Klappertorstr. 38, 40789 Monheim am Rhein, Tel. 02173/95 10, www.monheim-entdecken.de
DEUSSER HAUS: An d'r Kapell 2, 40789 Monheim am Rhein, Tel. 02173/514 54, www.monheim-entdecken.de
SCHELMENTURM: Grabenstr. 30, 40789 Monheim am Rhein, www.monheim-entdecken.de
MARIENBURG: Hotel und Park, Hofstr. 16, 40789 Monheim am Rhein, Tel. 02173/208 63 10
NEANDERTHAL MUSEUM: Talstr. 300, 40822 Mettmann, Tel. 02104/979 70, www.neanderthal.de
NEANDERLAND STEIG: Amt für Digitalisierung Kultur und Tourismus, Sachgebiet Tourismus, Düsseldorfer Str. 26, 40822 Mettmann, Tel. 02104/99 11 99, www.neanderlandsteig.de
DORF GRUITEN: www.historisches-dorf-gruiten.de
WÜLFRATH: Bürgerbüro, Am Rathaus 1, 42489 Wülfrath, Tel. 02058/180, www.wuelfrath.net
WALLFAHRTSDOM NEVIGES: Elberfelder Str. 12, 42553 Velbert
BÜCHERSTADT LANGENBERG: Kamper Str. 13, 42555 Velbert, 02052/927765, www.buecherstadt-langenberg.de

◀ Portal des Langenberger Bürgerhauses ▶ Campingromantik am Rhein

CAMPINGPLATZ RHEINBLICK

ADRESSE: Urdenbacher Weg, In der Aue 2, 40789 Monheim am Rhein, Tel. 02173/644 00, www.campingplatz-rheinblick.de

ANFAHRT: Von der Autobahn 59, Abfahrt Anschlussstelle Richrath, über Berghausener Straße nach Baumberg, der Hauptstraße Richtung Düsseldorf-Urdenbach folgen, im Wald bei der Bushaltestelle in Richtung Rhein ausgeschildert.

GPS: N 51°7‘11“, E 6°52‘26“

Der familiengeführte, ruhige und naturbelassene Platz Rheinblick liegt unmittelbar am Rheinufer und verfügt über etwa 20 Stellplätze für Wohnmobilisten. Er grenzt zudem an ein Gelände für Dauercamper. Es gibt einen Kinderspielplatz, komplett ausgestattete sanitäre Anlagen sowie einen populären Gastronomiebetrieb. Baden im Rhein ist nicht möglich, wegen der Strömung sogar lebensgefährlich. Mit der Buslinie 788 in Richtung Benrath Paulsmühle kommt man zur S-Bahn, welche wiederum beste Verbindung nach Düsseldorf und Köln garantiert.

WOHNMOBILSTELLPLATZ NIZZABAD

ADRESSE: Nizzatal 4, 42555 Velbert-Langenberg, Tel. 02052/21 12, www.stadtwerke-velbert.de/baeder/nizzabad

ANFAHRT: Aus Richtung Langenberg über die Donnerstraße links ins Nizzatal, entsprechend von Süden kommend über Nordrather Straße und Donnerstraße, dann rechts, jeweils der Beschilderung »Nizzabad« folgen.

GPS: N 51°20‘37“, E 7°8‘9“

Geeignet für maximal 3 Fahrzeuge liegt der Platz ganz idyllisch am Waldrand und darf maximal 72 Stunden belegt werden. Die Übernachtung ist kostenlos, Müllentsorgung sowie Versorgung mit Frischwasser sind möglich. Idealer Ausgangspunkt für Wander- und Radausflüge am Deilbach und in den Ortskern von Langenberg.

GIPFEL, SCHLÖSSER UND WASSER

Am Oberlauf der Ruhr

Der Aufstieg auf die Bruchhauser Steine ist unbedingt lohnenswert.

Der höchste Berg Nordrhein-Westfalens, vulkanische Felsen und geheimnisvolle Grotten, idyllische Dörfer, Kneipp-Heilbäder und ehrwürdige Schlösser bestimmen die Region am Oberlauf der Ruhr – und machen die Gegend damit zur besuchenswerten Destination für Aktive und Genießer gleichermaßen.

Der **Langenberg** nimmt für sich in Anspruch, höchster Berg Nordrhein-Westfalens zu sein, der Gipfel keine 10 Meter von der Landesgrenze zu Hessen entfernt. An Prominenz lässt die unscheinbare Bergspitze dem Kahlen Asten gern den Vortritt. Ein einfaches Holzkreuz markiert sie, stellt sie heraus aus der Kette der überwiegend bewaldeten Erhebungen des nördlichen Rothaargebirges. Ein »Muss« für Gipfelstürmer, ein »Kann« während unserer Zeit im **Campingpark Brilon**.
Spektakulärer präsentieren sich dagegen die **Bruchhauser Steine** auf der Kuppe des knapp 730 Meter hohen Istenberges. Die vier aus vulkanischem Porphyr bestehenden Felsen bildeten vor sehr langer Zeit den Grund eines Meeres und türmten sich später zu einem Hochgebirge auf, das durch Erosion allmählich wieder verschwand. Die Bruchhauser Steine blieben wegen ihrer mineralischen Beschaffenheit übrig und liegen nun wie zufällig hin gewürfelt herum. Sie verbergen manch geheimnisvolle Grotte. Nur einer, der Feldstein, darf erklommen werden.

GEOLOGIE DER URZEIT

Ein Waldboulevard führt jene zum ihm herauf, die den Aufstieg vom Parkplatz am Infocenter scheuen und gegen Gebühr die langgezogenen Serpentinen mit dem fahrbaren Untersatz zurücklegen. Das letzte Stück des Weges zu Nordrhein-Westfalens erstem Nationalen Naturmonument muss jedoch erwandert werden. Und eine Klettertour steht auch noch an. Der grob in den Feldstein gehauene Pfad verfügt nur teilweise über ein Geländer und die vereinzelten Stufen sind schwer auszumachen. Doch am Gipfelkreuz entschädigt ein sensationeller Ausblick weit über die Grenzen des Olsberger Gemeindegebietes hinaus. Gen Westen schweift der Blick durch das breite Tal von Ruhr, Neger und Lutterbecke über das Dorf Bruchhausen, über Felder und Wälder zu den Höhenzügen des Hochsauerlandes.

31

BRUCHHAUSEN IST EIN hübsches kleines Fachwerkdorf mit einem kleinen privaten Schloss, in dessen Hof aus der alten Meierei das **Gutscafé** wurde. Neben der Rosentorte gehört die Gewittertorte zu den absoluten Glanzlichtern der heimeligen Lokalität. Die verführerische Kreation aus Vanillecreme mit Kirschen und Sahne gekrönt von einer Baiserhaube ist ein wahrer Gaumenschmeichler (www.rosenbogen-heidrich.de).

DORFIDYLL

Bundesgolddorf und Rosendorf – mit diesen beiden Attributen macht am friedlichen Oberlauf der Ruhr das 700-Seelen-Dorf **Assinghausen**, gegründet im frühen Mittelalter, Schlagzeilen. Rund um den Reisen-Speicher und die katholische Pfarrkirche auf einer Anhöhe in der Ortsmitte gruppiert sich eine Vielzahl zauberhafter Fachwerkhäuser, zumeist von liebevoll gepflegten Gärten umgeben. Dort spielt die Rose eine maßgebliche Rolle. Ihr verdankt Assinghausen seit 2007 das Prädikat als »anerkanntes Rosendorf«. Vier markierte Rosenwege laden zur Erkundung der Schätze des Dorfes.

Das Schicksal von **Brunskappel** im idyllischen Negertal schien besiegelt: Im Dezember 1974 beschloss der Ruhrtalverband den Bau einer weiteren Talsperre im Sauerland, die gegen 1985 eingestaut werden und den 400 Bewohnern des Ortes die Heimat nehmen sollte. Zum Glück und nach heftigem Widerstand gab man die Pläne 1984 wieder auf. So blieben die barocke Dorfkirche wie das niedliche Schloss Wildenberg erhalten, gegründet 1295 und einst repräsentativer Sitz der Vögte des Klosters Grafschaft.

◀ Das Dorf Bruchhausen ▶ Im pittoresken Rosendorf Assinghausen

Schloss Bruchhausen stammt in seinem Ursprung aus dem 15. Jahrhundert.

AUF KNEIPPS SPUREN

Staatlich anerkanntes Kneipp-Heilbad darf sich **Olsberg** seit Ende 2016 nennen. Die Sauerländer »Stadt des Wassers« besitzt eine lange Tradition im Sinne therapeutischer Ideen des Sebastian Kneipp. Bereits 1895 eröffnete ein Sanatorium basierend auf den Erkenntnissen des Pfarrers hinsichtlich naturheilkundlichen Wassertretens. Das Gebäude ist längst Geschichte, Kneipps Vermächtnis aber lebendiger denn je. Davon zeugen die 36 im Herbst 2017 im Gemeindegebiet aufgestellten lebensgroßen Plastiken, Werke des Bildhauers Jürgen Suberg aus Elleringhausen. Alle Figuren wurden individuell gestaltet und fallen definitiv auf, mal seriös, mal ausgeflippt.

Tipp

An der Ruhr führt der recht kurze, aber barrierefreie Kneipp AktivWeg durch den Olsberger **Kneipp ErlebnisPark** und macht Station an RastOrten, die mit Wasser und Entspannung zu tun haben. Markiert mit einer blauen Gießkanne kommen wir in die renaturierten Ruhrauen, an die natürliche Wassertretstelle im Gierskopp-Bach und die große Tretanlage im Kneipp-Park.

Das Fahrzeug kann an der Sauerlandtherme **AquaOlsberg** abgestellt werden und wir erkunden den Ort mit einigen schönen Fachwerkhäusern, netter Gastronomie und guten Einkaufsmöglichkeiten mühelos auf Schusters Rappen. Ein echter Hingucker ist das **Kropff´sche Haus**. Das Fachwerkhaus aus dem frühen 18. Jahrhundert mit dem Uhrentürmchen an der Giebelfront befindet sich auf dem Gelände der Jugendhilfe Olsberg.

◀ Kongresszentrum Schloss Gevelinghausen ▶ Kunsthaus Suberg

ADEL VERPFLICHTET

Mehrere Schlösser liegen in der Gemeinde Olsberg eng beieinander; sie alle sind allerdings nicht öffentlich zugänglich. In Antfeld, das große Bedeutung für den Schieferbergbau hatte, worüber der fröhlich plätschernde Brunnen in der Dorfmitte berichtet, versteckt sich das 1259 erstmals erwähnte **Schloss Antfeld** hinter einer mächtigen Feldsteinmauer. Zu einem repräsentativen Hotel mit Kongresszentrum wurde **Schloss Gevelinghausen** umgebaut, ohne dabei den aristokratischen Charakter einzubüßen. Das Rittergut von etwa 1290 besitzt einen weitläufigen Hof mit umliegenden Wirtschaftsgebäuden und markantem Torturm. Annette von Droste-Hülshoff (1797-1848) weilte mehrfach hier und genoss das betörende Ambiente der Landschaftsgärten auf dem Gut. Gleich nebenan liegt das Olsberger Heimatmuseum in der Alten Mühle. **Schloss Schellenstein** schließlich inmitten eines Parkgeländes im Ortsteil Bigge geht auf die Zeit des ausgehenden 12. Jahrhunderts zurück. Es gehört zu einer Zahnklinik.

VON WALD UND ESELN

Brilon, Hansestadt und staatlich zertifiziertes Kneipp-Heilbad, galt als waldreichste Stadt des Landes. Die einst blühende und wichtigste Hansestadt Westfalens feiert 2023 ihren 1050. Geburtstag. Von der früheren Stadtmauer ist wenig erhalten, lediglich das Derker Tor und der Westturm der Propsteikirche St. Petrus und Andreas zeugen von der Existenz der ehedem schützenden Stadtbefestigung. Durch die Straßennamen lässt sich ihr Verlauf gut nachvollziehen. Den geschäftigen Marktplatz dominiert die prächtige Fassade des Rathauses, das wie der Marktplatz zu den ältesten Deutschlands gerechnet wird und 1250 errichtet wurde, darauf weist die Doppelarkade mit den typischen Spitzbögen hin. Der imposante Barockgiebel stammt von 1760.

Um den Marktplatz herum finden sich schöne, historisch bedeutsame Fachwerkhäuser, größtenteils aus der Zeit gegen Ende des 18. Jahrhunderts. Ein verheerendes Feuer legte 1791 fast den gesamten Innenstadtbereich in Schutt und Asche, ein Neuaufbau war erforderlich. Einige Inschriften in den Giebelbalken der Häuser weisen auf das düstere Kapitel der Stadtgeschichte hin. Damals half auch das Wasser des noch immer sprudelnden Petrusbrunnens, des Kump, vor dem Rathaus nicht. Petrus ist der Schutzpatron Brilons. An der Königstraße machen der Esel »Huberta« und der letzte Postillon der Stadt, Theoder Isenberg, als Skulpturen auf sich aufmerksam. Briloner Bürger schätzten Esel als zuverlässige Transporteure ihrer Waren. Dies wiederum führte dazu, dass die Briloner oft spöttisch als Esel bezeichnet wurden und das brave Grautier zum Maskottchen Brilons avancierte.

EIN VERGLEICHSWEISER »JUNGSPUND« am Marktplatz mit gerade einmal 200 Jahren auf dem Buckel ist das Haus Hövener, das das lokalhistorische Museum beherbergt und spannende wie authentische Einblicke in das Leben Brilons vor 100 Jahren gibt. Zu sehen sind eine Glockengießerei und im Gewölbekeller das Original-Skelett eines 1978 zufällig entdeckten Dinosauriers (www.haus-hoevener.de).

Eine gemeinsame Mahlzeit auf der Weide stärkt den Zusammenhalt.

31

DAS SAUERLAND IN HESSEN

Ein Ausflug von Brilon aus führt an den **Diemelsee** ins nordhessische Sauerland. Itter und Diemel speisen die verzweigte Wasserfläche, die 1924 nach Fertigstellung der nun als Baudenkmal eingetragenen Staumauer entstand. Wassersport aller Art, selbst Tauchen, ist am See möglich.

Viele Wanderungen und Radtouren am Diemelsee beginnen im heilklimatischen Kurort **Heringhausen**, so auch der besonders für Kinder geeignete **Eichhörnchenweg.** Er startet am Haus des Gastes und führt begleitet von Erlebnisstationen um den Estenberg herum. Im barrierefreien **Visionarium**, dem Naturparkzentrum im Haus des Gastes, vertiefen wir die Eindrücke aus der Natur interaktiv. Der **Diemelsee Panoramaweg**, der teilweise auf dem 63 km langen Fernwanderweg Diemelsteig verläuft, führt durch den 1965 gegründeten Naturpark Diemelsee und überschreitet mehrfach, aber unmerklich die Grenze der beiden Bundesländer NRW und Hessen. Auf dem Weg auf den höchsten Punkt an der St. Muffert Klippe (597 m) bieten sich schöne Aussichten auf die Talsperre. Zum Verschnaufen eignet sich die mit 26,4 Metern zweitlängste Bank Hessens direkt am Seeufer. Gefertigt aus einem einzigen Douglasien-Stamm können mehr als 60 Personen nebeneinander Platz nehmen. Zur Entspannung lockt zudem der zauberhaft Golfpark Diemelsee.

Der größte Ort in der Gemeinde Diemelsee ist das 900 Jahre alte **Adorf** mit enger Historie zum Eisenbergbau. Schon 1273 sind Schürfrechte urkundlich belegt. Eindrucksvolle Zeugnisse der industriellen Tradition liefert ein Besuch des **Bergwerks Christiane**. Auf Führungen lernen wir hautnah die besondere Aura des Erzbergbaus unter Tage, im April 1963 eingestellt, kennen. Östlich des Bergwerks liegt das »Rosenschlösschen«, diese charmante Bezeichnung umschreibt die rote **Martenberg-Klippe**, eine geologisch eindrucksvolle, aus versteinerten Fossilien bestehende Felsformation, die durch das Eisenerz eine typische rote Farbe erhielt. Erdgeschichte ganz gegenwärtig.

BERGGESCHICHTEN

Zum Gemeindegebiet von Marsberg im westfälischen Sauerland gehört der Weiler **Canstein** mit seinem auf einer Felsklippe thronenden, gleichnamigen Schloss. Es stammt aus der Zeit um 1080 und überblickt die

◀ Huberta und der Postillon im Zentrum Brilons ▲ Offene Felder bei Brilon
▼ Historische Lore am Eingang zum Erzbergwerk Christiane

überwiegend baumlosen Höhen des östlichen Hochsauerlandkreises und des hessischen Landkreises Waldeck-Frankenberg. Besten Überblick gewährt auch die Eresburg auf dem Eresberg im hoch über dem Diemeltal gelegenen **Obermarsberg**. Auf der Burg, sie galt als uneinnehmbar, weil es nur Zugang von einer Seite gab, befand sich mit dem »Irminsul« das wichtigste Heiligtum der Sachsen, bis es durch Karl den Großen 772 zerstört wurde. Der heutige, noch immer nur über eine einzige steile Straße erreichbare Ort entwickelte sich ab etwa 1250 und diente als Befestigung. Zu dieser Zeit entstand mit der Stiftskirche St. Peter und Paul eine der ersten Kirchen in Westfalen. Vor dem **Alten Rathaus**, kaum jünger als der Sakralbau, heute im Privatbesitz, steht im Garten der ehemalige Pranger. Kriminelle wurden angekettet und dem Spott der Öffentlichkeit ausgesetzt. Einige hübsche, teils recht alte Fachwerkhäuser sind hier oben erhalten ebenso wie **Buttenturm** und **Wasserturm** aus der früheren Stadtmauer.

DAS BIER AUS DER BRAUEREI Westheim genießt seit ihrer Gründung im Jahr 1862 außerordentlich hohes Renommee. Kontinuierlich wird seither im Familienbetrieb gebraut, wobei teilweise noch traditionelle Rezepturen aus den Anfängen Verwendung finden. Führungen sind für Gruppen ab 10 Personen möglich (www.westheimer.de).

AUF EINEN BLICK

Info

STADT/REGION: Hochsauerlandkreis, Brilon, Olsberg, Marsberg, Kreis Waldeck-Frankenberg, Diemelsee
BESTE REISEZEIT: Ganzes Jahr
OPTIMALE REISEDAUER: 2–4 Tage
TOURISTINFO:
Am Markt 4, 59929 Brilon, Tel. 02961/969 90, www.tourismus-brilon-olsberg.de

SEHENSWÜRDIGKEITEN

BRUCHHAUSER STEINE: 59939 Olsberg, Tel. 02962/976 70, www.bruchhauser-steine.de
ASSINGHAUSEN: www.assinghausen-live.de
BRUNSKAPPEL: www.brunskappel.de
OLSBERG: Bürgerbüro, Ruhrstr. 32, 59939 Olsberg, Tel. 02962/973 70, www.tourismus-brilon-olsberg.de
BESUCHERBERGWERK PHILIPPSTOLLEN: Ruhrstraße 32, 59939 Olsberg, www.heimatbund-olsberg.de/philippstollen
DIEMELSEE: Touristinformation Diemelsee, Kirchstr. 6, 34519 Diemelsee-Heringhausen, Tel. 05633/911 33, www.diemelsee.de
RINGWALLWEG SCHWALENBURG: www.geopark-grenzwelten.de/der-ringwallweg-schwalenburg.html
BERGSTADT EVERSBERG: www.eversberg.de
EICHHÖRNCHENWEG: www.gemeinde-diemelsee.de
VISIONARIUM: www.diemelsee.de/visionarium
ADORF: Gemeinde Diemelsee, Am Kahlenberg 1, 34519 Diemelsee-Adorf, Tel. 05633/989 90, www.gemeinde-diemelsee.de
BERGWERK CHRISTIANE: Bredelarer Str. 30, 34519 Diemelsee-Adorf, Tel. 05633/59 55, www.diemelsee.de/besucherbergwerk-grube-christiane
SCHLOSS CANSTEIN: www.canstein.de
MARSBERG: Stadtmarketing Marsberg e.V., Bäckerstr. 8, 34431 Marsberg, Tel. 02992/33 88, www.tourismus-marsberg.de

Der Camping- und Ferienpark Brilon überzeugt durch tolle Fernsicht.

CAMPING- UND FERIENPARK BRILON

ADRESSE: Hoppecker-Str. 75, 59929 Brilon, Tel. 02961/97 74 23, www.campingbrilon.de

ANFAHRT: Von der B251 im Süden Brilons auf die L870 Hoppecker Straße Richtung Stadtmitte abbiegen, der Ferienpark liegt auf der linken Seite.

GPS: N 51°22‘46“ E 8°35‘12“

Der Campingplatz liegt an einem weitläufigen Hang mit toller Aussicht über Brilon und das Hochsauerland, er ist terrassenartig aufgeteilt und bietet viel Platz für insgesamt 40 Fahrzeuge. Hecken trennen die Terrassenbereiche voneinander und schaffen eine gewisse Privatsphäre. Sehr ordentliche sanitäre Anlagen in einem zentral gelegenen Waschhaus, WLAN ist vorhanden, ebenso Ver- und Entsorgungsmöglichkeiten. Guter Ausgangspunkt für Radtouren, Einkaufsmöglichkeiten im Ort.

WOHNMOBILSTELLPLATZ AQUAOLSBERG

ADRESSE: Zur Sauerlandtherme 1, 59939 Olsberg, Tel. 02962/84 50 50, www.aquaolsberg.de

ANFAHRT: Von der B480 im Westen von Olsberg vor dem Tunnel links auf die Hauptstraße abbiegen und dieser folgen bis zur Shell-Tankstelle, hier links auf die Stehestraße und beim Kreisverkehr nach der Ruhrbrücke wieder links.

GPS: N 51°21‘23“, E 8°29‘5“

Der befestigte, kostenpflichtige Platz ist ausgelegt für 10 Wohnmobile. Ver- und Entsorgungsmöglichkeiten sind vorhanden, die sanitären Anlagen des Schwimmbades können genutzt werden. Kurze Wege in die nette Innenstadt und zahlreiche Aktivitätsmöglichkeiten.

GRÜNE LUNGE IM RUHRGEBIET

Die Haard

Im Naturpark Haard gibt es einen eigenen Parcours für Mountainbiker.

32

Würzige Tannenluft, stille Ecken, verschlafene Dörfer und Kleinstädte sowie ländliche Atmosphäre mit Blumenwiesen, Kuhweiden und bewirtschafteten Agrarflächen kennzeichnen das Naturschutzgebiet Haard und seine Umgebung. Die Haard ist Teil des fast 2000 Quadratkilometer großen Naturparks Hohe Mark – und lädt zu vielen Entdeckungen ein.

Der 1963 gegründete Naturpark erstreckt sich von Lüdinghausen im Münsterland bis nach Wesel am Niederrhein und ist einer der größten Naturparks in Deutschland. Die Haard gehört zu den hügeligen Waldgebieten des Naturparks und wird auch als eine der grünen Lungen des Ruhrgebiets bezeichnet. Ein gutes Wegenetz durchzieht das 55 Quadratkilometer große Naherholungsgebiet, das von Wanderern, Genussradlern und Mountainbikern ebenso genutzt wird wie von Reitern und Joggern.

WALDLUFT SCHNUPPERN

Der Campingplatz Die Haard mit separatem Wohnmobilstellplatz (siehe Auf einen Blick) liegt genau gegenüber dem Wanderparkplatz Katenkreuz. Sie müssen also das Wohnmobil nach der Ankunft nicht mehr bewegen, sondern können gleich vom Stellplatz aus losgehen oder losradeln. Das Gleiche gilt auch für den Campingplatz Stimberg ein paar hundert Meter neben dem Campingplatz Die Haard (siehe ebenfalls Auf einen Blick). Vom Wanderparkplatz Katenkreuz sind es zum Beispiel etwa drei Kilometer zum Feuerwachturm auf dem 137 Meter hohen Farnberg, dem dritthöchsten Berg im Schutzgebiet. Nach 180 schweißtreibenden Stufen erreicht man eine Höhe von etwa 38 Metern, von wo aus man eine herrliche Aussicht auf das waldreiche Naturgebiet und die angrenzenden, ländlichen Landschaften hat. Ein zweiter Feuerwachturm befindet sich auf dem 139 Meter hohen Rennberg, dem nach dem 157 Meter hohen Stirnberg zweithöchsten Berg in der Haard. Der Feuerwachturm auf dem Rennberg liegt etwa 4,5 Kilometer vom Farnberg entfernt. Dort sind lediglich 143 Stufen bis zur Aussichtsplattform auf 32 Metern Höhe zu bewältigen. Für Menschen mit Höhenangst ist der Turm weniger geeignet. Von hier kann man noch einen Abstecher über den 123 Meter hohen Dachsberg ins drei Kilometer entfernte Flaesheim machen. Von dort sind es dann rund sieben Kilometer retour zum Wohnmobilstellplatz. Unterwegs kommt man noch an einem

Baggersee vorbei. Da es sich um ein Privatgelände handelt, ist allerdings das Betreten bzw. Schwimmen im See verboten!
Eine Runde durch die Haard per pedes oder per Rad kann auch von anderen Wanderparkplätzen erfolgen. Einen Parkplatz gibt es in Oer-Erkenschwick in der Straße Mutter Wehner 55, in Flaesheim in Dachsberg 40 oder in Sinsen im Haardgrenzweg 57 und Forsthaus 58. In den Ortschaften herrscht Kleinstadtatmosphäre. In Oer-Erkenschwick kann man die **Zeche Ewald** mit Geschichts- und Bergbaumuseum besuchen. Weitere Highlights, die man unbedingt sehen muss, gibt es allerdings nicht. Die Orte sind aber gute Adressen für einen kulinarischen Stopp oder um Proviant für die Wander- oder Radtour einzukaufen.

IN DER HAARD wurde vom Regionalverband Ruhr (RVR) 2020 ein 42 Kilometer langer, mittelschwerer Rundkurs für Mountainbiker angelegt. Die Strecke ist durchgehend markiert und kann bei den erwähnten Wanderparkplätzen begonnen werden. Es gibt auch einige Abkürzungen, womit man seine eigene Strecke zusammenstellen kann. Der Regionalverband hat auf seiner Internetpräsenz einen sehr guten, übersichtlichen Flyer als PDF zum herunterladen bereitgestellt, zu finden unter: www.rvr.ruhr/themen/tourismus-freizeit-sport/waldband-naturpark-hohe-mark/mtb-haard-on-tour/

STADTLUFT SCHNUPPERN

Die Natur und das Landleben für ein paar Stunden gegen Stadtflair eintauschen kann man mit einem Abstecher nach **Recklinghausen**. Hinter dem Rathaus im Erlbruchpark gibt es den Parkplatz P9 für insgesamt sechs Wohnmobile (siehe Auf einen Blick). Ab hier ist die Altstadt nicht weit und zu Fuß leicht erreichbar. Vorab kann man sich in der Touristeninformation im Rathaus über die Stadt und ihre Sehenswürdigkeiten informieren. Eine Broschüre mit Rundgang durch die Stadt ist vorhanden. Ob mit oder ohne Broschüre, ein kurzer Spaziergang kann bei der **Skulptur Bürger tragen ihre Stadt** vor dem monumentalen, sehenswerten **Rathaus** beginnen. Mit der Skulptur im Rücken folgen Sie nach links dem Königswall bis zur verkehrsfreien Breiten Straße, die nach rechts

▲ Holzkohlenmeiler in der Haard bei Flaesheim ◀ Überrest der Stadtmauer von Recklinghausen ▶ Recklinghausener Rathaus

ins Herz des Zentrums um den **Marktplatz** führt, wo das Café Herzblatt zu einem Stopp einlädt. Nach links durch den Holzmarkt erreicht man die **Engelsburg**, einen Profanbau aus 1701, in dem heute ein Luxushotel untergebracht ist. Ein paar Schritte weiter sind noch Teile der alten **Stadtmauer** zu sehen.

SCHLECHTWETTER UND/ODER LUST auf Kunst und Geschichte? Nördlich des Marktplatzes von Recklinghausen erhebt sich die Kirche Sankt Peter. Hier auf dem Kirchplatz befindet sich eines der interessantesten Museen der Stadt: das **Ikonenmuseum** (ikonen-museum.com). Zudem verfügt die Stadt über weitere interessante Sammlungen und Museen wie die **Kunsthalle** beim Hauptbahnhof, deren Architektur bereits ein Hingucker ist (kunsthalle-recklinghausen.de), das **Museum Jerke** mit moderner polnischer Kunst schräg gegenüber dem Ikonenmuseum (museumjerke.com), das **Institut für Stadtgeschichte** (retro-station.de), das **Postgeschichtliche Museum** oder das **Museum Strom und Leben** im ehemaligen Umspannwerk von Recklinghausen (umspannwerk-recklinghausen.de).

AUF EINEN BLICK

Info

STADT/REGION: Recklinghausen, Kreisstadt
BESTE REISEZEIT: Frühjahr und Herbst
OPTIMALE REISEDAUER: 1–2 Tage
TOURISTINFO: Recklinghausen, Martinistr. 5, 45657 Recklinghausen, Tel. 02361 /90 66 000 recklinghausen.de;
Oer-Erkenschwick, Rathausplatz 1, 45739 Oer-Erkenschwick, Tel. 02368/6910, oer-erkenschwick.de

SEHENSWÜRDIGKEITEN

ALTSTADT VON RECKLINGHAUSEN: Rund um den Marktplatz, recklinghausen.de
IKONENMUSEUM: Kirchplatz 2a, 45657 Recklinghausen, Tel. 02361/50 19 41, ikonen-museum.com
ZECHE EWALD: Werner-Heisenberg-Straße 3, 45699 Herten, Tel. 02366/952010, herten.de
BERGBAUMUSEUM HALDE OER-ERKENSCHWICK: Am Ziegeleitor, 45739 Oer-Erkenschwick, Tel. 0162/333 87 55, museum-oe.de

CAMPING DIE HAARD

ADRESSE: In den Wellen 30, 45711 Datteln, Tel. 02363/36 13 91, haard-camping.de
ANFAHRT: Auf der A2 Ausfahrt 11 Henrichenburg, dann auf der B235 zum Südrand von Datteln. Hier weiter auf dem Südring, dem Westring und der Reeder Straße. Etwa einen Kilometer nach der Überquerung der Recklinghäuser Straße geht es links zum Campingplatz.
GPS: 51.678250, 7.282583
Halbkreisförmiger Stellplatz außerhalb des Campingplatzes mit Strom- und Wasseranschluss; geschützt mit einer umlaufenden Hecke. Die sanitären Einrichtungen können im Campingplatz genutzt werden.

Hecken schützen teils vor Wind und neugierigen Blicken

WOHNMOBILSTELLPLATZ RECKLINGHAUSEN

ADRESSE: Konrad-Adenauer-Platz im Erlbruchpark, 45657 Recklinghausen

ANFAHRT: Auf der A43 Ausfahrt Recklinghausen, dann auf der B225 bzw. Hertener Straße, rechts auf den Königswall/Kaiserwall und gleich nach dem Rathaus rechts zum Erlbruchpark.

GPS: 51.611167, 7.201417

Stellplatz mit Stromanschluss und drei Plätzen für Wohnmobile mit bis zu 7,50 Metern und drei Plätze für Wohnmobile bis 10,5 Metern. Entsorgungsstation und Frischwasser befinden sich in circa 250 Meter Entfernung auf dem Konrad-Adenauer-Platz. Achtung: Der Wohnmobilstellplatz befindet sich in einer Umweltzone; grüne Umweltplakette wird benötigt.

CAMPING STIMBERG

ADRESSE: Recklinghäuser Straße 140, 45711 Datteln, Tel. 02363/323 71, stimberg-camping.de

ANFAHRT: Wie zum Camping Die Haard, allerdings nicht die Recklinghäuser Straße überqueren, sondern nach links abbiegen und nach circa 800 Metern rechts zum Campingplatz.

GPS: 51.671167, 7.282278

Sehr großer Campingplatz mit meistens Dauercampern, aber eine gute, nahe gelegene Alternative, wenn der Camping Die Haard keinen Platz mehr hat.

ALTERNATIVEN

Camping Ludbrock (camping-ludbrock.de) und Camping Tögemannsfeld (camping-toegemannsfeld.de).

EINZIGARTIGE LANDSCHAFT ENTLANG DER NETTE

Nettetal und die Krickenbecker Seen

Idylle pur herrscht an den Krickenbecker Seen.

Nettetal ist ein Zusammenschluss von sechs Ortschaften und liegt mitten im grenzüberschreitenden Naturpark Maas-Schwalm-Nette. In dieser herrlichen Landschaft lohnt sich ein Besuch der Seen entlang des Flusses Nette und der Stadtteile. Das Angebot zum Rad fahren und Wandern ist hervorragend.

Im äußersten Westen des Niederrheins, direkt an der deutsch-niederländischen Grenze, befindet sich die Stadt Nettetal. Sie besteht seit dem Zusammenschluss im Jahre 1970 aus den sechs »Bezirken« Breyell, Hinsbeck, Leuth, Kaldenkirchen, Schaag und dem größten Stadtteil Lobberich. Diese Orte haben eine isolierte Lage und stellen somit eine eigene Einheit dar. Durchflossen wird die Stadt auf einer Länge von rund zwölf Kilometern von dem Fluss Nette. Dieser Fluss gab ihr den Namen. Rund 42 000 Menschen leben hier und erfreuen sich ebenso wie die Besucher an der besonderen Natur. Neben Mooren, Heide und Wäldern prägen die zwölf Seen das Landschaftsbild. Hier blühen Seerosen, die auch das Nettetaler Wappen zieren. Besonders einladend sind die Krickenbecker Seen im Norden des Stadtgebietes.

ALTE TORFSEEN BEGEISTERN

Nettetal ist reich an Attraktionen für Naturliebhaber wie dem **Naturerlebnisgebiet Holtmühle-Galgevenn,** dem Gelände rund um den ehemaligen Fliegerhorst Groote Heide (Venloer Heide), dem **Landschaftspark am See** rund um den Windmühlenbruch bei Lobberich und dem lehrreichen **NABU Naturschutzhof Nettetal.** Bis zu 40 Meter hohe Mammutbäume kann man auf der **Sequoia-Farm** am Rande von Kaldenkirchen bewundern. Ein Muss ist der Besuch der **Krickenbecker Seen**, des zweitältesten Naturschutzgebiets in NRW. Dieses Ensemble wird von vier Seen gebildet: Poelvenn, Glabbacher Bruch, Hinsbecker Bruch und Schrolik. Am großen **Hinsbecker Bruch** befinden sich ein Freibad und das lehrreiche Infozentrum, in dem man auch erfährt, dass die Seen durch Torfstich im 15. Jahrhundert entstanden sind. Natürlich kann man sich hier ebenfalls über die Flora und Fauna informieren und erhält das nötige Infomaterial, um eine Wanderung oder eine Radtour zu starten. In der Nähe befindet sich der Aussichtssteg, der einen tollen Blick über den See Hinsbecker Bruch bietet. Ornithologen erfreuen sich an der Artenvielfalt. Von dem Infozentrum sind es rund 1,5 Kilometer zum Aussichtsturm. Hierbei spaziert man durch die **Siedlung Hombergen** und weiter durch einen Mischwald hinauf auf den Hügel zum Holzturm. Nun geht man die Stahltreppen auf den Turm hinauf und wird durch einen herrlichen Rundumblick über die Mischwälder und Seen belohnt. Umgeben von den Seen thront mittendrin das namensgebende **Schloss Krickenbeck**, das man nicht besuchen, jedoch zwischen den Bäumen erspähen kann. Es wurde im 13. Jahrhundert errichtet und letztmalig im 19. Jahrhundert zu einem neugotischen Schloss umgebaut. Der Prachtbau ist heute ein Tagungshotel. Viele weitere Seen laden zum Entdecken ein. Der mittlere und größte See, der Große Wittsee, verfügt über einen Campingplatz und ein uriges Freibad. Von der grünen, trüben Farbe des Wassers sollte sich der Badegast jedoch nicht abschrecken lassen. Nachdem man sich erfrischt hat, kann man in der Nähe Minigolf spielen. Westlich von Hinsbeck kann man auf der Golfanlage Haus Bey auch Golf spielen. Die Hauptaktivitäten sind jedoch Wandern und Rad fahren, denn es stehen immerhin 70 Kilometer an ausgebauten Radwegen und 150 Kilometer Wanderwege für Entdeckungstouren zur Verfügung.

Wandern ist hier richtig erholsam.

◀ Burg Ingenhoven ▲ Plattform am Hinsbecker Bruch
▼ Herrliche Seenlandschaft

SEHENSWÜRDIGKEITEN DER SECHS STADTTEILE

Wer mit dem Rad von Ort zu Ort fährt, wird so manche Sehenswürdigkeit entdecken; dazu gehört sicherlich der 600 Jahre alte Lamberti-Kirchturm im Zentrum von Breyell, der zu den ältesten Bauwerken der Stadt gehört. Sehenswert sind auch **Die Scheune**, ein Textilmuseum in der Nähe des Infozentrums Krickenbecker See (Hinsbeck-Hombergen) und die schmucke **Burg Ingenhoven** in Lobberich. Bereits zu Beginn des 14. Jahrhunderts stand hier ein Hof, der Mitte des 16. Jahrhunderts zu einer kleinen Burg umgebaut wurde. Heute beherbergt die ansehnliche Burg mit ihren spitzen Türmchen eine gepflegte Gastronomie. Wenige Schritte sind es zum netten Markt mit dem **Alten Lobbericher Rathaus.** Wer ausreichend Zeit hat, kann auch einen Ausflug in die nette niederländische Stadt Venlo unternehmen.

AUF EINEN BLICK

Info

STADT/REGION: Nettetal, linker Niederrhein, Kreis Viersen
BESTE REISEZEIT: April-Oktober
OPTIMALE REISEDAUER: 2 Tage
TOURISTINFO: Bürgerservice Nettetal, Doekersplatz 11, 41334 Nettetal-Lobberich, Tel. 02153/898 0, www.nettetal.de

SEHENSWÜRDIGKEITEN

INFOZENTRUM KRICKENBECKER SEEN: Krickenbecker Allee 36, 41334 Nettetal-Hinsbeck, Tel. 02153-91 29 09, www.bsks.de
NABU NATURSCHUTZHOF NETTETAL: Sassenfeld 200, 41334 Nettetal-Lobberich, Tel. 02153-893 74, www.naturschutzhof-nettetal.de
SEQUOIA-FARM: Buschstr. 98, 41334 Nettetal-Kaldenkirchen, www.sequoiafarm.de
GASTHAUS LÜTHEMÜHLE: Lindenallee 50, 41334 Nettetal, Tel. 02153/958 36 90, www.luethemuehle.de
TEXTILMUSEUM DIE SCHEUNE: Krickenbecker Allee 21, 41334 Nettetal-Hinsbeck, Tel. 02153-898 41 41, www.textilmuseum-die-scheune.de

STELLPLATZ KRICKENBECKER SEE

ADRESSE: Krickenbecker Allee 38, 41334 Nettetal-Hinsbeck,
ANFAHRT: Von Hinsbeck über die Krickenbecker Allee zum See fahren.
GPS: N 51°20‘41“, E 6°15‘27“

◀ Campingplatz De Wittsee ▶ Campingplatz Holzmichl

Der einfache Stellplatz liegt an dem Hotel Krickenbecker Seen, östlich vom See, nahe des Freibades und Infozentrums. Hier steht man auf einem ebenen asphaltierten Parkplatz.

CAMPINGPLATZ DE WITTSEE

ADRESSE: Am Wittsee 23, 41334 Nettetal-Leuth,
Tel. 0163/7268258, www.camping-dewittsee.de

ANFAHRT: Südlich von Leuth biegt man von der Landstraße K3 auf die Straße Am Wittsee ab. Nach wenigen hundert Metern erreicht man den Campingplatz.

GPS: N 51°19'33", E 6°14'19"

Der Campingplatz De Wittsee liegt erwartungsgemäß an einem See, genauer gesagt am lang gezogenen De Wittsee im Herzen des Naturparks Schwalm-Nette. Der Platz ist einfach ausgestattet und bietet neben vielen Plätzen für Dauercamper auch einige parzellierte Flächen für Reisemobile an. Der große Vorteil des Campingplatzes ist die Nähe zum See. Nur wenige hundert Meter entfernt befindet sich eine Liegewiese mit Badestelle am See. Ebenfalls nur wenige Schritte ist eine Minigolfanlage mit kleinem Imbiss entfernt.

CAMPINGPLATZ HOLZMICHL

ADRESSE: Beekerstraße 31, 47638 Straelen/Herongen,
Tel. 02839-998 98 98, www.camping-holzmichl.de

ANFAHRT: Der Campingplatz ist durch die Autobahn A40 (Abfahrt Straelen-Herongen) gut zu erreichen.

GPS: N 51°23'11", E 6°15'30"

Der gepflegte Campingplatz Holzmichl liegt am Rande des Dorfes Herongen und der sogenannten Heronger Buschberge, die zu Radtouren und Wanderungen einladen. Er bietet ebene Stellplätze. Die Ausstattung ist gut. Er verfügt über ein Schwimmbad mit einer Größe von 10 mal 22 Metern, einen Spielplatz und über ein kleines Restaurant. Das Restaurant Landcafé Holzmichl bietet auch eine Terrasse mit Blick über den Campingplatz. Leider liegt die Autobahn A40 in Hörweite.

NICHT NUR FÜR PILGER EINE ATTRAKTION

Wallfahrtsstadt Kevelaer

◀ Gnadenkapelle mit Gnadenbild ▲ Deckenmalerei Gnadenkapelle
▼ Kerzenkapelle

Am 1. Mai beginnt offiziell das Wallfahrtsjahr und dann strömen unzählige Pilger nach Kevelaer – immerhin ist die Stadt nach Altötting der größte Wallfahrtsort im Nordwesten Europas. Wer nicht aus religiösen Gründen anreist, wird ebenfalls fündig, dafür sorgen vier Stellplätze und Attraktionen wie das Irrland, der Solegarten oder die Niers.

Zum Niederrheinstädtchen und seinen rund 28 000 Einwohnern gehört eine kleine Geschichte, die Kevelaer zu einer bedeutenden Pilgerstätte gemacht hat. Kevelaer hatte eine Lage an der Kreuzung zweier wichtiger Handelswege zwischen Rhein und Maas sowie zwischen Köln und Nimwegen. Auf diesem Weg war der Kaufmann Hendrick Busman oft unterwegs und betete in der Weihnachtszeit 1641 vor einem Hagelkreuz. Da hörte er eine Stimme, die ihn bat, eine Kapelle zu errichten. Mithilfe des Kevelaerer Pfarrers Schink baute er ein Heiligenhäuschen. Auch die Frau des Kaufmanns hatte eine nächtliche Erscheinung und sah ein Bild der Gottesmutter Maria, das ihr zuvor von zwei Soldaten angeboten worden war. Sie machte das Bild ausfindig, kaufte es und am 1. Juni 1642 wurde das Bild von Pfarrer Schink in die neu errichtete kleine Kapelle gestellt. An den folgenden Tagen kamen die Menschen aus der Umgebung und fünf Jahre später wurde das Heiligenhäuschen mit dem kleinen Gnadenbild (Consolatrix Afflictorum) von der Synode zu Venlo zum Wallfahrtsort Kevelaer erklärt. Seit 2017 trägt Kevelaer offiziell den Namenszusatz Wallfahrtstadt.

GNADENKAPELLE IM HERZEN DER STADT

Mitten in der Stadt, auf dem Kapellenplatz, steht die sechseckige Gnadenkapelle, die 1654 errichtet wurde. Inmitten der kunstvoll ausgestalteten Kapelle mit Ausmalungen der Kuppel und aufwendigem Bodenmosaik wird das mittlerweile verblasste Gnadenbild angebetet. Rund um die Gnadenkapelle stehen weitere Gotteshäuser wie die päpstliche **Marienbasilika** mit ihrem 90 Meter hohen Turm. Im Inneren beeindrucken die prächtigen Malereien und die **Orgel**. Sie ist mit immerhin 135 Registern eine der größten Orgeln in Deutschland. Im Inneren begeistert nicht nur bei Konzerten der Klang der Orgel, sondern auch der ausgeschmückte Innenraum. Kein Quadratzentimeter ist hier nicht bemalt oder kunstvoll verziert. Gleich neben der Gnadenkapelle befindet sich die Kerzenkapelle,

◀ Front Gnadenkapelle ▶ Solegarten St.Jakob

die 1645 fertiggestellt wurde. Vor der Kirche zünden Gläubige die Kerzen an und im Inneren stehen die Kerzen der Prozessionen sowie zahlreiche Schilder und Gedenktafeln, die ebenfalls an die Prozessionen erinnern. Jüngstes kirchliches Bauwerk ist das benachbarte Forum Pax Christi, eine Kapelle unter freiem Himmel. Wer nach der Besichtigung der sakralen Bauten durch die nette Fußgängerzone geht, wird unschwer erkennen, dass die Wallfahrten auch ein wichtiger Wirtschaftsfaktor für die Stadt sind. So reihen sich hier die Devotionalienläden aneinander, in denen man religiöse Erinnerungsstücke erwerben kann.

NICHT VERPASSEN!

Wer vom zentralen Platz durch das Zentrum schlendert, wird so manche Sehenswürdigkeit passieren. Lohnenswert ist ein Besuch des Niederrheinischen Museums Kevelaer. In diesem Museum für Volkskunde und Kulturgeschichte dreht sich erwartungsgemäß einiges um das Thema Wallfahrt. Ebenfalls kann man Exponate zu den Themen Spielzeug, altes Handwerk, früheres Arbeiten und Wohnen bestaunen. Zu den sehenswerten Bauwerken der Stadt gehört das Priesterhaus, ein ehemaliges Kloster. Es steht am Kapellenplatz, wurde 1647 erbaut und ist das älteste

Steingebäude der Stadt. Von weither sichtbar ist der 1905 im Jugendstil errichtete **Wasserturm**. Der 54 Meter hohe Turm bestimmt neben den Kirchen die Silhouette der Stadt. In der Bahnstraße sollte man einen Blick in die kleine Kaffeerösterei Kaffeehimmel werfen. Hier werden Kaffeebohnen aus biologischem Anbau bei geringerer Temperatur und weitaus länger als üblich geröstet. Wer sich von dem Geschmack überzeugen möchte, bestellt direkt eine wohltuende Tasse Kaffee. Eine ganz neue Attraktion ist der **Solegarten St. Jakob**. Hierbei handelt es sich um ein Gradierwerk in Muschelform, die einzige Sole-Heilquelle am Niederrhein. Im Inneren sitzt man vor den zwölf Meter hohen Wänden aus Schwarzdorn, über die jodhaltige Thermalsole läuft und die Luft anreichert. Der Zutritt ist kostenfrei. Gleich nebenan befinden sich die Kneipp-Anlagen und ein Stellplatz.

RICHTIG GELESEN – IRRLAND mit zwei R! Zum Dorf Twisteden pilgern ebenfalls die Menschen, denn in dem vielseitigen Freizeitpark vergnügen sich Familien aus Deutschland und den benachbarten Niederlanden gleichermaßen. Das Angebot an Spielgeräten, Wassererlebniswelten, Rutschbahnen, Indoor-Spielwelten, Tiergehegen und Picknick-Areas ist groß und der Eintrittspreis angemessen. Das Areal ist so groß wie 30 Fußballfelder und immerhin stehen 2000 Bollerwagen für die Familien zur Verfügung.

WIE IN DEN VIELEN ANDEREN niederrheinischen Städten bietet sich auch rund um Kevelaer eine Radtour an. Wie wäre es mit einem Abstecher in die Niederlande? Wer aber eine besondere Aktivität erleben möchte, sollte eine **Kanutour** auf der Niers unternehmen. In Kevelaer kann man starten und paddelt dann stromabwärts nach Weeze oder Goch. Lautlos gleitet man über die teils nur knietiefe Niers, die von der Quelle südlich von Mönchengladbach nach rund 118 Flusskilometern in die Maas mündet. Die Vermiet-Stationen informieren gerne über den Kanuverleih und den Rücktransport. Ein besonderes Erlebnis beim Urlaub am Niederrhein.

AUF EINEN BLICK

Info

STADT/REGION: Kevelaer mit Twisteden, Kreis Kleve
BESTE REISEZEIT: April-Oktober
OPTIMALE REISEDAUER: 2 Tage
TOURISTINFO: Tourismus & Kultur,
Twistedener Str. 140, 47623 Kevelaer
Tel. 02832/122 991,
www.kevelaer-tourismus.de

SEHENSWÜRDIGKEITEN

KAFFEERÖSTEREI KAFFEEHIMMEL: Bahnstraße 25, 47623 Kevelaer, Tel. 02832-976 08 60, www.biokaffeehimmel.de
NIEDERRHEINISCHES MUSEUM FÜR VOLKSKUNDE UND KULTURGESCHICHTE E.V.: Hauptstraße 18, 47623 Kevelaer, Tel. 02832-95 41 10, www.niederrheinisches-museum-kevelaer.de
IRRLAND: Am Scheidweg, 47624 Kevelaer-Twisteden, Tel. 02832/98 89 80, www.irrland.de
FREIZEIT SCHWARZ (KANUVERLEIH): Holtumsweg 7, 47652 Weeze, Tel. 02837-67 60, www.freizeit-schwarz.com

WOHNMOBILSTELLPLATZ SOLEGARTEN ST. JAKOB

ADRESSE: Hüls, 47623 Kevelaer
ANFAHRT: am westlichen Stadtrand
GPS: N 51°34‘43“, E 6°14‘01
Der kleine Stellplatz mit insgesamt 8 befestigten Plätzen befindet sich am westlichen Stadtrand in der Nähe des Solegartens (Gradierwerk). Das Hallenbad liegt gleich nebenan. Zum netten Zentrum sind es nur wenige Gehminuten.

WOHNMOBILSTELLPLATZ EUROPAPLATZ

ADRESSE: Gelderner-Str. 113, 47623 Kevelaer
ANFAHRT: Mitten im Zentrum
GPS: N 51°34‘43“, E 6°15‘17“
Der einfache und zentrale Stellplatz bietet unter Bäumen einige Plätze an. Er liegt neben dem Busparkplatz. Ganzjährig geöffnet.

◀ Stellplatz Solegarten St. Jakob ▲ Stellplatz Europaplatz
▼ Reisemobilhafen Den Heyberg

WOHNMOBILSTELLPLATZ REISEMOBILHAFEN DEN HEYBERG

ADRESSE: Im Auwelt 45, 47624 Kevelaer-Twisteden, Tel. 02832/709 06, www.reisemobilhafen-den-heyberg.de
ANFAHRT: Von Kevelaer über die L361 in westliche Richtung, dann nach Twisteden abbiegen und der Ausschilderung folgen
GPS: N 51°33‘23“, E6°11‘12“
Der große Stellplatz mit rund 150 Stellflächen liegt in einem Waldgebiet auf dem Gelände des Traberparks, am Rande des Dorfes Twisteden. Nebenan befindet sich auch eine Besonderheit, eine Bunkersiedlung. Der Platz ist gut ausgestattet und bietet ebene Flächen. Idealer Ausgangspunkt, um dem Vergnügungspark Irrland einen Besuch abzustatten. Der Stellplatz ist ganzjährig geöffnet.

AM WESTFÄLISCHEN VERSAILLES

Auf den Pättkestouren rund um Nordkirchen

Das Barockschloss in Nordkirchen muss man einfach gesehen haben.

Die malerische Gemeinde Nordkirchen im südlichen Münsterland präsentiert sich mit dem wohl schönsten Schloss der Region. Eine Besonderheit ist auch der Wohnmobilstellplatz, nur 600 Meter vom Barockschloss entfernt. Er wurde nämlich vom Autor dieses Kapitels gebaut und wird von ihm und seiner Frau liebevoll betrieben.

Ganz klar – das Barockschloss ist die Hauptsehenswürdigkeit in Nordkirchen. Die Anlage ist nicht nur ein Augenschmaus, sondern so groß und bedeutend, dass sie den Beinamen »Westfälisches Versailles« erhalten hat. Gerade einmal zehn Minuten Fußweg sind es vom Wohnmobilstellplatz aus, wenn man über die Sichtachse auf das imposante Bauwerk zugeht. Dabei blickt man über den Weiher und die Venusinsel auf die Nordfassade des Barockschlosses. An Sommertagen wird der prachtvolle Anblick noch durch eine meterhohe Wasserfontäne unterstrichen. Die Venusinsel zwischen Fontäne und Schloss ist mit mehreren zehntausend Buchsbäumchen bepflanzt, die ein stilvolles Muster ergeben und ein beliebtes Fotomotiv sind. Ihren Namen erhielt die Insel durch die Venusskulptur, die aber nur eine von vielen Statuen im Schlosspark ist. Fast 400 Kunstwerke schmücken den weitläufigen Park, der sich am Schloss erstreckt.

RUNDGANG IM SCHLOSSPARK NORDKIRCHEN

Das Schloss ist von Gräften umgeben, die auf drei Seiten über Brücken überquert werden können. So gelangt man in den nach Süden geöffneten Innenhof der Anlage. Der beeindruckende Anblick setzt sich hier fort.
Kein Wunder also, dass alljährlich stolze 600 Trauungen im Hochzeitstürmchen von Schloss Nordkirchen stattfinden. Als besonderes Erlebnis für das gemeinsame Eheglück besteht hier die Möglichkeit, den Bund der Ehe zu jeder Tageszeit eingehen zu können. Das Schloss selbst steht jeden Sonntag für öffentliche Führungen zur Besichtigung bereit, da sich im Inneren die Hochschule für Finanzen befindet. Hier werden die nordrhein-westfälischen Finanzbeamten ausgebildet. Doch auch das Umfeld hat jede Menge zu bieten. Sei es der kleine Libellenteich an der Südseite des Schlosses, benannt nach der überdimensionalen Libellenskulptur, oder der Fledermauswanderweg, der durch das angrenzende Naturschutzgebiet Tiergarten führt, und nicht zu vergessen die Oranienburg,

nur wenige hundert Meter westlich des Barockschlosses im Schlosspark gelegen. Das freistehende Gebäude wurde ursprünglich als Orangerie errichtet und entstand in etwa zur gleichen Zeit wie das Schloss Nordkirchen, also in der ersten Hälfte des 18. Jahrhunderts.

Tipp

Einmal im Jahr findet im Innenhof das Musikfest statt, bei dem ein Open-Air-Konzert mit einem synchronen Musikfeuerwerk Tausende Zuschauer anlockt. Schon allein das Arrangement mit klassischer Musik, dazu passenden Wasserspielen und einem Feuerwerk ist Grund genug, um sich das Schauspiel nicht entgehen zu lassen. Doch traditionell werden die Rasenflächen auf der Schlossinsel auch noch zu einem riesigen Picknick umfunktioniert. Zahlreiche Besucher ziehen mit Handkarren durch den Ort, um ihre Tische oder Picknickdecken mit mitgebrachten Speisen zu decken. Richtig gemütlich wird es dann, wenn bei Einbruch der Dunkelheit zahlreiche Kerzen auf den Picknicktischen stehen und man den Klängen des Konzerts lauscht, während die Schlossfassade farbenfroh illuminiert wird. Tickets sollten frühzeitig reserviert werden und sind in der Touristinfo Nordkirchen erhältlich.

◀ Fontäne an der Venusinsel ▶ Schloss Nordkirchen, von Gräften umgeben

▲ Die Stever erreicht man mit dem Rad. ◀ Südfassade vom Barockschloss
▶ Gemütliches Zentrum in Nordkirchen

GEMÜTLICHER AUFENTHALT IM MALERISCHEN NORDKIRCHEN

Der gesamte Bereich, bestehend aus Schloss, Park und Oranienburg, ist von einem Wald umgeben. Diesen durchquert man auch, wenn man an der Sichtachse vor dem Weiher mit der Fontäne abzweigt und sich Richtung Ortskern aufmacht. Der Hauptort der Schlossgemeinde, die aus den drei Ortsteilen Nordkirchen, Südkirchen und Capelle besteht, ist nicht minder sehenswert. Zahlreiche Einkehrmöglichkeiten entlang der Schloßstraße laden zum Verweilen ein. Von klassischer Gastronomie mit Außenterrasse bis zum hausgemachten Natureis ist für Gaumen und Magen alles dabei. Beinahe unter geht dabei die kleine Johannes-von-Nepomuk-Kapelle mit ihrem achteckigen Grundriss. Sie wurde ebenfalls in der ersten Hälfte des 18. Jahrhunderts durch die Architekten der Familie Pictorius geplant, die auch für das Barockschloss verantwortlich zeichnen. Gleiches gilt für die barocke St.-Mauritius-Kirche, die sich seit 1715 inmitten von Backsteinbauten erhebt. Dazu zählen zum Beispiel das ehemalige Armenhaus und die ehemalige Küsterei.

Zum Pflichtprogramm gehört auch die Einkehr im Schlaun-Café.

Das einstige Armenhaus ist heute der Sitz der Kinderheilstätte. Nordkirchen versteht sich nämlich als inklusiver Ort und mit der Kinderheilstätte erhalten Kinder und Jugendliche mit Behinderung eine Umgebung, in der sie auf ein möglichst selbstbestimmtes Leben vorbereitet werden. Zum Gelände der Kinderheilstätte gehören auch der Sinnesgarten und der Streichelzoo, die für jedermann öffentlich zugänglich sind.
Durch eine schmale Gasse gegenüber dem Kirchturm gelangt man in wenigen Schritten zum Ludwig-Becker-Platz. Auch hier verführen Speisen, Getränke und Eis zum Verweilen in der Außengastronomie. Doch gleichzeitig ist der Ludwig-Becker-Platz Ausgangspunkt für die Pättkestouren rund um Nordkirchen.

DAS SCHLAUN-CAFÉ in der ehemaligen Küsterei muss man nicht nur wegen seiner Köstlichkeiten erlebt haben, sondern auch wegen der stilvollen und sehenswerten Innenausstattung. Mauritiusplatz 5, 59394 Nordkirchen, Tel. 02596/971 20, schlaun-cafe.de

35

AUF DEN PÄTTKESTOUREN DIE UMGEBUNG KENNENLERNEN

Pättkes ist im Westfälischen die Verniedlichungsform von Pfad. Auf diesen Pfädchen verlaufen acht Radrundtouren, die zu weiteren Attraktionen rund um Nordkirchen führen. Mit einer Streckenlänge zwischen 23 und 50 Kilometern sind es gemütliche Tagestouren, die zum Beispiel zu den beiden anderen Ortsteilen Capelle und Südkirchen (Pättkestour 1) verlaufen oder unter anderem ein weiteres Naturschutzgebiet durchqueren (Pättkestour 4). Das Naturschutzgebiet Hirschpark ist aber vom Wohnmobilstellplatz auch sehr gut zu Fuß erreichbar. Es liegt gerade einmal 500 Meter entfernt, man muss lediglich die Landstraße überqueren. In diesem weitläufigen Waldstück wandert man nicht nur entspannt von Picknickplatz zu Picknickplatz, sondern trifft auch auf die Überreste der Motte, die als kleine Burg schon lange vor dem Schloss Nordkirchen existierte.

Schloss Westerwinkel ist ab Nordkirchen leicht mit dem Rad zu erreichen.

35

Apropos Burgen und Schlösser. Mit dem Fahrrad lassen sich in der näheren Umgebung auch noch weitere historische Bauten erreichen. Im benachbarten Herbern, einem Ortsteil von Ascheberg, befindet sich beispielsweise Schloss Westerwinkel. Mit der Pättkestour Nummer 5 gelangt man zu diesem ebenfalls barocken Wasserschloss, das auf eine Burganlage aus dem 13. Jahrhundert zurückgeht. Südlich von Nordkirchen gelangt man wiederum zum Schloss Cappenberg im gleichnamigen Ortsteil von Selm. Hierbei handelt es sich um die Anlage eines ehemaligen Prämonstratenserklosters.

STIPPVISITE BEI WEITEREN SCHLÖSSERN

Auch die nächstgrößere Stadt, **Lüdinghausen**, lässt sich über die Pättkestouren 7 und 8 wunderbar einfach durch die generell flache Landschaft des Münsterlandes erreichen, die mitunter aber auch die ein oder andere

Auch gut zu erreichen ist Burg Vischering in Lüdinghausen.

Auf den Pättkestouren radelt man durch diese Landschaften.

Steigung mit sich bringt. Lüdinghausen besticht nicht nur durch eine quirlige Innenstadt, sondern auch durch die gleichnamige Renaissanceburg und durch die Burg Vischering. Beide Bauwerke liegen gerade einmal 500 Meter auseinander. Die Burg Lüdinghausen entstand im 12. Jahrhundert und wurde später zur Renaissanceburg ausgebaut. Heute wird sie für Ausstellungen und von der örtlichen Volkshochschule genutzt. Die Wasserburg Vischering wurde als wehrhafte Trutzburg für den Bischof von Münster errichtet und informiert im Inneren mit einem Museum über Geschichte und Architektur des heute immer noch sehr gut erhaltenen Bauwerks.

Unweit der beiden Burgen besteht überdies die Möglichkeit, auf dem Radweg am Dortmund-Ems-Kanal gemütlich in Richtung Olfen zu radeln. Unterwegs wechselt man auf die Pättkestour Nummer 3, um einen kleinen Teil des Flusses Stever kennenzulernen. Dabei passiert man die Steverauen mit Aussichtsplattform und den kleinen Sandstrand, bevor es am Ternscher See entlang wieder nach Nordkirchen zurückgeht. Dort wartet übrigens nach Tiergarten und Hirschpark noch ein drittes Naturschutzgebiet namens Ichterloh im Ortsteil Capelle auf die Besucher.

Nicht unerwähnt lassen sollte man zwei geografische Markierungen im Gemeindegebiet. Es ist bereits durchgeklungen: Die Gemeinde besteht aus den drei Ortsteilen Nordkirchen, Südkirchen und Capelle. An der Stelle, an der diese drei Ortsteile aufeinandertreffen, befindet sich in malerischer Landschaft ein kleiner Picknickplatz für Wanderer und Radfahrer mit dem Hinweis auf das »Dreiländereck«. Am südlichen Rand des Naturschutzgebietes Hirschpark, idealerweise ebenfalls direkt am Radweg, markiert außerdem eine Infotafel den geografischen Mittelpunkt der Schlossgemeinde.

AUF EINEN BLICK

Info

STADT/REGION: Nordkirchen (Südliches Münsterland)
BESTE REISEZEIT: ganzjährig
OPTIMALE REISEDAUER: 2–3 Tage
TOURISTINFO: Touristinfo Nordkirchen, Schloßstraße 11, 59394 Nordkirchen, Tel. 02596/9179900, nordkirchen.de

SEHENSWÜRDIGKEITEN

SCHLOSS NORDKIRCHEN: Schloß 1, 59394 Nordkirchen
JOHANNES-VON-NEPOMUK-KAPELLE: Schloßstraße, 59394 Nordkirchen
PFARRKIRCHE ST. MAURITIUS: Mauritiusplatz, 59394 Nordkirchen
SCHLOSS CAPPENBERG: Schloßberg, 59379 Selm, Tel. 02306/711 70
BURG VISCHERING: Berenbrock 1, 59348 Lüdinghausen, Tel. 02591/799 00, burg-vischering.de
BURG LÜDINGHAUSEN: Amthaus 8, 59348 Lüdinghausen, Tel. 02591/92 61 76, burg-luedinghausen.de
SINNESGARTEN UND STREICHELZOO: Mauritiusplatz 6, 59394 Nordkirchen, auf dem Gelände der Kinderheilstätte, Tel. 02596/580

WOHNMOBILSTELLPLATZ NORDKIRCHEN

ADRESSE: Am Gorbach 10a, 59394 Nordkirchen, Tel. 0171/436 77 07, wohnmobilstellplatz-nordkirchen.de bzw. dieweltenbummler.de
ANFAHRT: Auf der A 1 bis zur Ausfahrt Ascheberg, weiter auf der B 58 in Richtung Lüdinghausen. Zuvor jedoch an der Ampelkreuzung links und weiter bis zum Blitzer. Gleich hinter der Blitzanlage rechts und nach 150 Meter erneut nach rechts. Hinter der folgenden Linkskurve befindet sich der Platz auf der rechten Seite.
GPS: 51.740206, 7.533553
Der Wohnmobilstellplatz wurde vom Autor dieses Kapitels und seiner Frau gebaut und wird auch von ihnen betrieben. Die Anmeldung am Self-Service-Stellplatz erfolgt in einem Fasshaus. Dort erhält man eine

◀ Reiselounge und ... ▶ Anmeldung im Fasshaus in Nordkirchen

Begrüßungsmappe.. Außerdem steht ein öffentlicher Bücherschrank zur Verfügung sowie Brett- und Gartenspiele. Bei schlechtem Wetter bedient man sich an Regenschirmen, bei Sonnenschein darf natürlich die Reiselounge mit ihren Schaukelstühlen genutzt werden. Jede Parzelle wird mit 16 Ampere Strom versorgt. WLAN sowie Ver- und Entsorgungsstation vorhanden.

CAMPINGPLATZ OSTERFELD

ADRESSE: Ondrup 20, 59348 Lüdinghausen, Tel. 02591/86 49, camping-osterfeld.de

ANFAHRT: Auf der A 1 bis zur Ausfahrt Ascheberg, weiter auf der B 58 bis Lüdinghausen. Hinter der Brücke rechts und bis zum Campingplatz durch.

GPS: 51.777082, 7.410097

Campingplatz, der sich überwiegend an Dauercamper richtet, aber auch Plätze für Wohnmobilisten bereithält. Außerhalb der Stadt, bis zur Burg Vischering sind es vier Kilometer Fußweg.

CAMPINGPLATZ SEEPARK TERNSCHE

ADRESSE: Strandweg 7, 59379 Selm, Tel. 02592/91 72 10, ternschsee.de

ANFAHRT: Auf der A 1 bis zur Ausfahrt Ascheberg, weiter auf der B 58 bis Lüdinghausen. Im Ort auf die B 235 wechseln und weiter bis Olfen. Dort am Kreisverkehr auf die B 236 in Richtung Selm. Der Campingplatz erscheint auf der linken Seite.

GPS: 51.71165, 7.433869

Klassischer Campingplatz, überwiegend für Dauercamper, zwischen einem kleinen See und der Bundesstraße.

AUSFLÜGE INS TECK-LENBURGER LAND

Bewegung und Tradition in und um Ibbenbüren

Die kleine Ortschaft Tecklenburg steht geradezu für Fachwerkarchitektur.

Wer Wert auf Bewegung legt, ist in und um Ibbenbüren genau richtig. Wunderbare Wandermöglichkeiten ergeben sich im Teutoburger Wald, während an den Schifffahrtskanälen das Fahrrad das bevorzugte Fortbewegungsmittel ist. Sollte das Wetter nicht mitspielen, sucht man einfach ein Museum auf.

Freizeitvergnügen beginnt in Ibbenbüren gleich am Wohnmobilstellplatz. Dieser befindet sich nämlich direkt neben einem Freibad und ist Ausgangspunkt für einen gemütlichen Spaziergang rund um den Aasee. Der künstliche See entstand als Naherholungsgebiet in den 1970er-Jahren, als die nahe gelegene A 30 gebaut wurde. Durchflossen wird er von der Ibbenbürener Aa, die jedoch nur auf dem Stadtgebiet so heißt. Ansonsten ist der Fluss in der Region auch als Dreierwalder Aa bekannt. Auf dem Aasee kann gesegelt werden, aber er ist kein Badesee. Dafür kann man ihn auf einem gut drei Kilometer langen Uferweg umrunden. Dabei passiert man einen Skatepark, ein Restaurant und auch den Heidenturm. Diese sehr kleine Ruine ist der letzte Überrest eines ehemaligen Schlosses, das hier im 12. Jahrhundert stand. Doch das Schloss ist schon lange Geschichte.

AUF DEN SPUREN DER BERGBAU-TRADITION

Erst vor Kurzem endete hingegen die Geschichte des hiesigen Bergbaus. Eine Seilscheibe am Seeufer erinnert an diesen einst für Ibbenbüren so wichtigen Wirtschaftszweig. Das Bergwerk Ibbenbüren war das vorletzte Steinkohlebergwerk Deutschlands und förderte im August 2018 zum letzten Mal Kohle ans Tageslicht. Geprägt wird die Stadt aber noch heute vom einstigen Bergbau, der hier fast 500 Jahre lang stattfand. Am nördlichen Stadtrand befindet sich zum Beispiel das Steinkohlekraftwerk. Zugegeben, kein attraktiver Anblick, aber wer sich für die lange Tradition interessiert, kann dort das Bergbaumuseum in einer ehemaligen Kraftwerkshalle aufsuchen. Zahlreiche Maschinen, Geräte, Uniformen, Grubenlampen, Skulpturen und verschiedene Öfen, in denen der sogenannte Ibbenbürener Anthrazit verfeuert wurde, gehören zur umfangreichen Sammlung. Da sich die Turbinenhalle natürlich auf dem Zechengelände der RAG Anthrazit Ibbenbüren befindet, erreicht man die Ausstellung über das Werkstor 2.

36

AUF MUSEUMSTOUR IN IBBENBÜREN

Ein ganz anderes Museum findet man unweit des Aasees und des Stellplatzes. Südlich der Autobahn präsentiert das Motorradmuseum rund 180 knatternde Zweiräder, darunter Maschinen aus der Vorkriegszeit. Entstanden ist das Museum aus einer Sammlung heraus, weil der Museumsgründer in den 1970er-Jahren die Motorräder vor der Schrottpresse bewahren wollte. Im eher modernen Stadtzentrum von Ibbenbüren, das nur zehn Minuten Fußweg vom Aasee entfernt liegt, bieten zwei weitere Ausstellungen gute Möglichkeiten, Schlechtwettertage angenehm zu gestalten. Das Stadtmuseum ist in einer herrschaftlichen Villa aus dem ausgehenden 19. Jahrhundert untergebracht und informiert mit einer Dauerausstellung sowie mit thematisch wechselnden Sonderausstellungen über die Geschichte der Stadt und der Region Tecklenburger Land. Eine private Techniksammlung findet man in der Alten Feuerwache, wo neben einer Restaurationswerkstatt verschiedene Oldtimer, teilweise aus den 1920er-Jahren, sowohl mit zwei Rädern als auch mit vier Rädern zu sehen sind.

Sehens- und erlebenswert ist aber auch das Umfeld von Ibbenbüren. Es beginnt mit den Halden im nordwestlichen Ortsteil Dickenberg, womit man noch einmal auf das Thema Bergbau zurückkommt. Die Halden entstanden durch den Abraum der Kohleförderung und wuchsen teilweise schon seit den 1920er-Jahren an. Sie sind noch nicht komplett begehbar, doch ein Teil der naturnah gestalteten Halden dient bereits als Naherholungsgebiet und bietet weite Ausblicke über das Tecklenburger Land.

◀ Felsformation »Hockendes Weib« ▶ Gleichzeitig bietet sie diese Aussicht.

Am Nassen Dreieck bei Ibbenbüren treffen zwei Kanäle aufeinander.

WANDERUNGEN ZU DEN FELSEN DER DÖRENTHER KLIPPEN

Andere Berge bei Ibbenbüren sind natürlichen Ursprungs und bieten ein wunderbares Wanderparadies. Gemeint sind die Dörenther Klippen, die zum Teutoburger Wald gehören. Hierbei handelt es sich um bis zu 160 Meter hohe Felsformationen aus Sandstein, die sich über eine Länge von vier Kilometern erstrecken. Das Naturschutzgebiet beherbergt einige Aussichtspunkte, an denen ebenfalls wunderbare Fernblicke über das nördliche Münsterland genossen werden können. Einige der Felsen tragen aufgrund ihrer Form passende Namen, wie zum Beispiel das Hockende Weib, das ein beliebtes Ausflugsziel ist und als das Wahrzeichen von Ibbenbüren gilt. Die Aussichtspunkte entlang der Dörenther Klippen erreicht man am besten auf dem Hermannsweg. Dieser mit einem weißen H auf schwarzem Grund markierte Fernwanderweg verbindet auf einer Länge von fast 160 Kilometern die Städte Rheine, Ibbenbüren, Tecklenburg, Bad Iburg und Bielefeld mit dem Hermannsdenkmal und den Externsteinen des Teutoburger Waldes. Zwischen Rheine und Ibbenbüren passiert der Hermannsweg unter anderem auch das sogenannte Nasse Dreieck. Hier trifft der Mittellandkanal auf den Dortmund-Ems-Kanal und am Ende einer Insel zwischen zwei Schleusen gibt es an der sogenannten Red Box Informationen und besondere Ausblicke auf dieses Wasserstraßendreieck. Mit den Radwegen entlang der Ufer der beiden Kanäle bietet Ibbenbüren neben den Wandermöglichkeiten in den Dörenther Klippen auch Fahrradspaß im ebenen Gelände und entlang des Wassers.

▲ Im Hintergrund des Nassen Dreiecks ... ◀ ist eine Fußgängerbrücke, die den Dortmund-Ems-Kanal überspannt. ▶ Altstadtidyll in Tecklenburg

MIT DEM TEUTO-EXPRESS DURCH DIE REGION

Doch zurück zum Aasee. An seinem östlichen Ufer, gleich neben der Skatepark-Anlage, befindet sich ein Haltepunkt der Museumseisenbahn namens Teuto-Express. Freunde historischer Eisenbahnen kommen hier voll auf ihre Kosten. Mehr als 40 ehrenamtliche Mitglieder eines Fördervereins erhalten das Reisegefühl in einem Dampfzug aus dem letzten Jahrhundert aufrecht. Der Teuto-Express verkehrt auf Trassen des Tecklenburger-, des Osnabrücker- und natürlich des Münsterlandes und bietet dabei Fahrten zwischen den einzelnen Städten rund um Ibbenbüren an.

Zu den Ortschaften, die man bis zu einer hoffentlich nicht andauernden Trassensperrung für gewöhnlich auch mit dem Teuto-Express erreichen kann oder zu denen man zu Fuß auf dem Hermannsweg wandert, gehört das kleine Städtchen **Tecklenburg**. Tecklenburg befindet sich am östlichen Ausläufer der Dörenther Klippen und ist bei Besuchern wegen seiner gemütlichen Altstadt beliebt. Die Ruine der gleichnamigen Burg Tecklenburg befindet sich auf dem Burgberg oberhalb des malerischen Stadtkerns und wird bereits seit den 1920er-Jahren als Freilichtbühne benutzt. Über 2000 Zuschauer können an den Vorstellungsabenden im Innenhof der Burganlage namhafte Musicals erleben.

36

Tipp

Ein Kindheitstraum wird für einige Stunden vom Verein Eisenbahn-Tradition verwirklicht. Im Rahmen eines Dampflokseminars, das über ein ganzes Wochenende andauert, darf man nicht nur im Führerstand der Dampflokomotive mitfahren, sondern auch selbst Hand anlegen. Nähere Informationen und Anmeldemöglichkeiten gibt es auf der Website des Fördervereins: eisenbahn-tradition.de.

SPAZIERGANG DURCH TECKLENBURG

Unterhalb des Burgbergs spaziert man gemütlich durch die Gassen der historischen Altstadt, die als so gut erhalten gilt wie keine andere in Westfalen. Sie ist geprägt von zahlreichen Fachwerkhäusern und einem kleinen kopfsteingepflasterten Marktplatz, an dem die Zeit scheinbar stehen geblieben ist. Hier lohnt es sich, einfach mal auf einem der Stühle der Straßencafés Platz zu nehmen und sich Zeit für eine Tasse Kaffee zu gönnen.

Wer gut zu Fuß ist und seine Wanderung durch den Teutoburger Wald noch ein wenig erweitern möchte, der folgt dem Hermannsweg wenige Kilometer weiter nach Osten und erreicht gleich östlich der A 1 das Naturschutzgebiet Steinbruch im Kleefeld auf dem Gebiet der Stadt Lengerich. Nachdem hier der Kalksteinabbau eingestellt wurde, entwickelte sich mit der Blauen Lagune ein schönes Naherholungsgebiet mit Blick auf den weiter unten liegenden See, der nicht ohne Grund als Canyon bezeichnet wird.

◀ Viele Fachwerkhäuser … ▶ umgeben den quirligen Markt in Tecklenburg.

▲ Nach der Wanderung zum hockenden Weib ... ▼ ... gibt es kühle Getränke.

AUF EINEN BLICK

Info

STADT/REGION: Ibbenbüren (Tecklenburger Land)
BESTE REISEZEIT: ganzjährig
OPTIMALE REISEDAUER: 3–4 Tage
TOURISTINFO: Stadtmarketing Ibbenbüren, Neumarkt 39, 49477 Ibbenbüren, Tel. 05451/545 45 40, stadtmarketing-ibbenbueren.de; Tecklenburg Touristik, Markt 7, 49545 Tecklenburger Land, Tel. 05482/938 90, tecklenburg-touristik.de

SEHENSWÜRDIGKEITEN

MOTORRADMUSEUM IBBENBÜREN: Markweg 26, 49479 Ibbenbüren, Tel. 0170/356 33 91, motorradmuseum-ibbenbueren.de
STADTMUSEUM: Breite Str. 9, 49477 Ibbenbüren, Tel. 05451/504 77 95, stadtmuseum-ibbenbueren.de
TECHNIKMUSEUM ALTE FEUERWACHE: Püsselbürener Damm 23, 49477 Ibbenbüren, Tel. 0170/2813760
HOCKENDES WEIB: Felsformation in den Dörenther Klippen
RED BOX: Am Hafen 11, 48477 Hörstel, hoerstel.de
PUPPENMUSEUM TECKLENBURG: Wellenberg 1, 4 9545 Tecklenburger Land, Tel. 05482/9003446, www.puppenmuseum-tecklenburg.com
BURG TECKLENBURG: Schloßstraße, 49545 Tecklenburger Land
OTTO MODERSOHN MUSEUM: Markt 9, 49545 Tecklenburger Land, Tel. 04293/328, www.otto-modersohn-museum.de
NATURSCHUTZGEBIET STEINBRUCH IM KLEEFELD: Canyon, Lengerich

WOHNMOBILSTELLPLATZ IBBENBÜREN

ADRESSE: An der Umfluth, 49479 Ibbenbüren
ANFAHRT: Auf der A 30 bis Ausfahrt 11b (Ibbenbüren) und dort in Richtung Stadtzentrum halten. Am zweiten Kreisverkehr rechts in die Gutenbergstraße. Am nächsten Kreisverkehr geradeaus und kurze Zeit später links in die Straße An der Umfluth.
GPS: 52.261739, 7.731649

AUF EINEN BLICK

Einfacher kommunaler Stellplatz in ruhiger Lage gegenüber einer Einfamilienhaussiedlung. Umgeben von Bäumen guter Ausgangspunkt für Erkundungstouren, jedoch keinerlei Ausstattung bzw. Infrastruktur.

WOHNMOBILSTELLPLATZ HÖRSTEL-RIESENBECK

ADRESSE: Postdamm, 48477 Hörstel

ANFAHRT: Die A 30 an der Ausfahrt 11b (Ibbenbüren) verlassen und auf der B 219 in Richtung Saerbeck fahren. Hinter den Dörenther Klippen rechts auf die Riesenbecker Straße. Den Kanal überqueren und weiter geradeaus, bis der Stellplatz auf der rechten Seite erscheint.

GPS: 52.256186, 7.633430

Einfacher Stellplatz ohne Ver- und Entsorgungsmöglichkeit, aber mit Stromanschlüssen. Direkt am Kanal gelegen, jedoch mit Blick auf die Lazarusbrücke und auf ein Gewerbegebiet am anderen Kanalufer. Guter Ausgangspunkt für Radtouren entlang des Kanals beispielsweise bis zum Nassen Dreieck.

WOHNMOBILSTELLPLATZ TECKLENBURG

ADRESSE: Am Weingarten, 49545 Tecklenburg

ANFAHRT: Die A 1 bei der Ausfahrt 73 (Lengerich) verlassen und nach links fahren. Am Kreisverkehr die erste Ausfahrt nehmen und bis zur T-Kreuzung am Ortsrand von Tecklenburg. Hier links stadtauswärts und leicht bergauf, bis auf der rechten Seite ein Großparkplatz erscheint.

GPS: 52.220711, 7.800685

Einfacher Pkw-Parkplatz, auf dem auch Wohnmobilstellplätze markiert wurden. Jedoch keinerlei Ausstattung und darüber hinaus auch in den Abendstunden sehr rummelig, wenn auf der Freilichtbühne Aufführungen stattfinden und die Besucher nach der Veranstaltung abfahren.

CAMPINGPLATZ DÖRENTHER KLIPPEN

ADRESSE: Münsterstraße 419, 49479 Ibbenbüren, Tel. 05451/25 53, campingplatz-doerenther-klippen.de

Tecklenburgs Zentrum steht für Fachwerkidyll.

ANFAHRT: Die A 30 an der Ausfahrt 11b (Ibbenbüren) verlassen und auf der B 219 in Richtung Saerbeck fahren. Der Platz befindet sich in den Dörenther Klippen auf der linken Seite.
GPS: 52.245730, 7.698458
In ruhiger Waldlage befindlicher Campingplatz mit üblicher Ausstattung. Ideal gelegen für Wanderungen in den Dörenther Klippen zum Nassen Dreieck oder sogar bis Tecklenburg. Ibbenbüren ist gut mit dem Fahrrad erreichbar.

CAMPINGPLATZ KNOBLAUCHSBERG

ADRESSE: Königstraße 8, 49545 Tecklenburger Land,
Tel. 05482/396, knoblauchsberg.de
ANFAHRT: Die A 1 an der Ausfahrt 73 (Lengerich) verlassen, rechts halten und an der ersten Möglichkeit nach links. Über den Kreisverkehr hinweg und unter der Autobahn hindurch. Der Platz befindet sich wenig später auf der linken Seite.
GPS: 52.214537, 7.820899
Kleiner, familiär geführter Campingplatz am Rande von Tecklenburg. Die Minigolfanlage Abenteuergolf befindet sich gleich nebenan. Mit Pool, Spielplatz und der üblichen Standardausstattung.

ORTS- UND SACHREGISTER

IMPRESSUM

Verantwortlich: Kerstin Thiele
Lektorat: Christian Schneider
Layout- und Umschlaggestaltung:
Helene Schumacher
Satz: Silke Schüler
Repro: LUDWIG:media
Kartografie: Huber Kartografie
Herstellung: Alexander Knoll
Printed in Slovenia by Florjancic

Unser komplettes Programm
finden Sie unter

www.bruckmann.de

★★★★★

Sind Sie mit diesem Titel zufrieden? Dann würden wir uns über Ihre Weiterempfehlung freuen. Erzählen Sie es im Freundeskreis, berichten Sie Ihrem Buchhändler, oder bewerten Sie beim Onlinekauf. Und wenn Sie Kritik, Korrekturen, Aktualisierungen haben, freuen wir uns über Ihre Nachricht an Bruckmann Verlag, Postfach 40 02 09, D-80702 München oder per E-Mail an lektorat@verlagshaus.de.

Urhebernachweis: Die Touren stammen von den folgenden Autoren: Touren 1, 2, 27, 28, 35 und 36: Michael Moll; Tour 3: Michael Hennemann; Touren 4 und 5: Torsten Berning; Touren 6, 7, 8, 20, 23 und 24: Marion Landwehr; Touren 9, 10 und 11: Petra Lupp, Martin Klug; Tour 12: Miriam Fuchs, Stefan Sobotta; Touren 13, 16, 17 und 18: Wilfried und Lisa Bahnmüller; Touren 14, 15 und 29: Rainer D. Kröll; Tour 19: Mareike Busch; Touren 21 und 22: Susi und Frank Reiser, Touren 25 und 26: Ernst Wrba; Touren 30 und 31: Udo Haafke; Tour 32: Hans Zaglitsch; Touren 33 und 34: Thomas Kliem

Bildnachweis: Alle Bilder im Innenteil stammen von den Autoren der jeweiligen Touren, mit Ausnahme von: S. 5: Torsten Berning; S. 7: Lisa und Wilfried Bahnmüller; S. 8: Thomas Hansen; S. 36: Shutterstock/HNDideen; S. 37 oben: Shutterstock/Andreas Vogel; S. 41: Shutterstock/katatonia82; S. 58: Heidi Goerlt/Waren Müritz-Information; S. 65: Maria Andresen/Bärenwald Müritz; S. 124: Simonis Nationalparkzentrum; S. 145: Shutterstock/M Nash; S. 157: Camping Resort Zugspitze GmbH; S. 158: Manninx; S. 168 und S. 171 unten: Burga Klatte; S. 171 oben und S. 172: Thomas Hansen; S. 191 links: Stadt Heidenheim; S. 194: Nationalpark Schwarzwald; S. 208 unten rechts: Zoo Landau

Umschlagvorder- und rückseite: mauritius images

Die Deutsche Nationalbibliothek verzeichnet diese Publikation in der Deutschen Nationalbibliografie; detaillierte bibliografische Daten sind im Internet über http://dnb.d-nb.de abrufbar.

6. Auflage

ISBN 978-3-7343-2515-1